高等职业教育电子商务专业系列教材

商务数据分析与应用

主　编　王　进

参　编　李云霞　侍颖辉　杨　倩　窦　玮
　　　　林　婷　李新林　魏松嵘

机械工业出版社

本书共10个项目，内容涵盖商务数据分析的各个重要方面，包括走进商务数据分析、了解商务数据分析的常用工具、商务数据采集、商务数据处理、数据的可视化、用户画像分析、商品数据分析、商品采购分析、市场数据分析和商务数据分析报告。

本书注重理论联系实际，以项目任务驱动学习，辅以实战强化及思考与练习，旨在培养读者运用数据解决商务问题的能力。

本书可作为高等职业院校电子商务及相关专业的教材，也可作为商务人士和数据分析爱好者的参考用书。

本书配有电子课件等资源，选用本书作为授课教材的教师可登录机械工业出版社教育服务网（www.cmpedu.com）免费注册后下载，或联系编辑（010-88379194）咨询。

图书在版编目（CIP）数据

商务数据分析与应用 / 王进主编. -- 北京：机械工业出版社，2025.2. -- （高等职业教育电子商务专业系列教材）. -- ISBN 978-7-111-77258-3

Ⅰ. F712.3

中国国家版本馆CIP数据核字第20254DP257号

机械工业出版社（北京市百万庄大街22号　邮政编码100037）
策划编辑：李绍坤　　　　　责任编辑：李绍坤
责任校对：郑　雪　陈　越　封面设计：鞠　杨
责任印制：常天培
北京机工印刷厂有限公司印刷
2025年2月第1版第1次印刷
184mm×260mm・15.25印张・368千字
标准书号：ISBN 978-7-111-77258-3
定价：49.00元

电话服务　　　　　　　　　网络服务
客服电话：010-88361066　　机　工　官　网：www.cmpbook.com
　　　　　010-88379833　　机　工　官　博：weibo.com/cmp1952
　　　　　010-68326294　　金　书　网：www.golden-book.com
封底无防伪标均为盗版　　　机工教育服务网：www.cmpedu.com

前　言

商务数据分析是现代商业领域从业人员不可或缺的重要技能之一。随着人工智能的发展，产生并积累了大量的商务数据。如何从海量的数据中提取有价值的信息，为企业决策提供准确可靠的依据，成为企业成功的关键因素之一。为了更好地适应大数据时代的要求，培养具备实战经验、能够快速响应业务需求并从海量数据中提炼有效信息的商务数据分析人才显得尤为迫切。

本书将带领读者系统学习商务数据分析的基本概念、方法和工具，使其掌握商务数据的处理、分析和可视化技巧，培养其在商务数据领域的专业能力和创新思维。

本书共分为 10 个项目，内容涵盖商务数据分析的各个重要方面。其中，项目 1 介绍商务数据分析的基本概念、商务数据分析的作用和意义，以及商务数据分析的基本流程；项目 2 介绍常用的商务数据分析工具，如 Excel 和 Python，以及它们在数据处理和分析中的应用；项目 3 介绍商务数据的采集方法和工具；项目 4 介绍数据的清洗、转换和合并技巧，以确保数据的质量和准确性；项目 5 介绍数据的可视化技巧，帮助读者利用图表和图形直观地展示数据的趋势、关联和比较性；项目 6 介绍用户画像分析，通过构建用户画像和分析用户价值，帮助企业了解用户需求和行为，优化产品和服务；项目 7 介绍商品数据分析，包括商品生命周期分析、销售分析、上下架时间分析、SKU 分析和预测分析等；项目 8 介绍商品采购分析，帮助企业优化采购成本和采购策略；项目 9 介绍市场数据分析，包括网站流量分析、竞争对手数据分析；项目 10 介绍商务数据分析报告的撰写技巧和要点，帮助读者有效地表达分析结果和结论。

本书注重理论与实践相结合，"项目小结"中回顾各项目的核心知识点，"实战强化"确保读者有机会动手实践，"思考与练习"则帮助读者进一步深化理解和巩固所学内容，并培养解决实际问题的能力。通过学习本书，读者将能够进行商务数据分析，为企业决策提供有力支持，推动商业发展。

本书由王进任主编，李云霞、侍颖辉、杨倩、窦玮、林婷、李新林、魏松嵘参加编写。本书编者均为在教学一线工作多年的教师，具有扎实的理论功底和丰富的实践经验。其中，项目 1 的任务 1 由王进编写，任务 2～任务 4 由杨倩编写；项目 2 由王进编写；项目 3 的任务 1 和任务 2 由李云霞编写，任务 3 由王进编写；项目 4 由李云霞编写；项目 5 由王进编写；项目 6 的任务 1 和任务 2 由李新林编写，任务 3 由王进编写；项目 7 的任务 1 和任务 4 由魏松嵘编写，任务 2、任务 3 和任务 5 由王进编写；项目 8 由侍颖辉编写；项目 9 的任务 1 由窦玮编写，任务 2 由王进编写；项目 10 由林婷编写。

由于编者水平有限，书中难免有疏漏之处，敬请广大读者批评指正。

编　者

目　录

前言

项目1　走进商务数据分析 1
　　任务1　认识数据 2
　　任务2　认识商务数据分析 6
　　任务3　认识商务数据分析指标 13
　　任务4　认识商务数据分析的主要方法与模型 18
　　项目小结 26
　　实战强化 26
　　思考与练习 27

项目2　了解商务数据分析的常用工具 28
　　任务1　认识商务数据分析工具 29
　　任务2　走进数据分析工具Excel 35
　　任务3　走进数据分析工具Python 46
　　项目小结 51
　　实战强化 51
　　思考与练习 51

项目3　商务数据采集 53
　　任务1　探索数据采集渠道 53
　　任务2　认识数据采集工具 57
　　任务3　导出采集的数据 60
　　项目小结 62
　　实战强化 63
　　思考与练习 65

项目4　商务数据处理 66
　　任务1　数据清洗 66
　　任务2　数据转换 75
　　任务3　数据合并 83
　　项目小结 88
　　实战强化 89

思考与练习 89

项目 5　数据的可视化 91
　　任务 1　认识数据可视化 92
　　任务 2　认识图表的种类 98
　　任务 3　Excel 制作图表 104
　　任务 4　专业可视化工具制作图表 114
　　项目小结 125
　　实战强化 125
　　思考与练习 126

项目 6　用户画像分析 127
　　任务 1　构建用户画像 127
　　任务 2　用户画像分析 134
　　任务 3　用户价值分析 136
　　项目小结 144
　　实战强化 144
　　思考与练习 144

项目 7　商品数据分析 146
　　任务 1　商品生命周期分析 147
　　任务 2　商品销售分析 150
　　任务 3　商品 SKU 分析 156
　　任务 4　商品上下架时间分析 160
　　任务 5　商品预测分析 162
　　项目小结 168
　　实战强化 168
　　思考与练习 168

项目 8　商品采购分析 170
　　任务 1　商品采购成本分析 171
　　任务 2　经济采购批量与商品最佳采购次数分析 195
　　任务 3　商品采购成本计算 199
　　项目小结 202
　　实战强化 203
　　思考与练习 203

项目 9　市场数据分析 ... 204
任务 1　网站流量分析 ... 205
任务 2　竞争对手数据分析 ... 214
项目小结 ... 220
实战强化 ... 220
思考与练习 ... 220

项目 10　商务数据分析报告 ... 222
任务 1　认识商务数据分析报告 ... 223
任务 2　撰写商务数据分析报告 ... 228
项目小结 ... 235
实战强化 ... 235
思考与练习 ... 236

参考文献 ... 238

项目 1 走进商务数据分析

项目描述

随着信息技术和互联网的发展,商业社会每天都会产生大量的数据。现在是一个"数据为王"的时代,面对呈指数级增长的庞大数据,如何管理和应用数据,集中和提炼出隐藏在数据背后的信息,分析现状以便发现运营的问题,预测未来以便做出正确的决策,已经成为电子商务从业人员非常重要的技能。

小艾作为一名刚刚应聘进入电子商务公司工作的实习生,被公司人力资源部安排在数据业务部实习。在正式开始工作前,数据业务部王经理要求她体验并熟悉商务数据分析的整个工作过程。因为刚进公司,小艾需要了解商务数据的相关知识,为正式上岗做好准备。

学习目标

知识目标
- 了解商务数据的含义和分类。
- 理解商务数据分析的概念与作用。
- 熟悉商务数据分析的流程。
- 掌握常见的商务数据分析模型。

能力目标
- 能够熟练使用公式计算相应指标。
- 能够使用常用的数据分析方法与工具分析数据。
- 能根据业务需要,通过分析数据指标,做出正确判断。

素质目标
- 通过理解数据和数据分析,培养尊重数据、实事求是、科学严谨的工作态度。
- 通过数据计算,培养规范意识。

任务1 认识数据

任务分析

一般人对数据的理解往往仅限于文档里的文字和数字等内容,大多数人习惯将数据和数学联系在一起,觉得数据枯燥难懂,但其实数据非常具象。数据业务部的小艾要想成长为数据分析师,就要从认知数据开始。本任务将通过实际案例来帮助大家理解数据。

任务实施

一、理解数据

1. 数据的概念

人们常说现在是"数据爆炸"的时代,数据可以存在一些状态,即"我们知道我们知道的,我们知道我们不知道的,我们不知道我们知道的,以及我们不知道我们不知道的",这些数据都是反映客观事物的记录。

随着人类社会信息化进程的加快,人们在生活和工作中产生了大量的数据。数据是对客观事物的性质、状态以及相互关系等进行记录的物理符号或符号的组合。数据类型不仅限于数字,还可以是可视化的图片或图片集、视频或视频库、文字或文集,也可以是可听的音频或音频库。

2. 感受互联网世界里的数据

(1) 体验文本数据和图片数据 文本数据和图片数据是人们经常看到的数据形式,文本数据由一个个字符组成;图片数据由图形、图像等构成,一般用图片格式的文件来存储。例如可以在网店找到销售图书的页面,如图1-1所示,看一看这些图书的封面图片和价格数据。

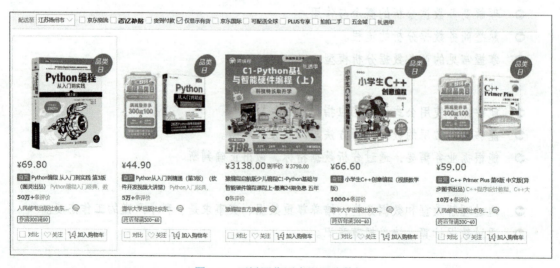

图1-1 豆瓣网华语电影评分数据

（2）体验图形数据和图文组合数据　　打开慢慢买网站，假如要购买 USB 声控台灯，可以从网站平台提供的历史价格曲线图形数据中判断出当前 USB 声控台灯价格的优惠力度，如图 1-2 所示。

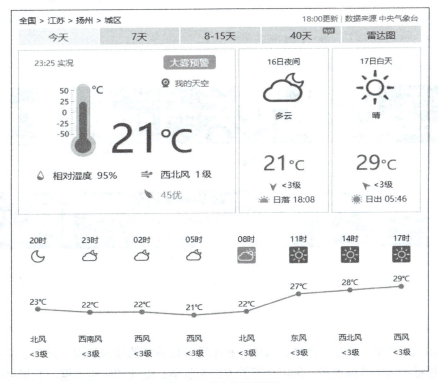

图 1-2　历史价格曲线图形数据

打开天气预报网，在城市搜索框中输入自己所在的城市，就可以得到城市天气预报数据，如图 1-3 所示。该数据主要由图形和文字数据组合而成。

图 1-3　天气预报数据

（3）体验音频数据和视频数据　　数字化声音数据就是音频数据，在互联网的世界里，音频数据一般用音频文件的形式保存在服务器中。当人们用播放器播放音频文件时，就可以听到还原的声音。例如打开酷我音乐网站，可根据自己的喜好，搜索一首爱听的音乐，如图 1-4 所示。

图 1-4　酷我音乐搜索音频文件

视频数据是指连续的图像序列，在计算机中，视频数据一般用视频文件的形式保存。例如打开哔哩哔哩网站，如图 1-5 所示，单击一个视频链接就可以看到相关视频数据呈现在面前。

图 1-5　哔哩哔哩网站的视频数据

3. 数据的类型

人们每天被时间、地址、价格、成绩、利率等各种各样的数据包围，只有了解数据的分类，才能根据不同的数据类型，采用合理的方法来收集、处理和应用数据。数据可以从存储格式、描述对象、来源等多个角度进行分类。

1）按数据的存储格式来划分，可以将数据分为数值、文本、图片、音频、视频等类型。

2）按数据的描述对象来划分，可以将数据分为静态数据和动态数据。静态数据采集一次之后一般不再变化，比如公司的员工信息里员工的姓名、出生日期、性别、籍贯、民族等数据，这些数据较为稳定，不会经常更新。动态数据一般用来描述对象的活动，呈现出时间序列的数据集，比如公司销售信息里的订单数据会随着销售产品的增多而不断增长。

3）按数据的来源来划分，可以将数据分为一手数据和二手数据。一手数据又称原始数据，是从访谈、问卷、询问、实验等渠道直接获取的数据，这些数据没有经过处理，直接以原始状态存储。二手数据又称衍生数据，是指对一手数据加工处理后的数据，人们日常遇到的数据大部分都是二手数据。

二、理解商务数据

商务数据是记录商业活动、经济活动的数据符号。在电子商务行业，商务数据包括电子商务平台数据、电子商务研究数据、电子商务媒体数据等。一般地，这些商务数据包括营销数据、商品数据、流量数据、会员数据、交易数据、行业数据等。

1. 营销数据

营销数据是指商家为了达成营销目的而采集和整理的组织机构、商务网站或者消费者的信息。它包括营销费用、人均费用、覆盖用户数、到达用户数、单击用户数、营销到达率等。

2. 商品数据

商品数据是指商品的基础信息，是由商家录入数据库的、且在平台上显示出来的数据。这些数据在一定时期内相对稳定，包括商品名称、品牌、分类、价格、规格、展示图片等。

3. 流量数据

流量数据是指用户访问页面时，从页面启动到页面访问等一系列过程中产生的数据。它包括页面浏览量（PV）、点击量、独立访客数（UV）、登录时间、在线时长等。

4. 会员数据

会员数据是指在数据化运营中收集的用户数据，一般包括会员姓名、出生日期、真实性别、地址、手机号、微信号等基础数据，还有登录记录、交易记录等行为数据。

5. 交易数据

交易数据是一种实时变化的数据，描述的是某一个时间点所发生的交易行为。它包括交易金额、交易数量、参与交易人数、交易商品、交易地点、交易时间、预计配送时间等。

6. 行业数据

行业数据是对全行业商务数据的总结，包括关键词搜索数据、店铺排名数据、行业利润率、投资回报率等。

三、了解商务数据的作用

商务数据中包含着大量的信息，企业可以利用商务数据帮助自己诊断和预测产品线的故障，分析与改进制造工艺，优化供应链，提升制造水平。企业可以应用商务数据分析金融领域的信贷风险，应用商务数据建立用户画像、分析用户行为来帮助自己找到合适的用户。一般而言，商务数据应用主要体现在以下三个方面。

1. 竞争分析

竞争分析一方面为了知己知彼，了解市场上同类产品与自己产品在市场中的相对位置，另一方面是为了取长补短，找到可以从竞争对手那里借鉴的地方，不断改进自己。

企业开展竞争分析可以直接针对某个具体指标开展调查，比如调查竞品的用户体验数据，从而拿到竞争对手的一手数据；使用数据平台的二手数据，比如登录百度指数、淘宝指数、艾瑞咨询、梅花网、中文互联网数据资讯中心等；利用互联网公共平台开展竞争分析，比如在百度平台上搜索竞争对手的产品，查看百度新闻收录数量，以分析其新产品发布、促销活动、产品特色等；在知乎、新浪微博、微信公众号等平台，搜索竞争对手的品牌，查看平台收录的内容和内容发布频次，分析对手的粉丝数量、舆论、舆情等。

2. 优化商品

通过商品数据分析，在了解商品的浏览量、点击量、订单量、用户量等数据的基础上，推断出商品的点击是否顺畅，商品功能的展示是否完美，用户的关注度及购买力是否达到预期等信息。企业可以通过商务数据指引核心流程优化产品，提高销售的转化率，比如商务数据可以帮助企业对商品生命周期进行管理和挖掘，为不同生命周期的商品实施不同的商品推广策略提供有力的数据支撑。

3. 精细管理

商务数据可以帮助企业获得用户属性和行为特征，通过勾勒用户画像，打通用户行为和商务数据之间的关系，还原出用户的全貌。这些用户数据可以帮助企业细分目标用户群，对每一类用户开展精准运营，提升用户留存率。商务数据可以帮助企业对自身的生产流程管理、新产品开发、广告宣传、营销成本优化、客户关系管理等开展精细化管理。通过分析拉新流量和付费转化，甄别优质广告投放渠道。

知识链接

随着互联网的高速发展，数据应用的需求不断增长，为快速响应业务需求，许多企业开始推行不同业务线的并行数据处理。但是，这样造成了数据的重复加工、效率降低、存储及计算资源的浪费。因为商务数据的应用成本越来越高，于是电子商务行业提出了"数据中台"。"数据中台"的作用是避免数据的重复加工，通过数据服务化，提高数据的共享性。

"数据中台"是为企业业务提供公共数据服务的系统，它不仅收集、汇总了企业全部数据，更是利用大数据技术整合了企业的数据资产，让数据使用者可以实时获取有用数据。用户在互联网市场竞争中处于中心地位，竞争的实质就是对用户反馈响应能力的竞争。企业后端主要解决企业内部管理效率问题，往往不能快速响应用户的需求，"数据中台"的建立可以衔接企业前端和后端，解决快速响应前端用户数据的创新问题，从而快速响应用户的需求。

任务 2　认识商务数据分析

任务分析

人们在面对海量数据时，需要先明确方向，心里有所规划后再进行分析。

项目 1　走进商务数据分析

人们要学会用业务数据说话，从业务数据中发现问题，应用数据分析技术来帮助企业分析市场、分析产品、分析竞争对手、分析用户等，从而制定合理的商业战略，提高产品销售量、降低成本、增加收益，并帮助企业预测市场动向、发现商业机会并规避风险。在进行商务数据分析前，首先要熟悉其相关知识，了解其发展历程和特征，在此基础上，才能正确理解商务数据分析的流程。

任务实施

一、熟悉商务数据分析的基本知识

1. 商务数据分析的概念

商务数据分析是将数据分析技术应用于商业领域，对从商业活动中收集并完成处理的数据进行分析，提取有用数据，并加以概括总结来指导企业决策和行动的过程。

2. 商务数据分析的发展历史

（1）萌芽期　20世纪中期到21世纪初，数据分析逐渐应用于商业领域。企业逐渐意识到数据分析的重要性，并开始利用数据分析工具来优化企业的业务流程。在这个时期，商业智能软件和关系型数据库开始出现，它们成为数据分析的重要工具。

这个阶段数据分析的优点是可以存储和处理大量数据，缺点是数据仅在企业内部使用，即只能处理过去发生的事情，而不能对未来趋势进行预测。

（2）成长期　2003—2009年，随着互联网应用的普及和传感器技术的发展，数据量不断增加，传统的数据处理技术已经无法解决海量数据的处理任务。企业开始研究海量数据处理技术，并涌现出许多专业的商务数据分析公司，这些公司为各大企业提供了数据分析的产品和服务。不过，这个时期数据分析大部分是通过手动分析来完成的，数据的智能处理水平比较低。

（3）腾飞期　2010年至今，人工智能和机器学习技术的应用成为处理大规模数据的一个重要手段。企业通过各种人工智能和机器学习技术从数据中发现模式和规律，并帮助企业做出更好的商业决策。这些技术包括深度学习、自然语言处理、推荐系统等。企业对数据分析的重视和依赖程度不断增强，在企业内部设立更多的研发部门，比如由数据科学家、数据工程师、数据分析师等人员构成的数据分析团队。

随着人工智能技术的逐渐成熟，基于大语言模型的聊天机器人成为人机交互领域中重要的技术。在这个领域中，基于预训练模型的ChatGPT引领了一场智能化革命；我国百度公司的知识增强大语言模型"文心一言"，于2023年3月16日开启了内测，页面如图1-6所示；我国科大讯飞公司的讯飞"星火认知"，于2023年5月6日开启内测，页面如图1-7所示。这些人工智能技术的使用，可以帮助人们进行长时间、流畅的对话，并辅助人们撰写各种类型的商业书面材料，包括商业计划、广告策划、短视频运营脚本等。

图 1-6　百度公司"文心一言"平台页面

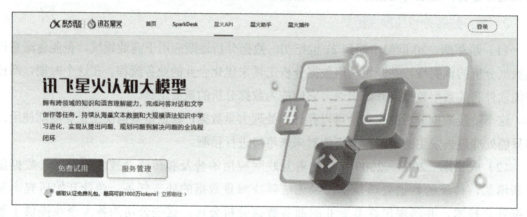

图 1-7　讯飞"星火认知"大模型页面

数据分析的未来趋势将会更加智能化、全面化和多样化，人工智能、机器学习、物联网、深度学习将给数据分析带来深刻的影响。机器翻译、智能回复、客服机器人、会议助理等功能将得到广泛应用。

3. 商务数据分析的特点

（1）数据类型的多样性　根据结构可分为三种：结构化数据、半结构化数据和非结构化数据。结构化数据包括客户订单、采购订单、成本数据、仓储数据等。半结构化数据包括日志文件、Email、HTML 文档等。非结构化数据包括所有格式的办公文档、文本文档、图片、XML 文档、HTML 文档、各类报表、音频、视频等。

（2）数据来源的复杂性　数据来源主要包括企业内部数据和外部数据两部分。企业内部数据包括结构化数据，如销售数据、运营数据、客户数据、供应链数据等；半结构化数据，如用户评论、商品描述等；非结构化数据，如文本文档、图片、音频、视频等。外部数据包括社交媒体数据、行业数据、政府公共数据、竞争对手数据等。此外，企业还可以从专业数据公司购买数据。

（3）数据处理的实时性　大数据时代，企业需要随时对海量的数据进行实时分析，并及时反馈，获取相关信息并立即应用。以电商行业为例，数据分析的实时性体现尤为突出，因为需要电商直播平台进行实时销售数据分析。利用实时数据分析工具，可以及时获取销售数据，并以可视化的方式展示出来。通过直播来实现点击到转化的过程，从而将观众转化为用户、客户、收入来源人群等。在直播中合理设置与主题相关的链接以及单击按钮，以加强观众与主播之间的互动，激发观众更多的兴趣点，从而提高转化率。

（4）数据分析的价值性　数据分析的价值性体现在必须能给企业带来直接或间接的效益。商务数据分析收集的是企业的各种信息和数据，类型多、种类杂，且采集中并没有舍弃数据。商务数据分析的价值性并不仅限于数据分析人员预设的目标，而是它们存在的潜在应用、未来价值，这些价值是无法预估的。在运营商内部，可以通过数据挖掘技术对客户实施精准营销，增加销售额。还可以根据用户喜好推荐产品，比如使用商店软件推荐、IPTV视频节目推荐等。

二、理解商务数据分析流程

1. 商务数据分析的流程

商务数据分析与一般的数据分析不同，商务数据分析更侧重商业场景，商务数据分析需要结合内外部数据，通过数据分析流程来完成数据的分析。商务数据分析流程主要包括六个互相独立又相互关联的阶段如图1-8所示，包括：明确目标、采集数据、处理数据、分析数据、展示数据、撰写报告。

图1-8　商务数据分析流程

（1）明确目标　商务数据分析首先要明确目标，梳理出思路；其次搭建出分析框架，将分析目标分解成具体可行的分析要点；最后针对不同的分析要点，选择适合的分析方法和具体的分析指标。例如2005—2021年中国创新指数及分领域指数能够反映的问题见表1-1。

表1-1　2005—2021年中国创新指数及分领域指数

指标	2005年	2010年	2015年	2020年	2021年
中国创新指数	100	133.6	175.2	245.1	264.6
一、创新环境指数	100	135.7	174.5	266.2	296.2
1. 劳动力中大专及以上学历人数指数	100	161.7	246.5	318.5	365.6
2. 人均GDP指数	100	166.6	236.5	306.2	330.9
3. 理工科毕业生占适龄人口比重指数	100	142.8	182.8	247.7	265.1
4. 科技拨款占财政拨款的比重指数	100	116.4	101.2	104.4	111.4
5. 享受加计扣除减免税企业所占比重指数	100	103.0	150.3	535.7	645.1

（续）

指标	2005年	2010年	2015年	2020年	2021年
二、创新投入指数	100	132.3	164.1	209.8	219.0
1. 每万人R&D人员全时当量指数	100	182.5	260.3	355.1	387.7
2. R&D经费占GDP比重指数	100	130.7	157.5	184.0	186.9
3. 基础研究人员人均经费指数	100	163.5	248.0	301.3	337.5
4. 企业R&D经费占主营业务收入比重指数	100	112.8	125.5	149.0	139.6
5. 有研发机构的企业所占比重指数	100	117.6	143.8	208.7	218.7
6. 开展产学研合作的企业所占比重指数	100	103.7	106.6	139.7	148.4
三、创新产出指数	100	137.2	208.1	319.8	353.6
1. 每万人科技论文指数	100	152.8	164.3	191.6	199.6
2. 每万名R&D人员专利授权数指数	100	230.6	337.9	534.9	621.5
3. 发明专利授权数占专利授权数的比重指数	100	89.3	136.7	124.8	129.1
4. 每百家企业商标拥有量指数	100	100.1	180.0	454.6	516.5
5. 每万名科技活动人员技术市场成交额指数	100	155.3	287.7	582.3	676.6
四、创新成效指数	100	129.1	154.1	184.5	189.5
1. 新产品销售收入占主营业务收入的比重指数	100	115.2	127.3	187.8	189.2
2. 高新技术产品出口额占货物出口额的比重指数	100	109.0	100.6	104.6	101.7
3. 单位GDP能耗指数	100	123.8	150.7	173.4	178.3
4. 人均主营业务收入指数	100	179.0	292.5	340.3	376.9

资料来源：国家统计局。

表1-1的结果反映了2005—2021年我国创新发展水平加速提升，创新环境明显优化，创新投入稳步提高，创新产出较快增长，创新成效进一步显现，为推动高质量发展提供了有力支撑。通过表1-1还可以分析以下问题：对比不同年份中国创新指数的变化，分析各领域创新指数在不同年份总增加值中所占比例和变化，推断出下一年国家将在创新领域继续增加投入。

在开始进行数据分析之前，需要思考这次数据分析结果的用途以及希望传达给查看者的信息。具体应明确：数据分析的背景、前提、数据对象、商业目的、解决的业务问题、关联的业务场景。

（2）采集数据　数据的采集是按照确定的数据分析框架，收集相关数据的过程，它为数据分析提供了素材和依据。例如网店销售额一般由访客数、客单价、转化率共同决定，数据采集时需调取老用户、新用户、访客数、买家数、人均购买数等数据。

采集数据根据来源分为两类：一手数据和二手数据。一手数据是指通过直接调查或科学实验获取的统计数据，它主要来自企业内部的数据库、物联网采集的数据、用户调研问卷等；二手数据是指经过加工整理后得到的数据，如政府部门、行业协会、公开出版物中的数据等。常用数据采集渠道及对应的数据类型见表1-2。

表1-2 常用数据采集渠道及对应的数据类型

采集渠道	典型代表	数据类型
专业网站数据机构	艾瑞咨询、万得资讯等	行业数据、产品数据
政府部门、机构协会、媒体	国家及各级统计局、各类行业协会、电视、报纸杂志等	行业数据
电子商务网站、网店后台或平台提供的数据工具	淘宝、京东、拼多多网站后台，淘宝的生意参谋，京东的京东商智，多多情报通等	行业数据、运营数据、市场数据、人群数据等

（3）处理数据　处理数据是分析数据前必不可少的阶段。处理数据是为了从海量、散乱、难以理解的数据中获取有价值的数据，加工整理成适合进行数据分析的样式。数据处理包括数据清洗、数据转化、数据抽取和数据计算等方法。其中数据清理是为了保证数据的正确性，因为如果数据存在错误，那么通过正确的数据分析方法，得到的结果也是错误的，不具备参考价值，甚至可能误导企业的决策。

（4）分析数据　分析数据是通过分析手段、方法和技巧对处理过的数据进行分析，从中提取有价值的信息，形成有效结论的过程。

分析数据时需要根据具体需求、数据类型、应用场景等因素选用适合的数据分析工具和方法。一要掌握描述性统计分析、预测性分析、分类分析、聚类分析、关联规则挖掘、文本挖掘等数据分析方法；二要掌握Excel、Python、SPSS、Tableau、Power BI等数据分析工具的使用。

（5）展示数据　展示数据是数据可视化的过程，是将分析后的数据结果以表格和图形的形式展示给用户，帮助他们更直观地理解数据分析师需要表达的信息和观点。展示数据的主要目的是将数据转化为信息和知识，使得数据得到更好的利用，对决策和行动起到有益的指导作用。展示数据需要遵循各企业内部的规范原则，形式要依据目标、具体场景、受众需求等因素确定。

展示数据的形式可以有很多种，包括表格、图表、图形、地图、动画、互动视觉、3D模型等。常用的数据图表包括饼图、柱状图、条形图、折线图、雷达图等。

（6）撰写报告　商务数据分析报告撰写是数据分析工作中的最后环节，它是对整个数据分析的目的、思路、过程、结论、建议的完整呈现，提供给决策者参考。

一份好的商务数据分析报告，首先需要结构清晰、层次分明，能使读者容易、正确地理解、支持报告内容和观点；其次报告要图文并茂，关键数据要重点呈现，形式活泼，且视觉冲击力强，使得读者能更直观地理解问题和结论；最后报告一定包含明确的结论和解决方案。商务数据分析报告不仅要发现问题，更重要的是提出解决问题的方案。因此，数据分析师不仅要掌握数据分析方法，还要熟悉业务，以便根据发现的问题，提出具体可行性的方案。

2. 商务数据分析的作用

（1）定位产品市场，预测发展趋势　商务数据分析可以帮助企业定位产品市场，预测发展趋势，主要是通过以下四个方面的分析：

①市场定位分析：研究目标市场的消费者群体、竞争环境、市场规模、消费需求等。

②产品需求分析：通过市场调研、社交媒体监测、消费者数据分析等手段深入了解消费者的需求和偏好，从而调整产品策略。

③销售数据分析：通过销售平台的销售数据、客户信息和订单数据等来了解产品的销售情况、销售趋势和销售渠道，为产品定位和营销提供数据支撑。

④竞争对手分析：通过竞争对手的销售数据、产品定价、营销策略等来了解竞争环境，帮助企业制定竞争策略和产品差异化。

（2）精细化市场运营，提高投资回报率　数据分析对精细化市场运营的应用主要体现在以下四个方面：

①精细化营销策略：通过对用户行为、偏好和消费习惯的分析，以及对市场和竞争环境的监测和预测，帮助企业制定更加精细化和有针对性的营销策略。

②提高投资回报率：通过对不同渠道、不同用户和不同推广活动效果的评估，优化推广方案，从而降低营销成本，提升企业营销效益。

③产品性能优化：通过对用户使用数据、反馈等多维度信息的分析，发现产品的问题和用户痛点，从而对产品进行优化，提升产品竞争力。

④预测市场趋势：帮助企业快速了解市场的趋势和变化，做出更加正确的决策。

（3）改善用户体验，预测客户需求　数据分析可以在提升用户体验方面发挥关键作用，主要包括以下四个方面：

①预测用户行为和需求：通过对历史数据的分析，企业可以预测用户未来的行为和需求，从而更好地制定营销策略和产品规划。

②优化产品设计：根据用户反馈，对产品的开发进行调整，使产品更加符合用户需求和期望，增加用户留存率和转化率等。

③精准营销：通过用户画像、用户行为分析等手段，向不同的用户群体发送不同内容的营销活动，促进产品销售和用户留存。

④追踪用户反馈：通过监测用户反馈信息，包括用户评价、投诉、建议等，及时发现和解决用户的问题和痛点，增强用户满意度和体验。

3. 商务数据分析的原则

要想最大化发挥数据分析的价值，在商务数据分析时一般遵从以下四个原则：

（1）针对性　针对性是指在数据分析过程中，需要根据具体的业务需求，制定相应的数据分析方案，明确定义分析目标和解决具体问题的方法和途径。在数据分析的过程中，必须清楚知道所期望的结果是什么，针对特定的目标进行分析和建模。数据分析的针对性包括以下五个方面：明确数据分析目标、选择适合的数据分析方法和工具、制定合适的数据分析方案、结合业务背景进行数据分析、持续优化数据分析模型。

（2）科学性　科学性是指数据分析具有科学的思维、方法和技术，能够按照科学的标准进行数据分析处理和解释数据，并基于此得出结论和判断。数据分析师必须严谨认真地对待数据，避免主观臆测，尊重数据分析的结果。数据分析的科学性体现在以下四个方面：数据采集方法的科学性、数据统计方法的科学性、数据分析的质量控制与验证、结论的科学性。数据分析的结果需要基于科学的原则和方法，得出可信的结论。

（3）实用性　实用性指的是在数据分析过程中，能够利用数据分析结果帮助企业解决现实生产和经营管理中的实际问题，为企业制定决策提供科学依据。数据分析的最终目的是为企业服务，将数据分析结果与业务实际结合起来，所以要明确体现数据统计的实用性。数据分析的实用性体现在以下五个方面：商业价值、决策精准性、业务创新、效率提升、客户服务改善。数据分析师需要根据分析结果和业务反馈，不断优化数据分析模型，提高数据分析的针对性和实用性。

（4）系统性　系统性指的是数据分析过程中所用到的数据需要完整，即涵盖了必要的维度、范围和精度，保证了对数据进行综合分析的准确性和全面性。数据分析的系统性体现在四个方面：数据准确性、数据完整性、数据一致性、数据精度。在数据分析过程中，保证数据的完整性是重要的前提，只有在数据完整且有效的情况下，才能进行准确而全面的数据分析，为业务决策提供可靠的数据支持。

 知识链接

数据分析岗位的三大优势

1）优势一，成长空间大。只要能接触到数据，就能对数据开展分析并做出结论。一名优秀的数据分析师，不但能分析出可行性，更能分析出不可行因素，从而为企业提供决策依据。自身数据分析能力的成长不受公司运营业务的限制，甚至在管理混乱、数据基础不好、流程不规范的公司，数据分析师也能通过数据了解业务，锻炼自己的能力。所以从事数据分析工作，不能轻言放弃，而是要坚持思考"如何才能做得更好"。

2）优势二，适用范围广。数据分析能力是个基础能力，各类公司、各种岗位，都有数据分析的需求。特别是目前各行各业出现的数字化转型大潮，为从事数据分析的人员在业务上和技术上提供了很多选择。

3）优势三，前途选择范围广。做数据分析师有两种选择，一种是偏业务的数据分析师，另一种是偏技术的数据分析师。其中，偏业务的数据分析岗位一般归运营、市场、销售部，主要工作内容是操作现有的数据产品或者在数据表格的基础上做PPT汇报。偏技术的数据分析岗位一般归信息、数据部门，主要工作内容是编写代码，完成公司的数据仓库设立、数据治理、BI使用、建模等工作。

任务3　认识商务数据分析指标

 任务分析

商务数据分析指标对于企业的业务运营和发展至关重要，它提供了数据分析的基础和方向，帮助企业优化业务流程、提高效率和效益，从而实现可持续发展。企业为了提高销量，对各大电商平台的营销效果进行评估，要计算日均流量和成交转化率，比较企业在各个平台上的投资回报率，优化营销策略，提高收益水平。

任务实施

一、选择数据分析指标

在进行数据分析时，需按照业务最终目的，选择合适的数据分析指标。首先要分析业务的最终目的，其次进一步分析业务类型，针对不同的业务类型确定不同的数据分析指标。数据分析指标主要分为社交类、工具类、内容类、交易类，如图1-9所示。

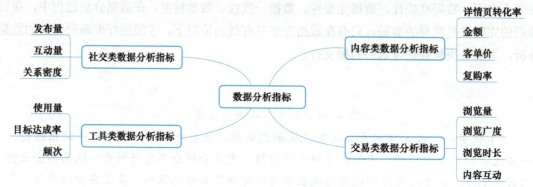

图1-9 数据分析指标

以喜马拉雅APP为例，为了解决业务问题，喜马拉雅在不同阶段选择了不同的数据分析指标，见表1-3。

表1-3 喜马拉雅APP在不同阶段的数据分析指标

阶段	业务问题	指标
1.方向选择	为什么选择音频方向	移动互联网覆盖率、传统电台收听数量
	用户使用场景是什么	用户收听时长、拥有汽车的用户数量
	用户规模如何	移动手机的数量、互联网覆盖率
	用户可能的需求是什么	用户最常听的音频类型、用户的职业种类、用户年龄分布
2.产品内涵	用户真正的需求是什么	用户使用时长、APP下载量、收藏量、好评率
	如何观察用户行为并迭代优化产品	活跃率（日活率、周活率、月活率）
		留存率、转发率、闪退率
		评论数、点赞数、收藏量、好评率、差评率
	产品核心环节转化率	激活率、转化率
3.产品推广	推广渠道如何选择	日新增用户数量、留存率、获客成本
	如何衡量不同推广渠道获客质量	留存率、活跃率、转化率、广告留存率
	如何提高应用商店排名	搜索次数、点击率、下载量、好评率
	如何识别推广陷阱	用户收听时长

商务数据分析指标的分类有以下几个:

（1）流量类指标　流量类指标是企业数据分析的核心。通过对流量类指标进行分析，企业可以了解用户的行为和需求，掌握客流的各种情况，从而提高网站或APP的访问量和转化率。表1-4列出了常见的流量类指标。

表1-4　常见的流量类指标

名称	含义	计算
页面浏览量（PV）	统计时间内，用户浏览网页的次数，一位用户多次打开或刷新同一页面，该指标累加	
独立访客数量（UV）	统计时间内，访问网站的人数（不重复）。可根据IP地址数量来计算	
平均访问量	统计时间内，用户每次访问页面的平均值	
平均停留时间	用户在同一访问周期内访问网站的时长	访客停留总时长÷总访客数
跳出率	统计时间内，只访问一个页面就离开的访客数占该页面总访客数的比率	（总跳出人数÷总访客数）×100%
人均浏览量	统计时间内，平均每人浏览的页面次数	总浏览量÷总访客数

（2）转化类指标　转化类指标是指在电商运营过程中，衡量从网站或APP的访问量转变成实际销售量的指标，它反映了电商企业运营效果的好坏和效率的高低。表1-5列出了常见的转化类指标。

表1-5　常见的转化类指标

名称	含义	计算
下单买家数	统计时间内，拍下商品的去重买家人数，即同一买家，只算一人	
支付买家数	统计时间内，完成支付的去重买家人数。预付定金的订单，待付清全款后计数	
客单价	统计时间内，平均每个客户的支付金额	总支付金额÷支付客户数
注册转化率	统计时间内，新增注册客户数占新访客数的比率	（新增注册客户数÷新访客总数）×100%
收藏转化率	统计时间内，将商品收藏的客户数占该商品总访问数的比率	（商品收藏的用户数÷该商品总访问数）×100%
下单转化率	统计时间内，确认订单客户数占该商品总访客数的比率	（确认订单客户数÷该商品总访客数）×100%
成交转化率	统计时间内，完成付款的客户数占总访客数的比率	（完成付款的客户数÷总访客数）×100%
访客价值	统计时间内，每一个访客的平均支付金额	总支付金额÷总访客数

（3）客户类指标　表1-6列出了常见的客户类指标。

表1-6 常见的客户类指标

名称	含义	计算
注册会员数	网站注册过的客户总数	
活跃会员数	一段时间登录或消费的客户总数	
重复购买率	两次以上购买客户数占购买总数的比率	
会员留存率	某时间节点的客户在特定周期内登录或消费过的客户比率	
客户回购率	上期活跃客户在下期有购买行为的客户比率	
平均购买次数	某周期内每个会员平均购买的次数	订单总数÷购买用户总数
收藏人数	将商品进行收藏的人数	
加购人数	将商品加入购物车的人数	

（4）服务类指标　服务类指标包括客服、评价、物流等评价指标。表1-7列出了常见的服务类指标。

表1-7 常见的服务类指标

名称	含义
评价数	统计时间内，生效的买家评价总数
有图评价数	统计时间内，生效的评价中包含图片的评价总数
商品好评率	统计时间内，买家对商品生效的好评数占评价总数的比率
商品差评率	统计时间内，买家对商品生效的差评数占评价总数的比率
揽件包裹数	统计时间内，物流公司回传的揽件信息的物流包裹数
发货包裹数	统计时间内，商家确认发货的物流包裹数

二、计算数据分析指标

1. 计算公司的日平均访客

第一步，打开"素材文件\项目1\促销数据.xlsx"文件，选择H2单元格，在编辑栏中输入公式"=AVERAGE（C2:C11）"，并按〈Enter〉键确认，计算出"日平均访客"数据，如图1-10所示。

第二步，在公式中选择"C2:C11"数据，按〈F4〉键转换成绝对引用，使用填充柄将H2单元格中的公式填充到H3至H11单元格内，如图1-11所示。

图1-10 "日平均访客"数据　　　图1-11 将公式填充到H3至H11单元格内

2. 计算店铺的成交转化率

成交转化率是在统计时间内，完成付款的客户数占总访客数的比率。计算公式为：成

交转化率 =（完成付款的客户数 ÷ 总访客数）×100%。具体操作如下：

第一步，打开“素材文件 \ 项目 1\ 促销数据 .xlsx”文件，选择 I2 单元格，在编辑栏中输入公式“=F2/C2”。

第二步，按 <Enter> 键，计算出成交转化率，如图 1-12 所示。

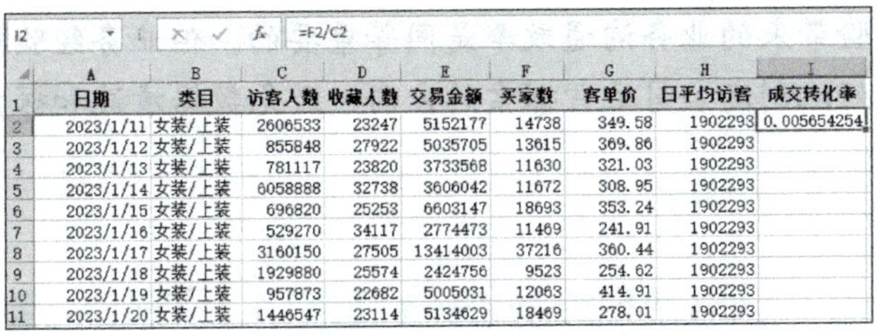

	A	B	C	D	E	F	G	H	I
1	日期	类目	访客人数	收藏人数	交易金额	买家数	客单价	日平均访客	成交转化率
2	2023/1/11	女装/上装	2606533	23247	5152177	14738	349.58	1902293	0.005654254
3	2023/1/12	女装/上装	855848	27922	5035705	13615	369.86	1902293	
4	2023/1/13	女装/上装	781117	23820	3733568	11630	321.03	1902293	
5	2023/1/14	女装/上装	6058888	32738	3606042	11672	308.95	1902293	
6	2023/1/15	女装/上装	696820	25253	6603147	18693	353.24	1902293	
7	2023/1/16	女装/上装	529270	34117	2774473	11469	241.91	1902293	
8	2023/1/17	女装/上装	3160150	27505	13414003	37216	360.44	1902293	
9	2023/1/18	女装/上装	1929880	25574	2424756	9523	254.62	1902293	
10	2023/1/19	女装/上装	957873	22682	5005031	12063	414.91	1902293	
11	2023/1/20	女装/上装	1446547	23114	5134629	18469	278.01	1902293	

图 1-12　成交转化率

第三步，使用填充柄将 I2 单元格中的公式填充到 I3 至 I11 单元格内。选择 I2 至 I11 单元格区域，单击“数字”中的“百分比”，如图 1-13 所示。

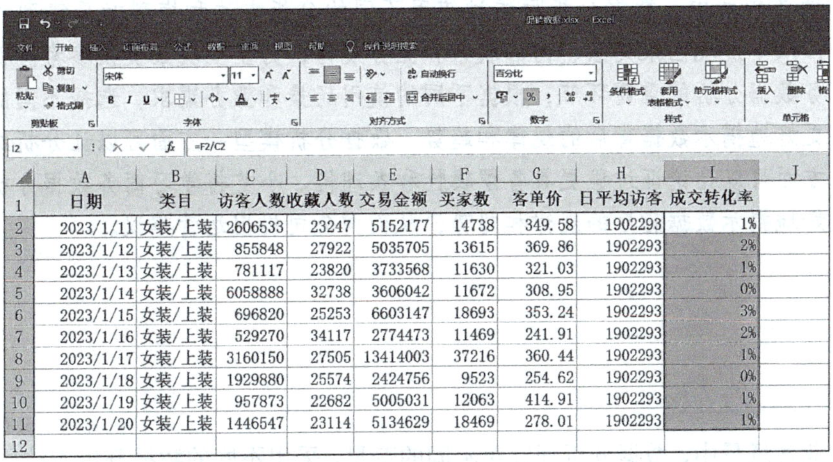

	A	B	C	D	E	F	G	H	I
1	日期	类目	访客人数	收藏人数	交易金额	买家数	客单价	日平均访客	成交转化率
2	2023/1/11	女装/上装	2606533	23247	5152177	14738	349.58	1902293	1%
3	2023/1/12	女装/上装	855848	27922	5035705	13615	369.86	1902293	2%
4	2023/1/13	女装/上装	781117	23820	3733568	11630	321.03	1902293	1%
5	2023/1/14	女装/上装	6058888	32738	3606042	11672	308.95	1902293	0%
6	2023/1/15	女装/上装	696820	25253	6603147	18693	353.24	1902293	3%
7	2023/1/16	女装/上装	529270	34117	2774473	11469	241.91	1902293	2%
8	2023/1/17	女装/上装	3160150	27505	13414003	37216	360.44	1902293	1%
9	2023/1/18	女装/上装	1929880	25574	2424756	9523	254.62	1902293	0%
10	2023/1/19	女装/上装	957873	22682	5005031	12063	414.91	1902293	1%
11	2023/1/20	女装/上装	1446547	23114	5134629	18469	278.01	1902293	1%

图 1-13　单击“百分比”

第四步，单击 3 次“增加小数位数”按钮，设置百分比小数位数 3 位，如图 1-14 所示。

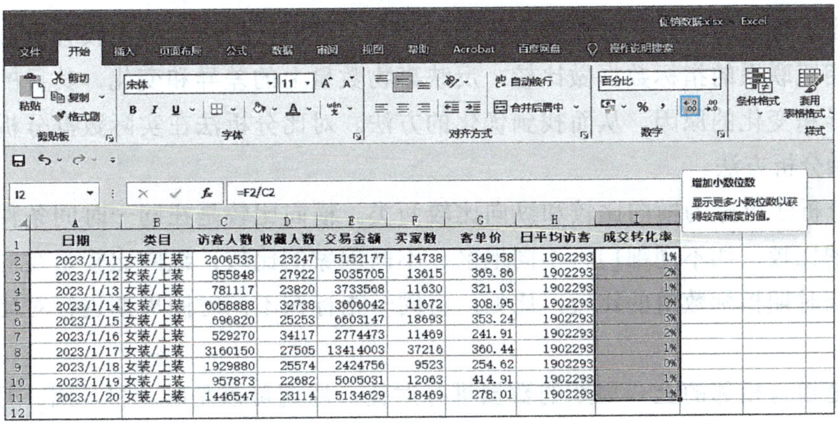

	A	B	C	D	E	F	G	H	I
1	日期	类目	访客人数	收藏人数	交易金额	买家数	客单价	日平均访客	成交转化率
2	2023/1/11	女装/上装	2606533	23247	5152177	14738	349.58	1902293	1%
3	2023/1/12	女装/上装	855848	27922	5035705	13615	369.86	1902293	2%
4	2023/1/13	女装/上装	781117	23820	3733568	11630	321.03	1902293	1%
5	2023/1/14	女装/上装	6058888	32738	3606042	11672	308.95	1902293	0%
6	2023/1/15	女装/上装	696820	25253	6603147	18693	353.24	1902293	3%
7	2023/1/16	女装/上装	529270	34117	2774473	11469	241.91	1902293	2%
8	2023/1/17	女装/上装	3160150	27505	13414003	37216	360.44	1902293	1%
9	2023/1/18	女装/上装	1929880	25574	2424756	9523	254.62	1902293	0%
10	2023/1/19	女装/上装	957873	22682	5005031	12063	414.91	1902293	1%
11	2023/1/20	女装/上装	1446547	23114	5134629	18469	278.01	1902293	1%

图 1-14　设置百分比小数位数 3 位

知识链接

对于数据分析师而言，懂技术和懂业务，哪个重要？

懂技术和懂业务，都是为了提升数据分析的效率。从效率上来说，技术带来的数据处理效率和业务经验带来的业务沟通效率是同等重要的。但业务经验对分析结果负责，有业务经验可以更好地制定公司运营探索的方向，避免数据清洗和探索分析的时候因为走错路线而碰壁。

任务4 认识商务数据分析的主要方法与模型

任务分析

在电子商务领域中，数据分析师通过使用不同的分析方法和模型对采集到的数据进行探索与分析，从中发现因果关系、内部联系和业务规律，为企业决策提供参考。商务数据分析方法是商务数据分析的重要环节，根据不同的使用场景和业务需求，选择不同的数据分析方法，可以更好地揭示数据背后的规律和趋势。数据分析模型一方面可以让分析结论更有说服力，另一方面可以让论证过程更具备逻辑性和条理性。小艾将学习商务数据分析方法和模型，以便更好地揭示数据背后的规律和趋势，从而向公司提出运营建议。

任务实施

一、商务数据分析的方法

在具体业务场景中，数据分析师针对不同的变量，采用不同的数据分析方法。用对方法，可以更加高效地完成数据分析工作。

1. 对比分析法

有对比才有分析，有对比数据才能产生意义。对比分析法也称比较分析法，是将两个及以上相互联系的指标数据做比较，反映事物数量上的差异和变化，其目的是分析数据产生差异和变化的原因，从而找到优化的方法。对比分析法在实际数据分析中是非常重要的一种分析方法。

对比分析法可分为横向比较和纵向比较两类。横向比较是在同一时间条件下对不同总体指标的比较，如不同部门、不同地区、不同国家的比较；纵向比较是在同一总体条件下对不同时期指标数值的比较，比如，将同一指标在不同时间周期进行对比的环比和同比。

环比是指与相邻的上一周期的数据进行对比，周期可以是时、日、周、月、季、年等；同比是指两个周期同一个时间点的比较，目的是追踪周期性的变化，如图1-15所示。

图 1-15　环比和同比

2. 转化分析法

转化分析法也叫漏斗分析法，主要是分析产品流程或关键节点的转化效果，常借助漏斗图展现转化效果。漏斗分析法是一套流程式数据分析，能够科学反映用户行为状态，以及从起点到终点各阶段用户转化率情况的重要分析方法。很多数据分析应用场景都离不开漏斗分析法，比如用户注册分析、电商购买分析。电商购买流程如图 1-16 所示。

图 1-16　电商购买流程

分析这五个步骤，可以找到高损耗的节点，例如，根据五个步骤的用户人数和转化率计算结果（见表 1-8），可以找到企业关注的节点。

表 1-8　用户访问数据表

转化分析	浏览商品	购物车	下单	支付	完成交易
用户人数	5811	5181	2923	2655	2389
上一步转化率	100.0%	89.2%	56.4%	90.8%	90.0%
总体转化率	100.0%	89.2%	50.3%	45.7%	41.1%

如图 1-17 电商用户漏斗图所示，可以看出购物车这一步之前的转化率较高，但在下单的流程中，转化率急剧降低至 56.4%，这里可能就是需要改进的地方。确定出问题的关键节点后，可以对该节点的用户行为进行详细分析，例如对用户的停留时间、确认订单页面等具体事件，做进一步的分析。

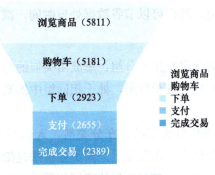

图 1-17　电商用户漏斗图

3. 平均分析法

平均分析法是通过特征数据的平均指标，反映事物目前所处的位置和发展水平。再对不同时期、不同类型单位的平均指标进行对比，说明事物的发展趋势和变化规律。

平均分析法可以分为数值平均分析法和位置平均分析法。在数据中，所有数据都参与计算得到的平均数称为数值平均数，包括算术平均数、几何平均数等。按照数据的大小顺序或出现的频率，选出一个代表值，称为位置平均数，包括中位数和众数等，如图1-18所示。

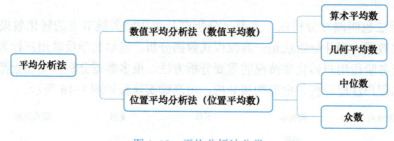

图 1-18　平均分析法分类

4. 时间序列分析法

时间序列分析法是根据事件随时间发展变化的规律性来探索将来的发展。同类数据指标在不同时间上的数值按时间先后顺序排列起来形成的数据，反映了现象发展变化的过程和结果。时间序列分析法可以根据事物在过去的状态，分析事物发展规律来预测将来。

常见的时间序列分析法有季节波动法、移动平均法、指数平滑法等。

1）季节波动法是通过分析历史时间序列数据中的季节性波动，预测其季节性变动趋势。

2）移动平均法是用一组最近的实际数值来预测未来一期或几期内数值的常用方法。它在预测产品需求量和公司产能时，当产品需求既不是快速增长也不是快速下降，且不存在季节性因素时，移动平均法能有效地消除预测中的随机波动。

3）指数平滑法是根据历史资料的上期实际数和上期预测值，用指数加权的办法进行预测。此方法实质是由内加权移动平均法演变而来，其优点是只要有上期实际数和上期预测值，就可计算出下期预测值，这样可以节省数据处理时间，减少数据存储量。

5. 聚类分析法

聚类分析法是将数据对象进行集合分组，形成由类似的对象组成的多个类的分析过程。聚类分析法将全体数据组织成一些相似组，处于相同组中的数据彼此相似，处于不同组中的数据彼此差异很大。

聚类分析法是一种探索性分析方法，在分类前，人们不必事先给出一个分类标准，而是根据样本数据的特点进行分类。在商业上，聚类分析法是细分市场的有效工具，被用来发现不同的客户群，并且它通过对不同客户群的特征刻画，来研究消费者行为，寻找新的潜在市场。图1-19所示为一个按照数据对象之间的距离进行聚类分析的示例,距离相近的数据对象被划分为一个相似组,最后,这些数据对象被分成了四块区域。

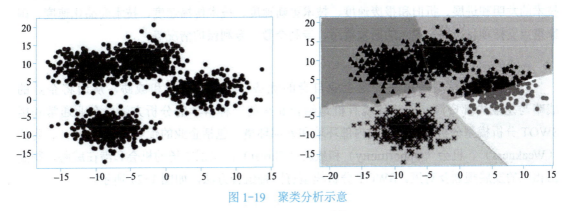

图1-19　聚类分析示意

二、商务数据分析模式

1. PEST宏观环境分析模型

PEST是从政治(Political)环境、经济(Economic)环境、社会(Social)环境、技术(Technological)环境四个方面,基于公司战略的眼光来分析企业外部宏观环境的一种方法,如图1-20所示。

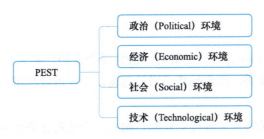

图1-20　PEST宏观环境分析模型

(1)政治(Political)环境　政治环境因素指政府和政策对企业的影响。包括经济政策、税收政策、贸易政策、安全政策、产业政策、投资政策、专利数量、国防开支水平、政府补贴水平等。政府的政策和法律可以直接影响企业的运营和盈利能力,例如政府的减税政策和贸易协议可以帮助企业降低成本,提高竞争力。

(2)经济(Economic)环境　经济环境因素指宏观经济环境对企业的影响。经济环境主要包括宏观和微观两个方面。宏观经济环境主要指一个国家的人口数量及其增长趋势、国民收入、国民生产总值及其变化情况,这些指标能够反映国民经济发展水平和发展速度。微观经济环境主要指企业所服务地区的消费者的收入水平、消费偏好、储蓄情况、就业程度等因素,这些因素决定着企业目前及未来的市场大小。

(3)社会(Social)环境　社会环境因素是指所在社会中的居民教育程度和文化水平、宗教信仰、风俗习惯、审美观点、价值观念等。这些因素会影响居民对组织目标、组织活动以及组织存在本身的认可与否。

（4）技术（Technological）环境　技术环境因素指科技和创新对企业的影响。这包括新技术的发明和进展、折旧和报废速度、技术更新速度、技术传播速度、技术商品化速度、国家重点支持项目、国家投入的研发费用、专利个数、专利保护情况等。

2. SWOT 分析模型

SWOT 分析模型是用来确定企业自身的优势、劣势、机会和威胁，从而将企业的战略与企业内部资源、外部环境有机地结合起来的一种科学的分析方法。企业通常利用 SWOT 分析模型分析自身所处的内部环境和外部环境，包括企业的优势（Strength）、劣势（Weakness）、机会（Opportunity）和威胁（Threat），识别市场的机会和潜在威胁，制定出相应的发展规划及对策。SWOT 分析模型有四种组合方法，如图 1-21 所示。

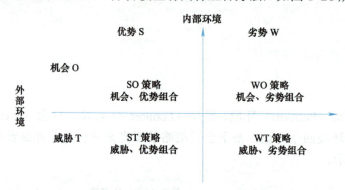

图 1-21　SWOT 分析模型的组合方法

（1）SO 策略　SO 策略是增长型策略，指利用企业的优势来抓住机会。例如，如果企业生产的产品品质非常优秀，而市场需求增长迅速，企业可以利用自身特点加大产品生产力度，扩大市场份额。

（2）ST 策略　ST 策略是多种经营策略，指利用企业的优势来应对威胁。例如，企业的生产效率非常高，但市场竞争愈发激烈，此时企业可以利用自身的效率优势，降低成本，提升出售价格，应对市场竞争压力。

（3）WO 策略　WO 策略是扭转型策略，指利用外部环境的机会，弥补企业自身的劣势。例如，企业的市场份额小，产品质量一般，但市场需求又非常大，此时企业可以通过技术创新和品质提升来提高产品竞争力，以应对市场中的机会和增加自身市场份额。

（4）WT 策略　WT 战略是防御型策略，指减少和避免外部环境对企业劣势的威胁，通过积极应对外部威胁来保持企业的生态平衡。例如，企业的利润率较低，同时在市场竞争中处于相对劣势，此时企业需要寻找利润更高、竞争更小的市场，并开发新的领域。

3. 波特五力分析模型

波特五力分析模型通过对供应商、购买者的议价能力，新进入者、替代品的威胁，同行业内部竞争这五种元素进行分析，了解行业的竞争环境和市场趋势，制定出更有效的竞争策略。波特五力分析模型如图 1-22 所示。

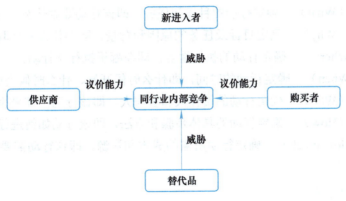

图1-22 波特五力分析模型

（1）供应商的议价能力　这种能力指供应商主要通过提高投入要素价格与降低单位价值质量的能力，来影响行业中现有企业的盈利能力与产品竞争力。如果供应商集中度高、难以替代，制造商就可能无法获得所需的原材料，从而导致产品成本上升，利润率下降。

（2）购买者的议价能力　这种能力指购买者主要通过压价与要求提供较高的产品质量或服务质量的能力。如果市场上有较多的替代品或服务，那么购买者在议价时就更有发言权，从而降低企业利润率。

（3）新进入者的威胁　新进入者会与现有企业产生原材料与市场份额的竞争，导致降低行业现有企业利润率。

（4）替代品的威胁　替代品是指可以代替行业产品或服务的其他产品或服务。替代品的可用性、价格、质量和功能等因素会影响企业在行业中的吸引力和市场份额。

（5）同行业内部竞争　行业内的竞争对手是指与企业在同一市场上竞争的企业。竞争对手的数量、规模、市场份额、产品差异化程度等因素会影响企业在行业中的竞争力。

4．5W2H分析模型

5W2H分析模型又称"七问分析法"，它主要针对五个W以及两个H提出的七个关键词进行数据指标的选取，再根据选取的数据进行分析，如图1-23所示。

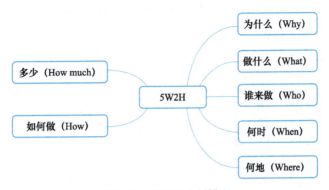

图1-23 5W2H分析模型

5W2H分析理论是一种帮助企业和个人分析、解决问题和计划行动的方法，它主要由以下七个内容组成：

（1）做什么（What）　确定行动的目标和任务，即该行动要做什么，应该关注什么。

（2）为什么（Why）　确定目标及任务的原因和背景，即为什么要采取该行动。

（3）何地（Where）　确定行动的执行地点，即在哪里执行该行动。

（4）何时（When）　确定行动的时间，即什么时候开始、什么时候完成该行动。

（5）谁来做（Who）　确定行动的责任人和参与人，即该行动由谁来执行。

（6）如何做（How）　确定行动的具体步骤和方法，即该行动如何进行。

（7）多少（How much）　确定行动所需的成本和资源，即该行动需要多少时间、人力和资金等资源。

5. RFM 分析模型

RFM 分析模型用来对用户进行分类，并判断每类细分用户的价值。通过下面三个关键指标判断客户价值并对客户进行观察和分类，针对不同特征的客户进行相应的营销策略。

1）R（Recency）：最近一次消费时间。最近一次消费的群体可能是产生二次消费的群体。

2）F（Frequency）：最近一段时间的购买次数。一般而言，购买频次越高的客户，对产品满意度越高，忠诚度相对也高。

3）M（Monetary）：最近一段时间内的消费金额。通过消费金额可以把用户化分成几个等级，如重要价值客户、一般维持客户等。

任务拓展

打开数据文件"销售额数据.xlsx"，对销售额数据进行时间序列分析的移动平均法进行分析。

第一步，打开文件后，选择 B2:C18 单元格区域，单击"插入"选项卡中"图表"选项中的"二维折线图"，单击"确定"按钮，出现销售额数据折线图，如图 1-24 所示。

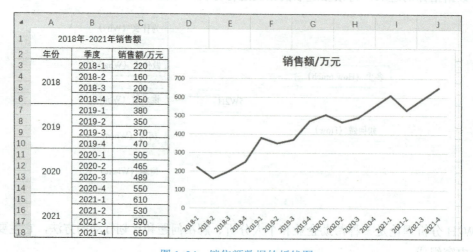

图 1-24　销售额数据的折线图

第二步，对销售额时间序列数据进行一次移动平均。在"数据"选项卡中的"分析"选项组中单击"数据分析"，在弹出的"数据分析"对话框的"分析工具"中选择"移动平均"，单击"确定"按钮，如图1-25所示。

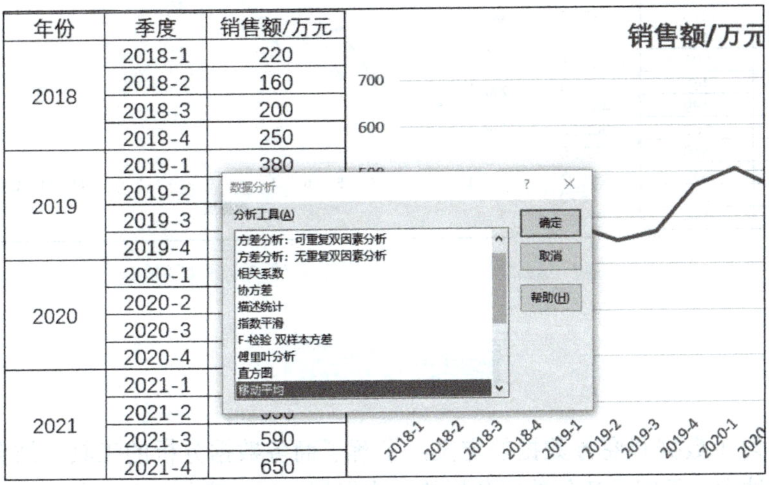

图1-25 单击"数据分析"对话框中的"移动平均"

第三步，在弹出的"移动平均"对话框中设置工具参数，设置"输入区域"为"$C$2:$C$18"，设置"间隔"为"4"，设置输出区域为"$D$2"，选择"标志位于第一行"和"图表输出"复选按钮，如图1-26所示，最后单击"确定"按钮。

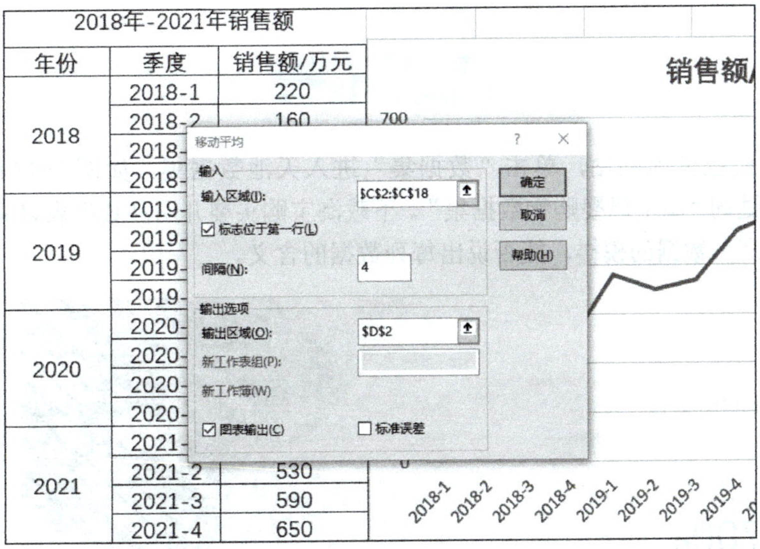

图1-26 设置"移动平均"对话框中的工具参数

第四步，得到移动平均的数值，并显示预测值和实际值的对比折线图，如图1-27所示。

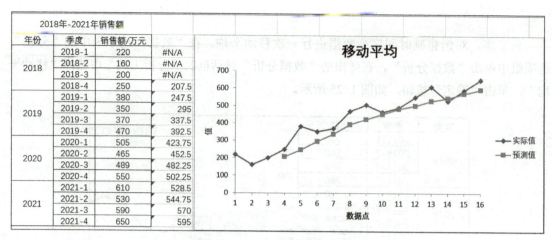

图 1-27　移动平均的预测值和实际值的对比折线图

项目小结

本项目学习了数据和商务数据的定义，了解了商务数据分析的工具。结合大数据和人工智能等前沿技术，了解了商务数据分析的历史发展。通过案例操作，初步理解了数据分析指标、数据分析流程和常用数据分析方法对于企业的业务运营和发展的重要性，有助于帮助理解企业根据不同的使用场景和业务需求，选择不同的数据指标和数据分析方法的必要性，从而可以更好地揭示数据背后的规律和趋势，帮助企业做出更加正确的决策。通过学习，还了解了数据分析师的工作内容和岗位方向，从而学会用业务数据说话，具备从业务数据中发现问题的能力。

实战强化

打开阿里巴巴天池网站，单击"数据集"进入天池数据集，如图 1-28 所示。在天池数据集搜索关键词"淘宝母婴购物数据集"。下载淘宝购买婴儿用品数据表以完成数据采集，看一看真实的商务数据的模样，能否说出每列数据的含义。

图 1-28　阿里巴巴天池网站平台

思考与练习

一、单选题

1. 如果将数据分析的步骤精简为4个步骤,则依次是（　　）。
   A. 数据获取、数据处理、数据分析、数据呈现
   B. 数据获取、数据呈现、数据处理、数据分析
   C. 数据获取、数据处理、数据呈现、数据分析
   D. 数据呈现、数据获取、数据处理、数据分析
2. 商务数据分析的原则不包括（　　）。
   A. 针对性　　　B. 实用性　　　C. 高效性　　　D. 系统性
3. 5W2H分析模型又称"七问分析法",下面（　　）不在七问之中。
   A. Why　　　B. Want　　　C. Where　　　D. When
4. 某家淘宝网店在7月1日—7月7日期间,统计出了500名访客,其中有390名访客点击浏览了商品甲,最终210名访客购买了商品甲,160名访客购买了商品乙,那么该店铺商品甲的成交转化率为（　　）。
   A. 32%　　　B. 42%　　　C. 74%　　　D. 66%
5. 转化类指标包括收藏转化率、（　　）、成交转化率、注册转化率四个具体指标。
   A. 下单转化率　　B. 下单支付金额　　C. 页面访问时长　　D. 会员回购率

二、多选题

1. 常见的时间序列分析法有（　　）。
   A. 季节波动法　　B. 移动平均法　　C. 帕累托法　　D. 指数平滑法
2. 下列关于商务数据分析表述正确的是（　　）。
   A. 商务数据分析流程包括数据分析准备、数据采集、数据处理、数据分析、数据解释与展现、撰写报告六个环节
   B. 数据分析要有目标性,漫无目的的分析很可能得到的无用的分析结果
   C. 数据采集渠道大体上可以分为两类:直接获取和间接获取
   D. 数据分析是适当的分析方法及工具,对处理过的数据进行分析,提取有价值的信息,形成有效结论的过程
3. PEST宏观环境分析模型是基于公司战略的眼光,从（　　）方面来分析企业外部宏观环境。
   A. 政治　　　B. 经济　　　C. 社会　　　D. 技术
4. 按数据存储的格式来划分数据,可将数据分类为（　　）。
   A. 数值　　　B. 文本　　　C. 音视频　　　D. 一手数据
5. 属于SWOT分析模型的组合策略是（　　）。
   A. SO策略　　B. ST策略　　C. WC策略　　D. WO策略

三、简答题

1. 简述流量类指标。
2. 解释什么是漏斗分析。

项目 2

了解商务数据分析的常用工具

项目描述

"工欲善其事,必先利其器",只有根据不同的商业场景,应用合适的商务数据分析工具才能更快地获取精准的数据结果。公司对小艾的实习工作非常满意,要求小艾尽快熟悉各种商务数据分析工具,以便快速适应数据分析岗位。在公司里,商务数据分析工具不仅要满足业务分析和报表制作,还要做全平台全方位的数据处理,除了 Excel、Python 还有很多平台上的商务数据分析工具,要掌握这些商务数据分析工具并不简单。

学习目标

知识目标
- 了解商务数据分析的常用工具。
- 理解 Excel 的数据分析函数和数据透视表功能。
- 了解 Anaconda 的安装和环境配置过程。
- 理解 NumPy 的数组和函数。

能力目标
- 能够熟练使用 Excel 进行商务数据分析。
- 能够熟练使用 Jupyter Notebook 进行编码。
- 能够使用函数完成 NumPy 数学运算。

素质目标
- 通过了解商务数据分析工具的安装、配置、使用,培养严谨、认真的态度。
- 通过小组合作和编程讨论,培养团队协作意识和创新精神,激发学习兴趣。
- 弘扬重细节、追求完美的工匠精神。

项目 2　了解商务数据分析的常用工具

任务 1　认识商务数据分析工具

商务数据分析的常用工具有很多，包括商业数据监测工具生意参谋、巨量算数、百度指数、微指数等，商务数据分析工具 Excel、Python、SPSS、Tableau、Power BI 等，还有商务数据存储工具 Access、SQL Server、Oracle、MongoDB 等。小艾不知道从何入手，部门的王经理提供了一个思路，小艾可以先全面了解这些平台。

一、了解商业数据监测工具

1. 百度指数

百度指数是以百度海量的网民行为数据为基础的数据分享平台。通过百度指数可以分析关键词搜索趋势、网民兴趣和需求、舆情动向、受众特征等内容。

百度指数的使用，用户可以用百度账号登录百度主页，在搜索框内输入一个关键词，按"查看指数"按钮，即可搜索出指数数据。

如果想要对多个数据进行比较分析，可以在搜索框中输入多个关键词，并用逗号将不同的关键词隔开，就可以实现关键词数据的比较查询，并且曲线图上会用不同颜色的曲线加以区分。例如，检索"Python,Excel"，从而得到 Python 和 Excel 的搜索指数对比，如图 2-1 所示。目前，百度指数最多支持 5 个关键词的比较检索。

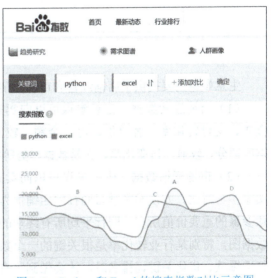

图 2-1　Python 和 Excel 的搜索指数对比示意图

2. 生意参谋

生意参谋是阿里巴巴集团旗下的一款电商数据工具，它通过对淘宝、天猫、天猫国际、天猫超市等阿里巴巴平台的操作数据进行汇总、分析和展示，为用户提供网店整体运营数据、实时概况数据、经营分析、市场与竞争对手分析等服务。生意参谋是阿里巴巴的一款数据分析工具，在整合量子恒道、数据魔方等内容后，成为阿里巴巴商家统一数据产品平台。生意参谋可以帮助商家剖析自己店铺的经营数据，分析用户交易行为，并了解市场同行的店铺动态数据。可以用淘宝账号登录生意参谋的主页，界面如图 2-2 所示。

图 2-2　生意参谋主页界面示意图

生意参谋主要提供了店铺经营和市场行情两方面的数据。

（1）店铺经营数据　生意参谋可以向卖家展示浏览量、访客数、支付子订单数、支付金额、支付转化率、客单价、退款金额、较上周同期变化率、无线占比、无线转化、服务态度评分、较前一日变化率、交易数据趋势等数据详情，方便卖家及时发现问题、优化问题。

（2）市场行情数据　生意参谋可以向卖家展示行业排名、同行经营平均值和优秀值供卖家参考对比。方便卖家学习同行中店铺优秀的地方，从而不断优化自己的店铺，这也是生意参谋的重要价值所在。同行平均所有终端的支付金额、同行平均所有终端的支付转化率的数据图，特别是行业转化率是很关键的一个数据指标，有了这些指标，卖家在做推广方案、打造爆款、优化关键词排名时，才会做到"有的放矢"。

3. 巨量算数

巨量算数是字节跳动公司旗下的数字化营销服务平台，它以今日头条、抖音、西瓜视频等平台为依托，根据这些平台的数据，向人们提供数据趋势、产业研究、广告策略等内容。它主要由算数指数、抖音垂类分析、算数榜单、算数报告等数据工具组成，为行业提供数据分析的参考依据，为视频内容创作提供数据依据和可视化分析结果。

可以用抖音账号登录巨量算数主页，使用巨量算数，单击"算数指数"，其算数指数模块界面如图 2-3 所示。

项目 2　了解商务数据分析的常用工具

图 2-3　巨量算数的算数指数模块界面

4. 微指数

微指数是新浪微博的数据分析工具，通过监测微博平台上关键词的热议度，以及行业平均影响力，来反映微博舆情和账号的发展趋势，从而为企业营销和数据分析师提供数据支持。可以用微博账号登录微指数主页，使用微指数平台的数据，界面如图 2-4 所示。

图 2-4　微博的微指数主页界面

微指数是基于新浪微博上海量用户行为数据、博文数据，采用科学计算方法统计得出的、反映不同事件领域发展状况的指数产品。它包括综合指数、移动指数、PC 指数等三个指数。虽然微指数收录数据的日期不如百度指数宽泛，但基于新浪微博平台得到的数据，对于舆情数据分析还是非常重要的。

二、认识商务数据分析工具

商务数据分析工具是用于对数据进行统计和分析的软件，其主要功能包括数据的输入、处理、分析和输出等。主要的数据分析工具包括 Excel、Python、Power BI、SPSS、Tableau 等。

1. Excel

Excel 软件的全称是 Microsoft Excel，它是微软公司为 Windows 和 Apple Macintosh 操作系统编写的一款电子表格软件。Excel 电子表格软件拥有直观的界面、很好的计算功能和图表工具，如图 2-5 所示。

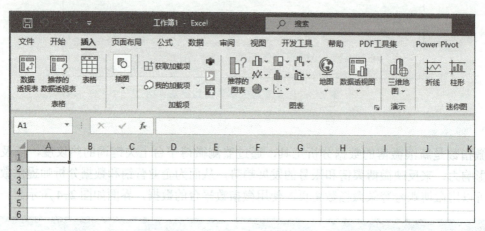

图 2-5　Microsoft Excel 电子表格软件界面

Excel 是进行数据处理、分析最常用到的工具，在不考虑性能和处理数据量的情况下，Excel 完全可以应对数据的清洗、转换和可视化等大部分的数据分析工作。Excel 进行数据分析，除了需要基本的函数功能，比如 SUM、AVERAGE、IF、SUMIF、VLOOKUP 等函数之外，还要运用数据透视表、多表联查数据透视、切片器数据透视、回归分析等，甚至还会用到 VBA 进行蒙特卡洛模拟、求解线性与非线性规划问题。

2. Python

Python 是一种面向对象的解释型计算机程序设计软件，图标如图 2-6 所示。它易用、高效而且具有强大的数据处理、分析和可视化功能，可进行数据挖掘、机器学习、数据可视化、数据清理等工作。Python 的设计语言具有简洁性、易读性和可扩展性的特点，比较适合新手学习，对数据分析师非常友好。

众多开源的数据计算软件包，如 NumPy、SciPy 和 Matplotlib 等都为 Python 提供了调用接口，可以分别为

图 2-6　Python 软件图标

Python 提供数组处理、数值运算和图表绘制功能。Python 及其众多的扩展库所构成的开发环境十分适合分析数据和制作图表，现在国内用 Python 做数据分析和计算的人员和机构越来越多，Python 越来越受到数据分析师的欢迎。

程序员们为 Python 编写了很多好用的库，这些库是 Python 的"武器库"。但是，人们使用 Python 时，要一个个下载那些库，非常的烦琐，而且存在版本兼容问题，为了不再浪费时间去重复下载那些库，Anaconda 就被发明出来。Anaconda 是一个开源的、专注于数据分析的 Python 发行版本，其软件界面如图 2-7 所示，它包含了 190 多个科学包及其依赖项。下载 Anaconda 后，人们再也不用一个一个下载那些库了。

图 2-7 Anaconda 软件界面

3. Power BI

Power BI 是微软公司推出的数据分析和可视化工具，软件界面如图 2-8 所示。作为一套数据分析工具，可连接数百个数据源，简化数据准备并提供实时分析。Power BI 可以生成美观报表，并发布在 Web 和移动设备上使用。简单地讲，Power BI 软件可以从各种数据源中提取数据，并对数据进行整理分析，然后生成精美的图表，并且可以在计算机端和移动端与他人共享。

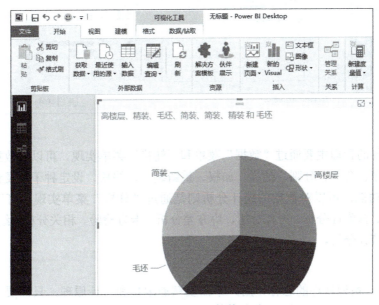

图 2-8 Power BI 软件界面

Power BI 软件包含桌面版 Power BI Desktop、在线 Power BI 服务和移动端 Power BI 应用，在线 Power BI 服务和移动端 Power BI 是 Power BI 的分发共享功能版，PowerBI Desktop 是完全免费的版本。

4. SPSS

SPSS 软件是 IBM 公司旗下的一款商业收费的专业统计软件，提供了丰富的统计分析方法，功能包括数据管理、统计分析、统计绘图和统计报表等，被广泛应用于社会科学、市场研究、医学统计、企业分析等领域。SPSS 是世界上最早采用图形菜单驱动界面的数据统计软件，它最突出的特点就是操作界面极为友好，输出结果美观漂亮。用户只要掌握一定的 Windows 操作技能，精通统计分析原理，就可以使用该软件。

SPSS 采用类似 Excel 电子表格的方式输入与管理数据，能方便地从 Excel、Lotus 等数据库中读入数据，软件界面如图 2-9 所示。SPSS 的基本功能包括数据管理、统计分析、图表分析、输出管理等，其主要分为两大部分，一个是对数据文件的管理，另一个是对数据的统计分析。

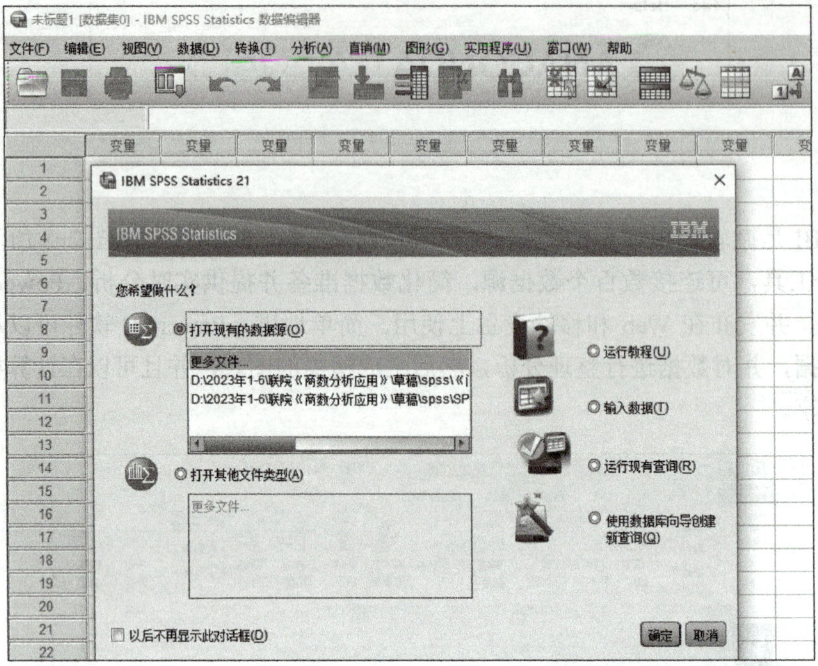

图 2-9 SPSS 软件界面

对数据文件的管理主要通过"数据"菜单和"转换"菜单实现，可以对数据进行修改编辑、查找、排序、合并、分割、抽样、加权、重新编码、编秩、设定种子数及计算或转换新的变量等多种功能；可以对数据的统计分析则是通过"分析"菜单实现；可以对数据集进行描述性统计、探索性分析、方差分析、协方差分析、卡方检验、相关分析、线性回归分析、非参数检验等统计分析。

5. Tableau

Tableau 是一系列软件的总称，用户不需要精通编程和统计原理，只需要一些结构化数据，通过简单的拖拽操作即可完成最终效果。Tableau 平台界面如图 2-10 所示。

图 2-10 Tableau 平台界面

Tableau 可以通过可视化的方式使用数据，其支持连接本地或云端数据，无论是电子表格，还是数据库数据，都能够实时生成各种炫酷的图表与趋势线。它具有易学易用、功能丰富、交互性强等优点。

三、认识商务数据存储工具

数据存储涉及数据库的概念和数据库语言，作为商务数据分析师，这方面内容不需要深入钻研，但要了解数据存储相关的软件。

1. Access

Access 全称为 Microsoft Office Access，是由微软公司发布的关系数据库管理系统，是 Microsoft Office 的系统程序之一。Access 将数据库引擎的图形用户界面和软件开发工具结合在一起。Access 数据库是最基本的个人数据库，主要用于个人或部分企业的基本数据存储。

2. SQL Server

SQL Server 全称为 Microsoft SQL Server，是微软公司推出的关系型数据库管理系统。具有使用方便、可伸缩性好、软件集成程度高等特点，SQL Server 是一个全面的数据库平台，使用集成的商业智能工具提供企业级的数据管理。

SQL Server 的数据库引擎为关系型数据和结构化数据提供了更安全可靠的存储功能，可以构建和管理用于业务的高可用和高性能的数据应用程序。SQL Server 数据库经常被中小企业用来存储数据，包括了数据存储、数据报表和数据分析等功能。

3. Oracle

Oracle 是由甲骨文公司开发的关系型数据库管理系统，Oracle 数据库是大型数据库，主要用于企业级数据存储，特别是海量大数据的存储，比如许多大型网站就选用了 Oracle 数据库。作为一款商用的典型关系数据库，Oracle 数据库具有结构严谨、高可用、高性能等特点，其在金融、通信、能源、运输、零售、制造等各个行业的大型公司均获得了广泛应用。

4. MongoDB

MongoDB 是一款非结构数据库管理系统，主要是为了互联网 Web 应用程序和互联网基础设施设计的。MongoDB 提出文档和集合的概念，其使用的数据模型结构不是二维表形式，却能在互联网的生产环境中提供高速读写的能力，其吞吐量也比关系型有很大的增强。MongoDB 数据模型是面向对象的数据库，可以表示丰富、有层级的数据结构。比如，微博中的"评论"就可以直接存储在 MongoDB 文档中，而不用像关系型数据库那样，还要创建一些二维表格来描述这样的关系。

任务 2　走进数据分析工具 Excel

任务分析

公司招聘的数据分析师岗位，最基本要求就是要熟练掌握 Excel，这是作为数据分析师的必备技能之一。Excel 的函数、数据分析工具库和透视表等工具可以快速统计各种复杂的商务数据，完成数据分析工作。王经理要求小艾从岗位任务出发，熟练使用 Excel 数据分析功能。小艾将用 Excel 的函数、数据分析工具库和数据透视表这三样工具来进行数据分析。

任务实施

一、用 Excel 进行数据统计

1. 了解 Excel 的常见数据统计函数

Excel 常见数据统计函数能够快速统计各种数据，其中比较常见的有 AVERAGE 算术平均函数、GEOMEAN 几何平均函数、FREQUENCY 频率分布函数、COUNT 计数函数、COUNTIF 条件计数函数、MAX 极大值函数、MIN 极小值函数、MEDIAN 中值函数、MODE 众数函数、RANK 排名函数等，见表 2-1。

表 2-1　Excel 常见数据统计函数

序号	函数名	功能	语法	参数说明
1	AVERAGE	计算包含数值单元格的算术平均值	AVERAGE（number1,number2,…）	非数字的单元格将被忽略
2	GEOMEAN	计算包含数值单元格的几何平均值	GEOMEAN（number1,number2,…）	非数字的单元格将被忽略
3	FREQUENCY	对数据进行分段统计	FREQUENCY（data_array,bins_array）	"data_array"为一组数值，"bins_array"为间隔数组
4	COUNT	计算非空单元格个数	COUNT（value1,value2,…）	文本、符号、逻辑值、错误值将被忽略
5	COUNTIF	计算满足区域内指定条件的单元格个数	COUNTIF（range，criteria）	"range"是要计算的单元格区域，"criteria"表示统计条件
6	MAX	计算一组数值中的最大值	MAX（number1,[number2],…）	只对数值进行计算
7	MIN	计算一组数值中的最小值	MIN（number1,[number2],…）	只对数值进行计算
8	MEDIAN	计算一组数值的中值	MEDIAN（number1,[number2],…）	如果参数为偶数个数字，将计算中间的两个数值的平均值
9	MODE	计算区域内数值出现最多的值	MODE（number1,[number2],…]）	只对数值进行计算
10	RANK	计算一组数值的排名	RANK（number,ref,[order]）	"number"为参与排名的数值，"ref"为整个数值区域，"order"为 0 则降序，为 1 则升序

2. 操作举例

以某公司"笔记本计算机价格数据"为例，对品牌笔记本计算机的价格进行分段处理，用频率分布函数 FREQUENCY（）分析出笔记本计算机销售价格的分布频率情况。

第一步，打开"笔记本计算机数据.xlsx"工作簿文件，可以看到价格数据，见表 2-2。

项目 2　了解商务数据分析的常用工具

表 2-2　笔记本计算机价格数据

品牌	价格/元
华为笔记本计算机	7794
戴尔笔记本计算机	6811
联想笔记本计算机	5219
苹果笔记本计算机	13349
小米笔记本计算机	4166
惠普笔记本计算机	4107
微软 Surface Pro	8472

第二步，在 D2:D8 单元格区域设置分段点，如图 2-11 所示。

	A	B	C	D
1	品牌	价格/元		价格分段点/元
2	华为笔记本计算机	7794		14000
3	戴尔笔记本计算机	6811		12400
4	联想笔记本计算机	5219		10800
5	苹果笔记本计算机	13349		9200
6	小米笔记本计算机	4166		7600
7	惠普笔记本计算机	4107		6000
8	微软Surface Pro	8472		4400

图 2-11　设置分段点

第三步，选择 E2 单元格，选择"公式"选项卡，单击"插入函数"按钮，弹出"插入函数"对话框，在"或选择类别"下拉菜单中选择"统计"，找到 FREQUENCY 函数，如图 2-12 所示，单击"确定"按钮。

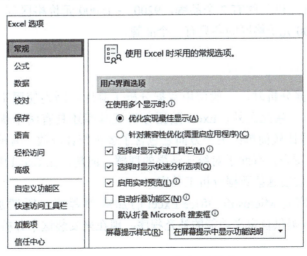

图 2-12　"插入函数"对话框

第四步，在弹出的"函数参数"对话框中，设置"Data_array"为"B2:B8"，设置"Bins_array"为"D2:D8"，如图 2-13 所示，单击"确定"按钮。

第五步，可以看到函数计算的结果，如图 2-14 所示。

图 2-13 "函数参数"对话框

图 2-14 函数计算结果

从图 2-14 的函数计算结果可以看出，7 款笔记本计算机中，7600～9200 元的价格区间有 2 个品牌，4400 元以下的有 2 个品牌，9200～14000 元价格区间、6000～7600 元价格区间和 4400～6000 元价格区间各只有一个品牌。

二、用 Excel 进行数据分析

用 Excel 进行数据分析时，一般使用数据分析工具库，因为使用工具库可以提高分析效率，降低出错概率。除此之外，Excel 数据分析工具库还具有两个优点：一方面，它与 Excel 无缝结合，操作比较简单；另一方面它包含了多种统计函数，有的工具在生成输出结果时，还能同时生成图表，有助于对统计结果的理解。但是，在 Excel 中使用数据分析工具库时，要先手动加载安装这些数据分析工具库。

数据分析工具库是 Microsoft Office Excel 的加载项程序，所谓加载项程序就是为 Microsoft Office Excel 提供自定义功能的补充程序。现在来安装这个分析工具库。

1. 安装数据分析工具库

第一步，在 Excel 中打开"文件"菜单，选择"选项"菜单项，弹出"Excel 选项"对话框，如图 2-15 所示。

第二步，在弹出的"Excel 选项"对话框中，单击"加载项"，选择"分析工具库"，并在"管理"下拉列表框中选择"加载项"，如图 2-16 所示。

图 2-15 "Excel 选项"对话框

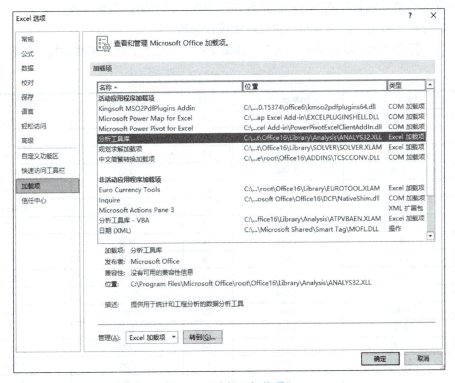

图 2-16 选择"加载项"

第三步，单击"转到"按钮，在弹出的"加载项"对话框中，选择需要安装的"分析工具库"复选框，单击"确认"按钮，就完成了加载程序的安装，如图2-17所示。

图 2-17 "加载项"对话框

2. 使用数据分析工具库

Excel 数据分析工具库可以完成描述统计、直方图、相关系数、移动平均、指数平滑、回归等统计分析方法。下面以描述统计分析为例，介绍 Excel 数据分析工具库。

描述统计分析常常使用平均数、方差、中位数、众数等指标，去发现数据的集中程度和离散程度等信息。以某公司"用户消费数据"为例，用"用户消费金额"来描述用户消费行为特征，分析了解用户消费分布，完成描述统计分析。

第一步，打开"用户年消费额.xlsx"工作簿文件，可以看到用户消费数据，见表2-3。

表 2-3 某公司 2022 年用户消费数据额

序号	用户姓名	年消费额/万元	序号	用户姓名	年消费额/万元
1	谢雨雨	3.801	17	晏可惟	3.1005
2	熊俊飞	1.281	18	文静	2.679
3	张颢亮	2.586	19	纪月	3.204
4	王成	3.684	20	沈洁	3.528
5	张海天	2.67	21	李薇	2.784
6	刘翔冰	3.4725	22	王韵美	3.3615
7	肖元	2.5875	23	王曦	2.967
8	秦啸	1.857	24	徐馨	3.5475
9	吕翔	2.817	25	盛维	2.697
10	杨岩山	2.6835	26	刘诗	2.379
11	吕翰	2.649	27	周欣天	3.5505
12	牛俊恺	3.96	28	许诗余	2.784
13	顾鑫	2.925	29	罗羽	3.975
14	沈馨	3.102	30	王妮妮	2.829
15	张瑞雨	3.5175	31	张安沁	3.054
16	丁诗诗	2.529	32	李林贡	3.204

第二步，在 Excel 工作窗中的"数据"选项卡中选择"分析"→"数据分析"，在弹出的"数据分析"对话框中，选择"分析工具"中的"描述统计"，如图 2-18 所示，然后单击"确定"按钮。

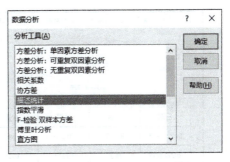

图 2-18 "数据分析"对话框

第三步，在"描述统计"对话框中设置"输入区域"为"$C$1:$C$33"，选中"输出区域"单选按钮，设置"输出区域"为"$E$2"，选中"标志位于第一行"，选中"汇总统计"和"平均数置信度"复选框，设置"平均数置信度"数值为"95"%，如图 2-19 所示，然后单击"确定"按钮。

第四步，在工作表上就可以看到"描述统计"的结果，如图 2-20 所示。

图 2-19 "描述统计"对话框设置　　图 2-20 "描述统计"结果

从图 2-20 的描述统计结果可以看出，32 名用户的年消费额平均 2.993 万元（四舍五入），中位数是 2.946 万元，众数是 3.204 万元，标准差是 0.582（四舍五入），最小值是 1.281 万元，最大值是 3.975 万元。

三、使用 Excel 数据透视表

1. 了解数据透视表

数据透视表是一种可以快速汇总、分析大量数据表格的交互式分析工具。使用数据透视表可以按照数据表格的不同字段从多个角度进行透视，查看数据表格不同层面的汇总信息、分析结果以及摘要数据。用户可以使用数据透视表深入分析，发现关键数据，并做出关键决策。

2. 创建数据透视表

第一步，打开"Excel 的货物销售数据"工作簿文件，选中某一有数据的单元格，在"插入"选项卡中单击"数据透视表"按钮，弹出"创建数据透视表"对话框，如图 2-21 所示。

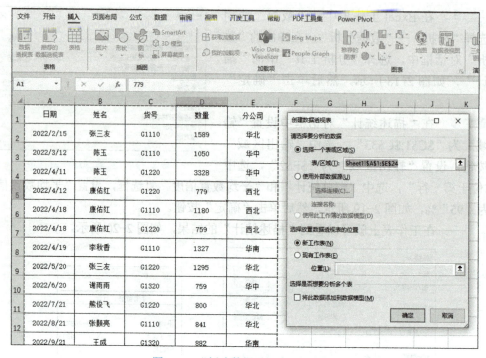

图 2-21 "创建数据透视表"对话框

第二步,在"创建数据透视表"对话框中,确认"选择一个表或区域"的内容包括所有数据区域,然后在"选择放置数据透视表的位置"中选择"新工作表",单击"确定"按钮,这样就创建了一个空白数据透视表,如图 2-22 所示。

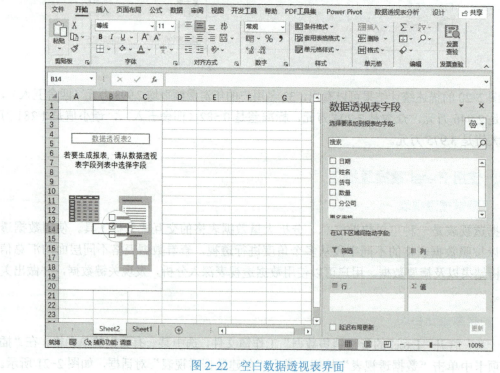

图 2-22 空白数据透视表界面

第三步，在"数据透视表字段"窗格中，将"姓名"和"货号"字段拖动至"行"标签区域，将"求和项：数量"字段拖至"值"标签区域，如图2-23所示。

图2-23 设置"数据透视表字段"窗格

第四步，为了分析更加深入，在"数据透视表分析"选项中，找到"筛选"工具，在其中单击"插入切片器"，弹出"插入切片器"对话框，如图2-24所示。

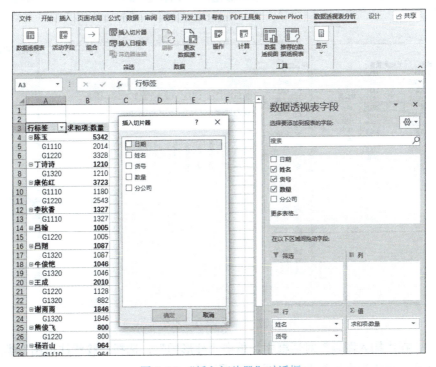

图2-24 "插入切片器"对话框

第五步,在弹出的"插入切片器"对话框中,选择"分公司"复选框,单击"确定"按钮,结果如图2-25所示。

当单击"切片器"中的"华北"分公司时,透视表就会实时将分公司的销售数据展示出来,数据如图2-26所示。

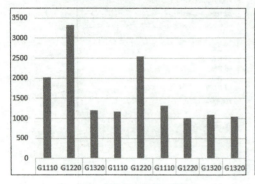

图2-25　设置切片器的结果　　　　　　图2-26　展示"华北"分公司的销售数据

3. 创建数据透视图

创建完成数据透视表后,在此基础上继续创建数据透视图。

第一步,在"数据透视表分析"选项中,单击"数据透视图",弹出"插入图表"对话框,如图2-27所示。

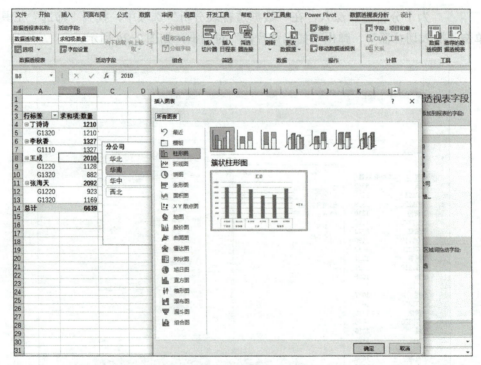

图2-27　"插入图表"对话框

第二步,在"插入图表"对话框中,单击"柱形图",选择"簇状柱形图"类型,单击"确定"按钮,生成数据透视图,如图2-28所示。

项目2　了解商务数据分析的常用工具

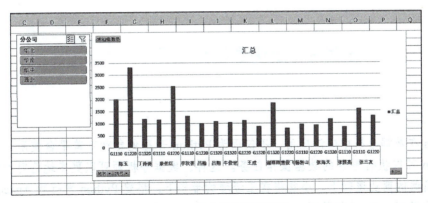

图 2-28　生成的数据透视图

第三步，在数据透视图旁，选择"切片器"中不同的分公司，图表也会跟着显示各分公司的销售数据，如图 2-29 所示。

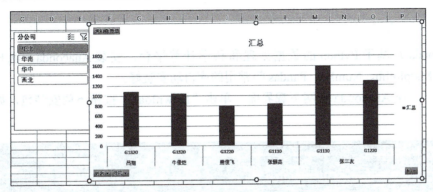

图 2-29　用"切片器"控制的数据透视图

知识链接

数据透视表的主要用途

1．数据汇总

数据透视表可以帮助用户对大量的数据进行汇总，并根据用户需求进行分类、分组和筛选，以便更好地了解数据的分布情况和总体趋势。

2．数据分析

数据透视表可以对数据进行分析，计算和统计各类数据指标，如总和、平均值、最大值、最小值、标准差等，并可根据数据的不同维度进行透视分析，如按时间、地区、产品等维度进行分析。

3．数据筛选

数据透视表可以根据不同的数据维度进行筛选和过滤，以便更好地了解不同的数据组合和趋势，并对数据进行更细致的分析。

4．数据可视化

数据透视表、数据透视图可以将复杂的数据信息通过图表和图形的方式进行可视化展示，从而更好地呈现数据的内在规律和趋势。

任务3　走进数据分析工具 Python

任务分析

Python 在数据分析中广泛应用，不仅因为 Python 开源免费和可跨平台使用，更重要的是，Python 可以执行重复的数据操作任务。这样，数据分析师可以更多地将时间花在分析数据背后隐藏的商业逻辑上。小艾将在王经理的带领下，搭建 Python 发行版 Anaconda 的开发环境，使用 NumPy 计算数据。

任务实施

一、安装 Anaconda

Anaconda 是基于 Python 的数据处理和科学计算平台，安装 Anaconda，就相当于将 Python 和 Matplotlib、NumPy、Pandas 等常用的库自动安装好。

第一步，在 Anaconda 官网下载界面，单击 "Download" 按钮下载安装包，如图 2-30 所示。

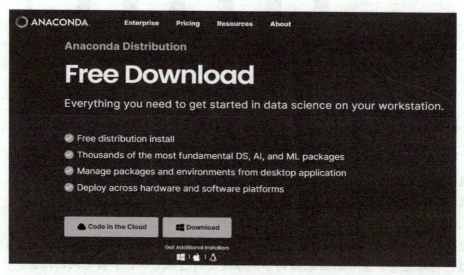

图 2-30　安装包下载

第二步，在安装包下载完毕后，双击安装包，进入 "安装" 界面，如图 2-31 所示，单击 "Next" 按钮。在 "用户协议" 界面，单击 "I Agree" 按钮，如图 2-32 所示。

第三步，在 "安装方式" 界面选择当前用户安装，还是为所有用户安装，一般选择第一个选项 "Just Me"，如图 2-33 所示，单击 "Next" 按钮。在 "选择安装路径" 界面设置安装路径为 "D:\anaconda"，如图 2-34 所示，单击 "Next" 按钮。

项目 2　了解商务数据分析的常用工具

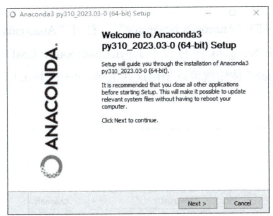

图 2-31　"安装"界面　　　　　　　图 2-32　"用户协议"界面

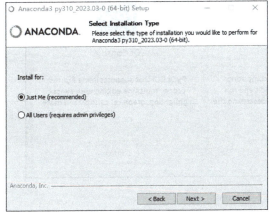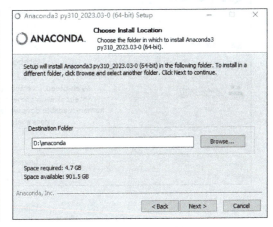

图 2-33　选择"Just Me"　　　　　　图 2-34　设置安装路径

第四步，在"高级安装选项"界面上，第一个选项是生成开始菜单快捷方式；第二个选项是设置环境变量；第三个选项是选择将 Anaconda3 中的 Python 解释器作为默认的 Python3.10 解释器；第四个选项是安装完成后清除包缓存。按安装程序默认选择即可，如图 2-35 所示，单击"Install"按钮进行安装，如图 2-36 所示。

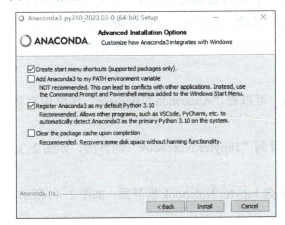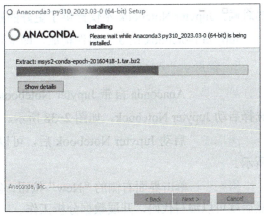

图 2-35　"高级安装选项"界面　　　　图 2-36　Anaconda 安装中

第五步，安装完成后，单击开始菜单中的"Anaconda Navigator"，打开"Anaconda Navigator"界面，如图2-37所示。在Anaconda Navigator中包含了Jupyter Notebook、CMD.exe Prompt、JupyterLab等应用工具，单击"Launch"按钮就可以使用这些工具，单击"Install"按钮可以安装其他工具。

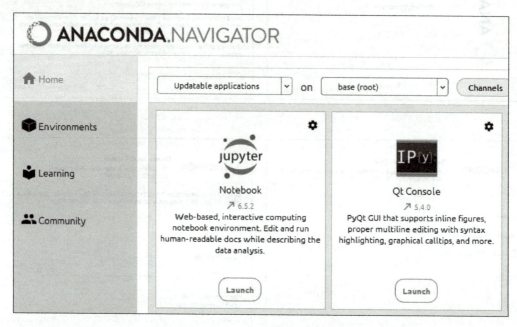

图2-37 "Anaconda Navigator"界面

二、使用Jupyter Notebook

1. 了解Jupyter Notebook

Jupyter Notebook是一种开源的模块化Python编辑器。Jupyter Notebook可以将大段的Python代码碎片化处理，分成一段一段地运行。在进行数据处理、分析、建模和观察结果的时候，Jupyter Notebook不仅提供了更好的视觉体验，还缩短了运行和调试代码的时间。

Jupyter Notebook由3个组件构成，即笔记本应用程序、内核、笔记本文件。

2. 使用Jupyter Notebook

第一步，Anaconda自带Jupyter Notebook，可以在"Anaconda Navigator"界面中直接选择启动Jupyter Notebook，如图2-38所示。

第二步，启动Jupyter Notebook后，可以看到"Jupyter Notebook"的界面，如图2-39所示。

第三步，单击界面右侧的"New"按钮，创建Jupyter Notebook新界面，如图2-40所示。然后就可以编写代码，开展数据分析工作。

图 2-38　启动 Jupyter Notebook

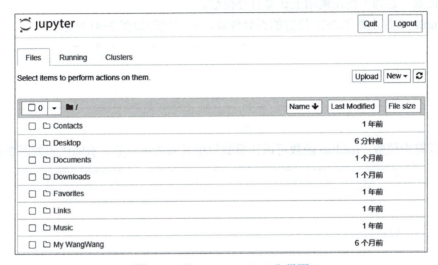

图 2-39　"Jupyter Notebook"界面

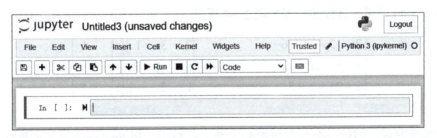

图 2-40　创建"Jupyter Notebook"的新界面

三、使用 NumPy 进行数据计算

1. 了解 NumPy

NumPy 是 Numerical Python 的简称，它是一个用于科学计算的基础软件包。数组接口是 Numpy 最重要的特性，NumPy 是 Python 科学计算中最常用的核心库，它可以提供一系列高性能的多维数组对象，以及用于这些数组的工具。NumPy 可以实现逻辑、排序、选择、

离散变换、线性代数运算、傅里叶变换等功能,可以帮助数据分析师快速处理数据量大且繁复的数据运算。

2. Numpy 数据计算

NumPy 提供了许多数据计算函数,如 percentile、amin、amax、median、mean、std、var 等,可用于计算百分位数、最小值、最大值、中位数、平均数、标准差、方差等数据的统计运算工作。

(1)计算百分位数 百分位数是用于衡量数据位置的量度。如果将一组数据从小到大排序,并计算相应的累计百分位,则百分位所对应数据的值就称为这个百分位的百分位数。

percentile 函数可以计算百分位数,函数的第一个参数用来存放数组;第二个参数是百分位,在 0~100 之间;第三个参数是计算横轴或纵轴百分位数的开关,若为 0 则在纵轴上计算百分位数,若为 1 则在横轴上计算百分位数。

percentile 函数计算在 25% 位置的百分位数,示例代码如图 2-41 所示。

```
1  import numpy as np              #这句表示:导入numpy模块
2  x=np.array([[10, 7, 4, 3, 2, 1, 0]])   #这句表示:定义一个内含7个数字的数组
3  y=np.percentile(x, 25)          #这句表示:用percentile函数计算百分位数
4  print(y)                        #这句表示:显示计算结果
1.5
```

图 2-41 percentile 函数计算百分位数

(2)计算中位数 median 函数可以计算数组中元素的中位数,示例代码如图 2-42 所示。

```
1  import numpy as np              #这句表示:导入numpy模块
2  x=np.array([11, 13, 33, 53, 15, 65, 31])  #这句表示:定义一个内含7个数字的数组
3  y=np.median(x)                  #这句表示:用median函数计算中位数
4  print(y)                        #这句表示:显示计算结果
31.0
```

图 2-42 median 函数计算中位数

(3)计算线性方程的解 linalg.solve 函数用于求解线性方程,比如有一个三元一次方程组,如图 2-43 所示,其线性方程如图 2-44 所示。

$$\begin{cases} 2x+3y+z=6 \\ x-y+2z=-1 \\ x+2y-z=5 \end{cases} \qquad \begin{vmatrix} 2 & 3 & 1 \\ 1 & -1 & 2 \\ 1 & 2 & -1 \end{vmatrix} \begin{vmatrix} x \\ y \\ z \end{vmatrix} = \begin{bmatrix} 6 \\ -1 \\ 5 \end{bmatrix}$$

图 2-43 三元一次方程组   图 2-44 线性方程

根据线性方程,创建一个二维数组和一个一维数组,用 linalg.solve() 函数直接计算,得出答案 $x=2$,$y=1$,$z=-1$。示例代码如图 2-45 所示。

```
1  import numpy as np                                    #导入numpy模块
2  array1=np.array([[2,3,1],[1,-1,2],[1,2,-1]])          #创建一个二维数组
3  array2=np.array([[6],[-1],[5]])                       #创建一个一维数组
4  array3=np.linalg.solve(array1, array2)                #用linalg.solve函数计算线性方程
5  print(array3)                                         #显示计算结果
[[ 2.]
 [ 1.]
 [-1.]]
```

图 2-45 解线性方程

项目2 了解商务数据分析的常用工具

项目小结

通过本项目的学习，了解了生意参谋、巨量算数、百度指数、微指数等企业数据平台，掌握了 Excel、Python、SPSS、Tableau、Power BI 等数据分析工具的特点，还对 Access、SQL Server、Oracle、MongoDB 等数据存储工具有了初步的认识。掌握了使用 Excel 的函数、数据分析工具库和数据透视表等工具来快速统计各种商务数据的技巧，并进一步学习了 Anaconda 的安装与使用方法，具备了初步使用 Numpy 模块编写数据计算代码的能力。

实战强化

打开素材文件"配件采购数据表"，数据见表 2-4，使用 Excel 函数计算出每个配件的采购金额和合计金额，并对单项采购金额进行排序处理，找出采购金额最大的配件。

表 2-4 配件采购数据表

序号	配件名称	规格参数	单价/元	数量	单位	金额
1	主板	华硕 H610-E	679	24	块	
2	显卡	RX 6500XT	1050	15	块	
3	电源	450PLUS	360	36	套	
4	散热器	AX120R SE	89	47	只	
5	CPU	12100F	879	58	个	
6	硬盘	TiPlus5000 2T	800	59	只	
7	机箱	爱国者 A60	320	12	套	
8	内存	阿斯加特 16GX2	625	31	条	

思考与练习

一、单选题

1. Excel 是 Office 办公软件的基本组件之一，它的非自带功能是（　　）。
   A．函数功能　　　　　　　　　　B．数据分析功能
   C．绘制图表功能　　　　　　　　D．浏览网页功能

2. 巨量算数是字节跳动公司旗下的（　　）平台。
   A．数字营销服务　　B．线下营销服务　　C．广告发布　　D．数据调研

3. 微指数是新浪（　　）的数据分析工具，通过监测关键词的热议度，以及行业平均影响力，来反映舆情和账号的发展趋势，从而为企业营销和数据分析师提供数据支持。
   A．百度指数　　　　B．微博　　　　C．生意参谋　　　　D．抖音

二、多选题

1．巨量算数会以（　　　）平台为依托，向人们提供数据趋势、产业研究、广告策略等内容。

　　A．微信公众号　　　B．今日头条　　　C．抖音　　　D．西瓜视频

2．Anaconda 是基于 Python 的数据处理和科学计算平台，安装 Anaconda，就相当于将（　　　）等库自动安装好了。

　　A．Matplotlib　　　B．NumPy　　　C．Pandas　　　D．Echart

3．Python 是一种面向对象的解释型计算机程序设计软件，具有强大的数据处理、分析和可视化功能，可进行（　　　）等工作。

　　A．数据挖掘　　　B．机器学习　　　C．数据可视化　　　D．数据清理

4．商业数据监测工具包括（　　　）。

　　A．生意参谋　　　B．巨量算数　　　C．百度指数　　　D．微指数

5．商务数据分析工具包括（　　　）。

　　A．Excel　　　B．Python　　　C．SPSS　　　D．Windows

6．商务数据存储工具有（　　　）。

　　A．Access　　　B．SQL Server　　　C．Oracle　　　D．MongoDB

三、简答题

1．简述什么是 Numpy。

2．Numpy 和 Python 是什么关系？

项目 3

商务数据采集

项目描述

数据采集是数据分析的前提，数据分析的后续工作内容均围绕所采集的数据展开，其工作效率的高低以及数据质量的好坏将直接影响整个数据分析的成败。

商务数据的采集是根据分析需求，有目的地收集和整合相关数据的过程，它是商务数据分析的基础。通过本项目的学习，同学们将熟悉商务数据采集渠道及工具选择、商务数据采集的各类方法，充分认识在大数据时代，商务数据采集是最基础也是最关键的工作。

学习目标

知识目标
- 熟悉数据采集渠道和常用数据采集工具。

能力目标
- 掌握数据采集的方法，会使用数据采集工具。

素质目标
- 提高获取与评估数据的信息素养。

任务1 探索数据采集渠道

商务数据的有效性、准确性与及时性，都是建立在可靠数据来源的基础上的。在进行数据采集前最重要的一点就是要知道可靠数据从哪里获取。常见的可靠数据来源一般分为内部数据渠道和外部数据渠道，本任务会详细介绍这些数据采集的渠道以及通过它们能够采集到的数据类型。

任务实施

一、探索内部数据渠道

内部数据包括企业内部数据和企业调研数据。

就商务企业而言,其内部的各种管理系统,如产品采购和管理系统、客户服务管理系统、仓储管理系统、财务管理系统等,都可以积累大量数据。商务企业即便没有建立任何管理系统,只要做好日常的数据积累和保存工作,也可以从日积月累的运营数据中采集到可用于分析的数据。在电子商务项目运营过程中,电子商务站点、店铺自身所产生的数据信息,如站点的访客数、浏览量、收藏量,商品的订单数量、订单信息、加购数量等数据,均可通过电子商务站点、店铺后台或类似生意参谋(见图3-1)、京东商智(见图3-2)等数据工具获取。对于独立站点流量数据还可使用百度统计等工具进行统计采集。

图3-1 生意参谋

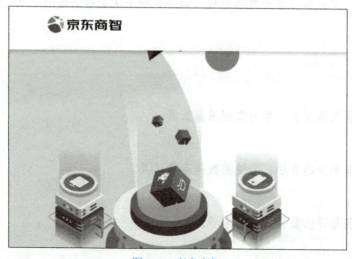

图3-2 京东商智

另外内部数据还包括企业调研数据,如内部人员、客户调查及专家与客户访谈。

二、探索外部数据渠道

外部数据渠道是指在进行行业及竞争对手数据采集时,所借助的企业外部的数据。在选择外部数据时,尤其需要注意数据的真实性和有效性。常用的外部数据渠道包括以下几个。

1. 政府部门、行业协会、正规媒体

政府部门、行业协会、正规媒体等发布的统计数据、行业调查报告、新闻报道、出版

物等都会涉及相关的数据报告。图 3-3 所示为国家统计局网站。

图 3-3　国家统计局网站

2. 行业权威网站、数据机构

行业权威网站或数据机构发布的报告、白皮书等。常见的网站有阿里研究院、京东大数据研究院、艾瑞咨询、易观分析等，这些平台提供行业及行业内龙头企业的数据，其数据参考性较高，是重要的行业及企业数据采集渠道。图 3-4 所示为艾瑞咨询提供的关于中国婴幼儿辅食研究白皮书，与易观分析提供的 2022Q3 消费级 AR 眼镜市场季度分析数据中的一部分。

a）艾瑞咨询提供的数据

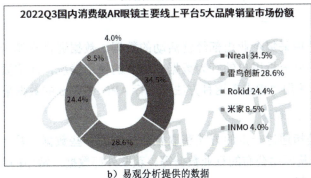

b）易观分析提供的数据

图 3-4　艾瑞咨询与易观分析提供的数据

3. 电子商务平台

电子商务平台可以提供众多行业卖家和买家的数据，是电子商务数据产生的重要来源。

4. 指数型工具

指数型工具的表现形式是给出一个个关键词的指数，通过这些指数的对比来获取想要的答案，例如百度指数、360 指数、搜狗指数、阿里指数等工具依托于平台海量用户搜索数据，将相应搜索数据趋势、需求图谱、用户画像等数据通过指数工具向用户公开，该类型数据可为市场行业、用户需求和用户画像数据分析提供重要参考依据。除上述几种指数工具外，还有今日头条提供的头条指数、微信提供的微信指数、新浪舆情、腾讯浏览指数等，均可为开展移动电子商务运营提供数据参考。

三、选择数据采集渠道

针对以上数据源，数据采集人员如何选择适合自身数据分析需求的数据源呢？首先，需要了解自己所处领域的业务需求，明确自己需要分析的数据类型、范围和目标，以及数据分析的具体应用场景。不同的业务需求需要不同类型的数据源，因此在选择数据源时需要有针对性和目标导向。例如，在进行网店销售数据分析时，可选择的数据来源有店铺后台或平台提供的数据工具（见表 3-1）。其次，数据分析人员需要按照所提供数据的精准度为数据源划分等级，优先获取等级更高的数据源。例如，某淘宝网店进行商品的购买人群画像分析，可优先使用生意参谋进行数据采集，百度指数、360 趋势等工具可仅作为辅助数据采集渠道。

表 3-1 不同业务需求选择不同数据采集的渠道

数据采集渠道	数据类型	应用场景	典型代表
电子商务网站、店铺后台或平台提供的数据工具	产品数据、市场数据、运营数据、人群数据等	网店销售数据分析、运营分析、投放效果分析等	淘宝、京东店铺后台及其提供的数据工具，如生意参谋、京东商智等
政府部门、行业协会、正规媒体	行业数据	行业、市场分析，商业决策等	国家及各级地方统计局、各类协会、报纸、杂志等
行业权威网站、数据机构	行业数据、产品数据	行业、市场、产品分析等	易观分析、艾瑞咨询等
电子商务平台	行业数据	竞品、竞争店铺分析等	淘宝/天猫、京东、苏宁等
指数型工具	行业数据、人群数据	趋势、需求、人群画像等	百度指数、360 指数等

四、了解数据采集方法

1. 采集内部数据的方法

采集内部数据是指采集企业内部经营活动的数据，数据通常来源于业务数据库，如订单的交易情况。如果要分析用户的行为数据、APP 的使用情况，还需要一部分行为日志数据，这个时候就需要采用"埋点"这种方法来进行 APP 或 Web 的数据采集。

2. 采集外部数据的方法

采集外部数据是指通过一定的方法获取企业外部的一些数据，具体目的包括获取竞品的数据、获取官方机构网站公布的行业数据等。获取外部数据，常用的数据采集方法有：

（1）调查问卷采集

调查问卷采集，主要是指数据采集人员通过设计具有针对性的问卷，采用实际走访、电话沟通、网络填表等方式进行信息采集。在对用户需求、习惯、喜好、产品使用反馈等数据进行采集时，常常会用到调查问卷。

（2）用户访谈采集

用户访谈采集是指数据采集人员通过与受访人员进行面对面的谈话，从而获取所需信息。在访谈之前，数据采集人员首先要确定访谈目标，然后设计访谈提纲，接着选择访谈对象，并对访谈及相应的情况进行记录，最后对访谈结果进行分析。

（3）系统日志采集

网站日志中记录了访客 IP 地址、访问时间、访问次数、停留时间、访客来源等数据。系统日志采集主要是通过对日志信息进行采集和分析，挖掘出日志数据中的潜在价值。

（4）数据库采集

数据库采集，主要是指通过数据库系统直接与企业业务服务器结合，将企业业务后台每时每刻产生的大量业务记录写入数据库中，最后由特定的处理系统进行数据分析。

（5）网页采集

网页采集（也称"网络爬虫"或"Web 爬虫"），是按照一定的规则自动抓取互联网信息的程序或脚本，它被广泛应用于互联网网站，可以自动采集所有能够访问的页面内容。从功能上讲，网页采集可以分为数据采集、数据处理与数据储存三个部分。所有被网络爬虫抓取的页面都会被系统存储，网络爬虫会对其进行分析与过滤，并建立索引，以便之后的查询和检索。

在采集行业及竞争对手数据时，电子商务平台上的商品结构、标题、品牌、价格、销量、评价等商品属性数据，可以使用八爪鱼采集器、火车采集器或者 Python 编写网络爬虫脚本完成数据采集工作。

任务 2　认识数据采集工具

任务分析

数据采集工具是指利用数据采集技术，通过识别数据渠道中所需的数据指标，将数据进行摘录整理，形成数据文档的工具。掌握数据采集工具的使用是数据采集人员快速、准确获取数据的基础。

任务实施

一、认识平台提供的数据采集工具

主要的数据采集工具包括平台店铺后台、生意参谋（淘宝/天猫）、京东商智（京东）、数据易道（苏宁）等数据采集工具。下面以生意参谋和京东商智为例进行介绍。

1. 生意参谋

生意参谋是阿里巴巴公司提供的综合性网店数据分析平台，其不仅是卖家数据和市场数据的重要来源，同时也是淘宝和天猫平台卖家的重要数据采集工具。生意参谋为淘宝和天猫平台的卖家提供流量、商品、交易等网店经营全链路的数据展示、分析、解读、预测等功能，数据采集人员不仅可以采集自己店铺的流量、交易、服务、产品等运营数据，通过其中的市场行情板块还能够获取淘宝和天猫平台上的行业销售经营数据，如图3-5所示。

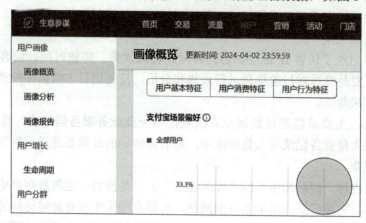

图3-5　生意参谋

2. 京东商智

京东商智是京东为卖家提供数据服务的平台，卖家在订购京东商智之后，可以从PC端、手机端微信、手机端QQ等渠道获取店铺的流量、销量、用户、商品等数据，并能够获取整个行业及同行业中其他卖家的数据，以此来支持运营决策，如图3-6所示。

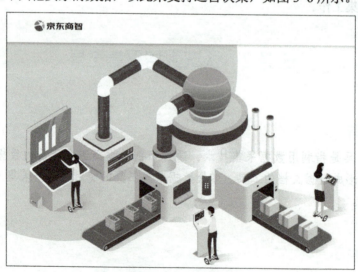

图3-6　京东商智

二、认识第三方专项数据采集工具

主要的第三方专项数据采集工具包括多多情报通（多多参谋）、店侦探、淘数据、逐鹿工具箱等工具。

1. 多多情报通

多多情报通（多多参谋）是拼多多电商平台的数据工具，提供大盘走势、竞品分析、货源分析、成交高峰、物流预警、开团监控、店铺探索、深度分析活动商品信息、关键词监控等多维度的数据服务，辅助卖家的数据化运营，如图3-7所示。

图3-7　多多情报通（多多参谋）

2. 店侦探

店侦探是一款专门为淘宝及天猫卖家提供数据采集、数据分析的数据工具。通过对各个店的店铺、宝贝运营数据进行采集分析，可以快速掌握竞争对手店铺的销售数据、引流途径、广告投放、活动推广、买家购买行为等数据信息，如图3-8所示。

图3-8　店侦探

3. 淘数据

淘数据是一款为国内电子商务和跨境电子商务提供数据采集与分析的工具，为卖家提供行业和店铺的各项数据，如图3-9所示。

图3-9　淘数据

4. 逐鹿工具箱

逐鹿工具箱是一款电商多领域营销软件，提供了查排名、选款选品、主图评测、关键词挖掘、关键词市场分析、搜索引擎优化（SEO）、直通车优化、活动分析等功能，可帮助卖家全面提升店铺经营效率。

三、认识网页数据采集工具

网页数据采集工具通常也叫爬虫工具，主要包括八爪鱼采集器、后羿采集器、火车采集器等数据采集工具。

1. 八爪鱼采集器

八爪鱼采集器是一款通用的网页数据采集工具，使用简单，可执行完全可视化操作；其功能强大，可在任何网站采集数据；其采集的数据可导出为多种格式。八爪鱼采集器可以用来采集商品的价格、销量、评价、描述等内容，如图 3-10 所示。

图 3-10　八爪鱼采集器

2. 后羿采集器

后羿采集器功能强大、操作简单，是为广大无编程基础的运营、销售、金融、新闻、电商和数据分析从业者以及在政府机关工作和从事学术研究等用户量身打造的一款产品。后羿采集器不仅能够进行数据的自动化采集，还能在采集过程中对数据进行清洗，在数据源头实现多种内容的过滤。通过使用后羿采集器，用户能够快速、准确地获取海量网页数据，从而彻底解决人工收集数据所面临的各种难题，降低了获取信息的成本，提高了工作效率。

除此之外，还可以使用 Python、Java、R 语言等工具进行数据采集，但需要采集人员具备编程基础，使用难度相对较大。表 3-2 列出了常用数据采集工具的分类和适用场景。

表 3-2　常用数据采集工具的分类和适用场景

数据采集工具类别	数据采集工具	功能及适用场景
平台提供的数据采集工具	生意参谋（淘宝/天猫） 京东商智（京东） 数据易道（苏宁）	店铺运营、商品的流量、交易、用户、服务等数据，市场的趋势、规模、人群等数据
第三方专项数据采集工具	逐鹿工具箱 多多情报通（多多参谋） 店侦探 淘数据	淘宝、微信平台的市场行情、竞争等数据 竞品、竞店的推广渠道、排名、销售等数据
网页数据采集工具（爬虫工具）	八爪鱼采集器 火车采集器 后羿采集器	网页数据采集，如商品信息、价格、详情、用户评价等数据

任务 3　导出采集的数据

任务分析

数据采集完成后，还需要将数据导出进行存储或处理。一般而言，各种数据采集工具都有导出数据的功能，而编写爬虫所用的编程语言也支持数据文件的输出，通过不同编程语言的指定代码可以实现文件写入和存储。数据常见的储存方式有 CSV 文件、Excel 文件和数据库。

任务实施

一、CSV 文件

CSV（Comma-Separated Values，逗号分隔的值）是一种简单、实用的文件格式，用于存储和表示包括文本、数值等各种类型的数据。CSV 文件通常以".csv"作为文件扩展名。这种文件格式的一个显著特点是：文件内的数据以逗号分隔，呈现一个表格形式。CSV 文件已广泛应用于存储、传输和编辑数据。一般而言，CSV 文件可以用 WORDPAD 或是记事本格式直接打开。

CSV 文件的结构相对简单，如图 3-11 所示，通常由以下三个部分组成：

图 3-11　某 CSV 文件

1）每行表示一条记录：CSV 文件中的每一行代表一条记录，相当于数据库中的一行数据。

2）逗号分隔：每行数据中，使用逗号对数据进行分隔，代表不同的数据。

3）引号包围：当数据单元格中的内容含有逗号时，为避免混淆，需要用引号将这个数据包围起来。

二、Excel 文件

Excel 是一款应用非常广泛的软件，可以将数据以表格形式保存为二维表格形式。同时，

Excel 便捷的计算功能和图表工具可以方便地对较小的数据量进行数据处理和存储，其文件存储形式如图 3-12 所示。

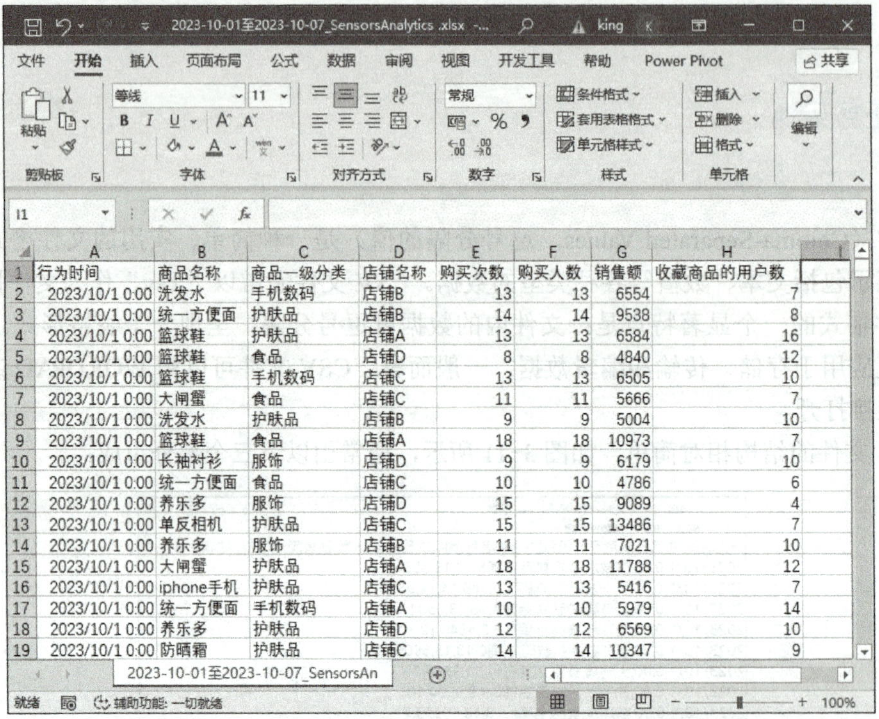

行为时间	商品名称	商品一级分类	店铺名称	购买次数	购买人数	销售额	收藏商品的用户数
2023/10/1 0:00	洗发水	手机数码	店铺B	13	13	6554	7
2023/10/1 0:00	统一方便面	护肤品	店铺B	14	14	9538	8
2023/10/1 0:00	篮球鞋	护肤品	店铺A	13	13	6584	16
2023/10/1 0:00	篮球鞋	食品	店铺D	8	8	4840	12
2023/10/1 0:00	篮球鞋	手机数码	店铺C	13	13	6505	10
2023/10/1 0:00	大闸蟹	食品	店铺C	11	11	5666	7
2023/10/1 0:00	洗发水	护肤品	店铺B	9	9	5004	10
2023/10/1 0:00	篮球鞋	食品	店铺A	18	18	10973	7
2023/10/1 0:00	长袖衬衫	服饰	店铺D	9	9	6179	10
2023/10/1 0:00	统一方便面	食品	店铺C	10	10	4786	6
2023/10/1 0:00	养乐多	服饰	店铺D	15	15	9089	4
2023/10/1 0:00	单反相机	护肤品	店铺C	15	15	13486	7
2023/10/1 0:00	养乐多	服饰	店铺B	11	11	7021	10
2023/10/1 0:00	大闸蟹	护肤品	店铺A	18	18	11788	12
2023/10/1 0:00	iphone手机	护肤品	店铺C	13	13	5416	7
2023/10/1 0:00	统一方便面	手机数码	店铺A	10	10	5979	14
2023/10/1 0:00	养乐多	护肤品	店铺D	12	12	6569	10
2023/10/1 0:00	防晒霜	护肤品	店铺C	14	14	10347	9

图 3-12　文件存储形式

三、数据库

数据库（Database）是存储数据的容器，也被称为数据存储库（Data Store）。数据库能够存储大量结构化和非结构化的数据，包括文本、数字、图像、音频等各种类型的数据。它是计算机系统中最重要的组件之一，被广泛用于各种应用程序和业务领域。

数据库处理的数据按照一定的方式储存，能够让多个用户共享。用户可以对文件中的资料进行新增、截取、更新、删除等操作。操作数据库中的文件需要使用数据库管理系统，数据库管理系统具有存储、截取、安全保障、备份等功能。目前主流的数据库管理系统有 Oracle、MySQL、SQL Server 等。

项目小结

本项目介绍了数据采集渠道、工具选择以及数据采集的各类方法，大家需要重点理解与掌握常用的数据采集渠道，在选择数据采集工具时也应注意工具的适用范围、数据类型及功能需求。大家应充分认识到，在大数据时代，商务数据采集是最基础也是最关键的工作。通过对大数据高度自动化的采集和处理，企业可以调整市场政策、减少风险、理性面对市场，并做出正确的决策。

项目 3 商务数据采集

> **实战强化**

1. 在百度指数平台采集数据

小王的家乡盛产油菜籽,家乡的菜籽油浓香扑鼻,在当地颇有名气,小王便有了开网店把家乡的特产推广到全国的想法,他想知道产品的需求如何,针对哪些人群的推广效果更好,如何定价更合理。这些都需要相关的数据做参考,那么这些数据可以从哪里得到呢?

1)使用百度指数输入关键词,查看想要搜索内容的搜索指数、需求图谱、地域分布、人群属性等。

2)查看几个电商平台的菜籽油价格和成交量,讨论出合理的价格区间,各区间的数值如图 3-13 所示。

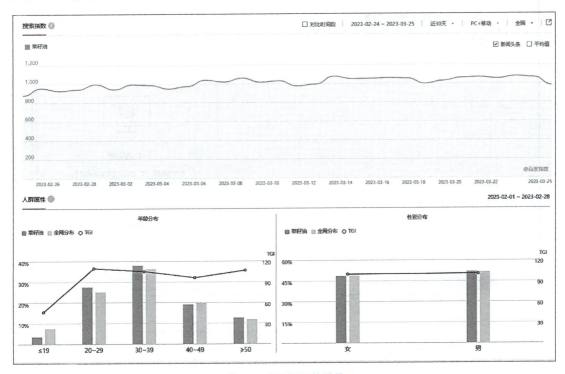

图 3-13 各区间的数值

2. 八爪鱼采集器采集数据

使用八爪鱼采集器中的模板,采集淘宝网站关键词"豆浆机"销量前三页的商品信息。

1)用户在网站首页选择"去使用模板任务"进入模板界面,选择淘宝网站的模板后,在"数据预览"中,可以看到该模板采集需要用到的参数信息,确认该模板可以满足采集需求后,单击"模板详情"按钮进入模板,如图 3-14 所示。

2)在模板任务设置中,设置"关键词(商品名称)""翻页次数",如图 3-15 所示。

3)单击"立即采集",选择"本地模式",即可开始数据的采集,等待数据采集完成后,选择导出数据,如图 3-16 所示。

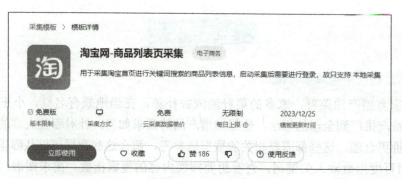

图 3-14　采集模板

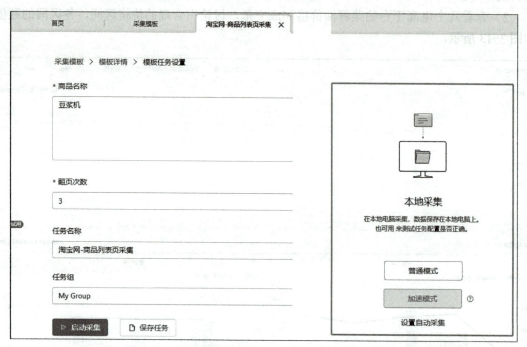

图 3-15　设置"关键词（商品名称）"和"翻页次数"

图 3-16　采集完成数据导出

4）选择导出数据的文件格式和保存位置，数据采集完成。

思考与练习

一、单选题

1. 淘宝店铺自身所产生的流量、交易等数据可通过（　　）来获取。
   A．生意参谋　　　　B．店侦探　　　　C．京东商智　　　　D．飞瓜数据
2. 数据采集阶段，内部渠道不包括（　　）。
   A．顾客的购买记录　　　　　　　　B．客户访谈
   C．客户问卷调查　　　　　　　　　D．第三方平台发布的行业报告
3. 数据采集阶段，外部渠道不包括（　　）。
   A．顾客的购买记录　B．行业协会　　C．专业咨询机构　D．报刊书籍资料
4. 调查问卷内容设计的第一步骤是（　　）。
   A．确定样本的容量　B．确定调研目标　C．设计调查问卷　D．投放调查问卷
5. 通用网络爬虫基本工作流程不包含（　　）。
   A．打开浏览器　　　B．网页获取　　　C．网页文件解析　D．数据提取
6. 以下不是数据采集器的是（　　）。
   A．Python爬虫　　　B．八爪鱼采集器　C．火车采集器　　D．后羿采集器

二、多选题

1. 常见的爬虫语言有（　　）。
   A．HTML　　　　　B．Python　　　　C．Java　　　　　D．PHP
2. 下列属于外部数据的是（　　），属于内部数据的是（　　）。
   A．问卷数据　　　　B．访谈数据　　　C．网站日志　　　D．业务数据库
   E．第三方数据库　　F．网络爬虫爬取的数据

三、简答题

1. 简述CSV文件结构的特征。
2. 数据库采集的含义是什么？

项目 4

商务数据处理

项目描述

一些数据分析公司拿到从各种渠道采集来的数据进行进一步探索时，总会发现这些数据的质量存在问题。例如，一些用于数据分析的关联字段的值为空、一些本应该有主从关系的数据对不上、数据分类混乱等，这些问题直接影响到对业务数据的分析及其价值挖掘。数据处理的目的就是纠正数据不完整、不一致、不规范等问题，将这些数据处理成高质量的、便于分析的数据。因此，数据处理是数据分析过程中非常重要的一个环节，包括数据清洗和数据加工。数据清洗是指对数据进行重新审查和校验的过程，目的在于删除重复信息，纠正存在的错误，并保证数据一致性。数据加工是指对数据进行抽取、转换、计算等操作，使经过加工后的数据成为简洁、规范、清晰的样本数据。

学习目标

- 知识目标
  ➲ 了解数据处理的内容与作用。

- 技能目标
  ➲ 掌握数据清洗和数据加工的方法。

- 素质目标
  ➲ 培养细致严谨的工作作风。

任务 1 数据清洗

采集来的原始数据难免存在重复、缺失、异常、逻辑错误、格式错误等问题。例如，

调查问卷中重复提交的值，商品的单价是空值、库存为负值、同一种商品的单价不一致等，这样的数据被称为"脏数据"。"脏数据"可能会影响数据分析的结果，得出不正确的结论，所以在数据分析前要先进行数据清洗。数据清洗是对数据的完整性、一致性和准确性进行审查和校验的过程。

任务实施

一、处理重复数据

数据重复一般分为实体重复和字段重复两种。其中，实体重复是指所有字段完全重复；字段重复是指某一个或多个不该重复的字段重复，如商品编号、姓名等字段重复。

在清洗重复数据前，要查找到重复数据，然后保留能显示特征的唯一数据记录，将其他重复数据删除即可。查找重复数据一般有以下4种方法。

1. 条件格式法

把重复数据所在单元格标记为不同的颜色，如把重复的编号标记为红色文本，具体操作为：选中"编号"，在"开始"菜单中选择"条件格式"→"突出显示单元格规则"→"重复值"→"确定"按钮，如图4-1所示。

2. 数据透视表法

利用数据透视表统计各数据的频次。拖动相应字段，其中出现两次及以上的数据属于重复数据。具体操作如下：

第一步，创建数据透视表，如图4-2所示。

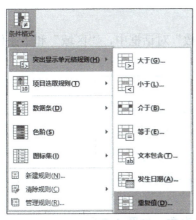

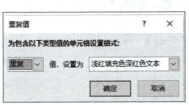

图4-1　条件格式法查找重复数据

图4-2　创建数据透视表

第二步，将"编号"字段拖入"行"标签，再将"计数项：编号"字段拖入"值"汇总标签，即可看到每个数据出现的次数，如图4-3所示。

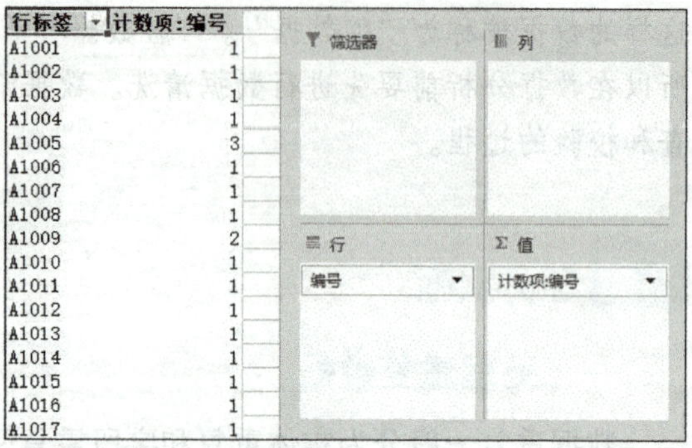

3. 高级筛选法

选择不重复的记录：在"数据"菜单中单击"高级筛选"按钮，在弹出的"高级筛选"对话框中，单击复选框"选择不重复的记录"，如图4-4所示。

4. 函数法

图4-3 汇总结果

利用COUNTIF函数统计重复次数：=COUNTIF（range,criterial），"range"表示计数的单元格范围；"criterial"表示计数的条件。使用中可以通过某个关键字进行重复数据的筛选。具体方法如下：

在"编号"后插入两列空白列，分别命名为"重复次数"和"第N次重复"，如图4-5所示。

图4-4 高级筛选法清除重复数据

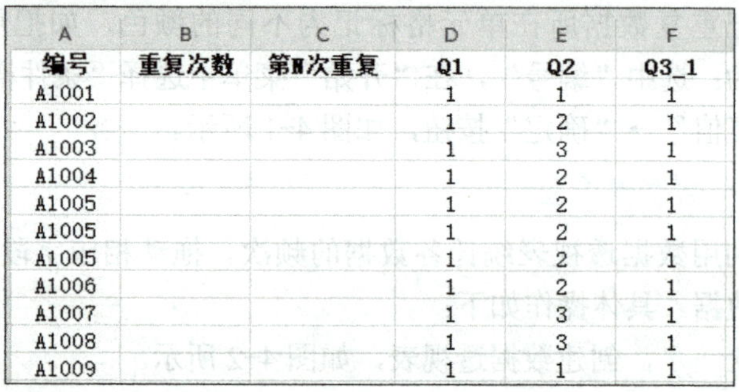

图4-5 插入两列空白列

1）在B2单元格插入COUNTIF函数，在"函数参数"对话框中，"区域"和"条件"设置如图4-6所示。

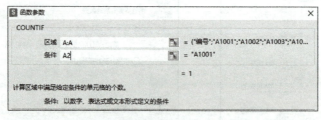

图4-6 用COUNTIF函数计算"编号"字段重复的次数

2）双击B2右下角填充柄，计算出每个编号重复的次数，如图4-7所示。

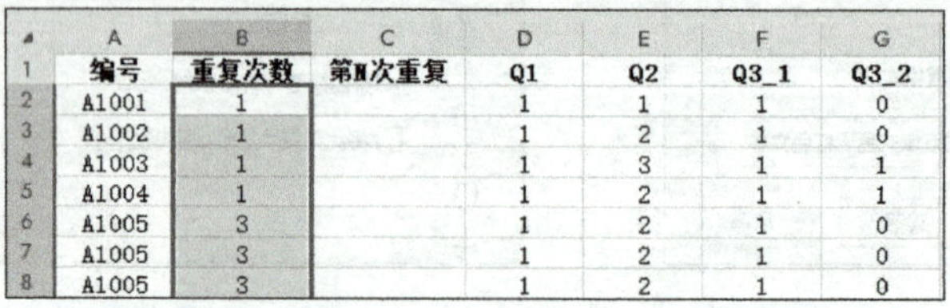

图4-7 每个编号重复次数计算结果

3）在 C2 单元格插入 COUNTIF 函数，在"函数参数"对话框中设置"区域"和"条件"，如图 4-8 所示。

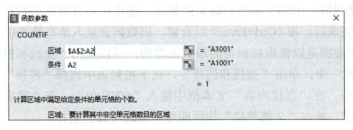

图 4-8　用 COUNTIF 函数计算"编号"字段第几次重复

4）双击 C2 右下角填充柄，计算出每个编号第几次重复，如图 4-9 所示。两次的计算结果可以看出同一编号出现的次数以及是第几次出现，如编号 A1005 重复了 3 次，其中 A6 是第一次重复，A7 是第二次重复，A8 是第三次重复。

	A	B	C	D	E	F	G
1	编号	重复次数	第N次重复	Q1	Q2	Q3_1	Q3_2
2	A1001	1	1	1	1	1	0
3	A1002	1	1	1	2	1	0
4	A1003	1	1	1	3	1	0
5	A1004	1	1	1	2	1	1
6	A1005	3	1	1	2	1	0
7	A1005	3	2	1	2	1	0
8	A1005	3	3	1	2	1	0

图 4-9　每个编号第几次重复的计算结果

5）如果同一编号的记录是完全重复，可以通过筛选命令，筛选出 C 列数值等于 1 的记录，即可将不重复的记录选出。

二、处理缺失数据

数据缺失主要有记录的缺失和记录中某个字段信息的缺失或无效。数据缺失的原因可能是数据收集或保存失败造成的，也可能是人为主观失误、历史局限或有意隐瞒造成的，例如，调查问卷中被调查者拒绝透露相关问题的答案，或回答是无效的，或因数据录入人员失误漏录数据。

1）找到缺失数据。单击"开始"菜单中的"查找和选择"按钮（或按〈Ctrl+G〉组合键）打开"定位"对话框，在弹出的对话框中选择"定位"条件为"空值"，单击"定位"按钮，则所有的空值都会被选中，操作方法如图 4-10 所示。

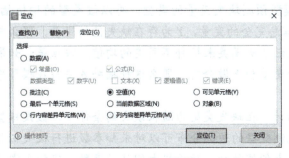

图 4-10　定位"空值"

2）如果是主关键词缺失，该条记录已经失去了分析的意义，直接删除该条记录；如果是某个属性值缺失，可以酌情删除该属性值或对该缺失值进行插补。

3）如果需要用同一个属性值填补缺失的数据，选中所有含有缺失数据的单元格，录入所需数据。录入完成后，按〈Ctrl+Enter〉组合键，则数据会录入所有被选中的单元格中。

4）如果缺失数据是以错误标识符的形式出现的，可以采用"查找和替换"的方法。在"开始"的"编辑"中，单击"查找和选择"，在下拉列表中选择"替换"命令，打开"查找和替换"对话框，在"查找内容"文本框中输入"#DIV/0!"，在"替换为"文本框中输入需要替换的数据，单击"全部替换"按钮即可完成缺失数据插补。

知识链接

对于缺失数据的处理，从总体上来说分为删除记录、删除缺失值和缺失数据插补。

1. 删除记录

删除记录就是将有缺失数据的记录都删除，不让其参与数据分析。这种方法一般适用于样本量很大、缺失数据记录的比例不太大，而且有缺失数据的记录和无缺失数据的记录在分布上无显著差异的情况，否则会使分析结果产生严重偏差。

2. 删除缺失值

这种方法是指不删除有缺失数据的整条记录，仅在分析时删除相应变量的缺失数据，即变量完整的记录才参与计算，变量有缺失的记录不参与计算。这样，在分析中，参加不同计算的样本数可能不同。此种方法适用于样本量不大、缺失数据较少并且变量间不存在高度相关的情况。

3. 缺失数据插补

缺失数据插补指的是利用其他数据替代缺失值或估算缺失值的方法。在数据挖掘中，通常面对大型的数据库，缺失数据的属性有几十个甚至几百个，因为一个属性值的缺失而放弃大量的其他属性值，这种删除是对信息的极大浪费，所以产生了以可能值对缺失值进行插补的思想与方法。

4. 常用的几种数据插补方法

（1）均值插补 数据的属性分为定距型和非定距型。如果缺失数据是定距型的，就以该属性存在值的平均值来插补缺失的数据；如果缺失数据是非定距型的，就根据统计学原理，用该属性的众数来补齐缺失的数据。

（2）同类均值插补 此方法和均值插补的方法都属于单值插补，不同的是，同类均值插补用层次聚类模型预测缺失变量的类型，再以该类型的均值插补。假设 $X=(X_1, X_2, X_3, \cdots, X_n)$ 为信息完全的变量，Y 为存在缺失值的变量，那么首先对 X 或其子集进行聚类，然后按缺失记录所属类来插补不同类的均值。缺点是：如果在以后统计分析中还需要用引入的解释变量和 Y 做分析，那么这种插补方法将在模型中引入自相关，给分析造成障碍。

（3）极大似然估计 在缺失类型为随机缺失的条件下，假设模型对于完整的样本是正确的，那么通过观测数据的边际分布可以对未知参数进行极大似然估计。这种方法也称为忽略缺失值的极大似然估计，对于极大似然的参数，实际中常采用的计算方法是期望值最大化。该方法比删除记录和单值插补更有吸引力，但它只适用于大样本数据。有效样本的数量应足够大才能保证极大似然估计值是渐近无偏并服从正态分布。采用这种方法的缺点是可能会陷入局部极值，其收敛速度也不是很快，并且计算很复杂。

（4）多重插补　多重插补的思想来源于贝叶斯估计，此方法认为待插补的值是随机的，它的值是自己观测到的值。在具体实践中，通常是先估计出待插补的值，再加上不同的噪声，形成多组可选插补值。根据某种选择条件，选取最合适的插补值。

三、处理异常值

异常值指的是样本中的一些数值明显偏离其余数值的样本点，所以也称为离群点。异常数据的存在对抽样估计误差有很大的影响，异常值处理就是要将这些离群点找出来，然后进行分析。

从数据异常的状态来看，异常数据分为两种：一种是"伪异常"，这种异常是由业务特定的运营动作产生的，其实是正常的反映业务的状态，而不是数据本身的异常规律；另一种是"真异常"，这种异常并不是由业务特定的运营动作引起的，而是客观反映了数据本身分布的异常，即离群点。

1. 对于异常值鉴别常用的方法

（1）箱盒图　箱盒图很适合鉴别异常值，具体的判断标准是计算出数据中的最小估计值和最大估计值。如果数据大小超过这个范围，说明该值可能为异常值。箱盒图会自动标出此范围，异常值则用圆圈表示。

（2）描述分析　描述分析可以得到数据的最大值、最小值、四分位值等。通过描述分析查看出数据中有无极端值，并将极端值剔除。不过描述分析没有箱盒图直观，一般可以在初步筛查时使用。

（3）散点图　散点图通过展示两组数据的位置关系，可以清晰直观地看出哪些值是异常值。异常值会改变数据间的关系，通常在研究数据关系，如进行回归分析前，都会先做散点图观察数据中是否存在异常值。

2. 对于异常数据的处理方法

（1）删除异常值　如果可以明显看出数据是异常的且数量较少，可以直接删除。

（2）不处理　如果算法对异常值不敏感，则可以不处理；但如果算法对异常值敏感，则最好不要用平均值或中位数替代。采用这种方法损失的信息小，简单高效。

（3）视为缺失值　可以按照处理缺失值的方法来处理异常数据。

（4）降低异常值的权重　将异常值的数据单独分组赋予很小的抽取权重，可以降低抽样的误差，但是主观降低权重也可能导致总体参数被低估。

四、处理逻辑错误值

对于有些数据，还需要注意逻辑错误的问题，例如客户年龄300岁、消费金额-500元等不合理的数据；客户出生年份为2000年，但当前年龄却显示为10岁等自相矛盾的数据；要求限购1件的商品，但购买数量却显示为5件等不符合规则的数据等。要发现这类数据存在的问题，数据分析人员不仅应具备可靠的专业知识和行业敏感度，还应具备认真细致的工作态度。

以处理调查问卷中的被调查者的选项数是否有逻辑错误为例，处理逻辑错误可用如下3种方法：

1. 用 COUNTIF 函数完成检验

1）在单元格最后插入一列"检验"列。

2）在 I2 单元格内插入公式"=COUNTIF(B2:H2, "<>0")"，双击 I2 单元格右下角的填充柄复制公式，即可统计出每个被调查者对于本题的选项数。

3）选中检验列，选择"条件格式"下拉菜单中"突出显示单元格规则"的"大于"选项，在弹出的对话框中输入"3"，即可对所有大于 3 的单元格进行突出显示，结果如图 4-11 所示。

2. 用 IF 函数标记出错误的记录

IF 函数的使用方法：IF(logical test, value_if_true, value_if false)，"logical test"表示逻辑条件表达式，"value_if_true"是当条件为真时返回的值，"value_if false"是当条件为假时返回的值。

1）在 J2 单元格中插入公式"=IF(COUNTIF(B2:H2, "<>0")>3," 错误 "," 正确 ")"，表示如果满足"在 B2:H2 区域下不等于 0 的个数大于 3"的条件，则录入"错误"，否则录入"正确"。双击 J2 单元格右下角的填充柄复制公式，如图 4-11 所示。

2）突出显示"错误"记录。

	A	B	C	D	E	F	G	H	I	J
1	编号	Q1_1	Q1_2	Q1_3	Q1_4	Q1_5	Q1_6	Q1_7	检验	检验2
2	1	0	1	1	0	0	1	0	3	正确
3	2	1	1	0	1	0	0	1	4	错误
4	3	1	0	1	0	3	0	0	3	正确
5	4	1	9	1	0	0	0	0	3	正确
6	5	1	0	1	1	0	0	1	4	错误

图 4-11 用 COUNTIF 和 IF 函数突出逻辑错误数据

3. 用 OR 函数完成检验

OR 函数的使用方法：OR(logical1, [logical2], …)，其中，"logical"表示要检验的条件，至少有一个条件为真就会返回 TRUE。

1）选中 B2:H5 区域，选择"条件格式"下拉菜单中"突出显示单元格规则"的"其他规则"选项，在弹出的"新建格式规则"对话框中选择"使用公式确定要设置格式的单元格"选项，在"编辑规则说明"中输入"=or(B2=0,B2=1)=FALSE"，即表示 B2 单元格既不为 1 也不为 0 的时候单元格会被标记出来，如图 4-12 所示。

2）单击"格式"按钮，在打开的对话框中选择字体为"斜体"、颜色为"红色"，结果如图 4-12 所示。

3）单击"确定"按钮后即可显示结果。

项目 4　商务数据处理

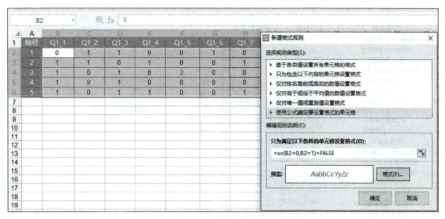

图 4-12　用 OR 函数检验逻辑错误数据

五、数据格式的清洗

一般情况下，数据是由不同的用户/访客产生的，因此就有很大可能存在格式不一致的情况，所以在进行处理之前需要先进行数据格式的清洗。

1. 数据格式问题的分类

1) 时间、日期、数值、半/全角等显示格式不一致。这种情况直接将数据转换为同一类格式即可，该问题一般出现在多个数据源整合的情况下。

2) 内容中有不该存在的字符。例如，身高字段下有些变量带单位，有些没有单位，这时去除不需要的字符即可。

3) 数据格式不满足要求。不同的计算方式对数据格式要求不同，可根据分析要求进行格式调整。

2. 处理方法

1) 对于单元格格式不一致的问题，例如图 4-13，在"店铺好评率"这一列中有些数据以百分比形式表示，有些数据以数值（小数位数为 2）表示，可以通过设置单元格格式将其设置为统一的格式。

	A	B	C
1	店铺名称	成交日期	店铺好评率
2	荣耀京东自营旗舰店	2013/3/9	0.97
3	小米京东自营旗舰店	2014/5/8	55%
4	Apple产品京东	2015/10/23	0.38
5	华为京东自营官方旗舰店	2015/11/11	84.6%

图 4-13　数字格式不统一

具体操作步骤如下。

第一步，选中 C 列，右击，再选择"设置单元格格式"命令。

第二步，在弹出的"单元格格式"对话框中，选择"数字"选项卡下的"百分比"分类，"小数位数"设置为"2"，如图 4-14 所示。

第三步，单击"确定"按钮，即可将 C 列所有变量统一设置成百分比格式。

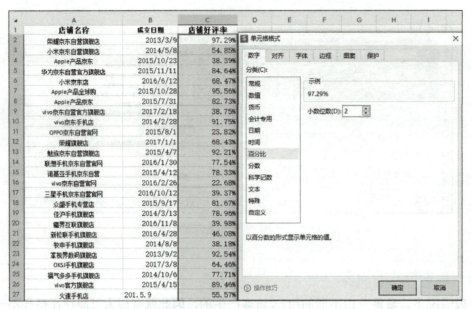

图 4-14　统一数字形式的格式

2）对于日期格式不一致的问题，可以通过两种方法调整。

第一种方法是通过"设置单元格格式"将其调整为"日期"格式。第二种方法是通过"分列"命令完成，这种方法的操作步骤如下。

第一步，选中 B 列。

第二步，单击"数据"选项卡下"数据工具"中的"分列"命令。

第三步，在弹出的"文本分列向导"对话框中，直接单击"下一步"按钮默认前两步操作，在第三步操作中，选择"列数据类型"为"日期"，根据日期格式设置"日期"为"YMD"，如图 4-15 所示，单击"完成"按钮，即可将日期格式统一。

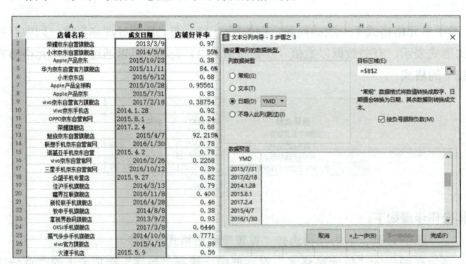

图 4-15　设置统一日期格式

3）对于字段中含有不该出现的字符时，如图 4-16 中的"cm""kg""元"，可以通过替换操作将多余字符替换掉。

具体操作步骤如下。

第一步，选中 C 列。

第二步，选择"查找和选择"工具按钮，在下拉列表中单击"替换"选项，在弹出的"查找和替换"对话框中，单击"替换"，在"查找内容"文本框中输入"cm"，在"替换为"文本框中按〈空格〉键（即代表空白内容），单击"全部替换"按钮，即可完成。

图 4-16 数据中多余的字符

4）对于数据格式不满足计算要求的字段，可以进行格式调整。例如，对于图 4-17 所示的学生身份证信息，提取身份证号码中的出生年月日的方法如下。

使用 MID 函数。MID 函数的使用方法是：在单元格中输入"=MID（text, start_num, num_chars）"。其中，"text"表示需要提取的字符串，"start_num"表示从字符串指定的位置开始，"num_chars"表示提取的字符串长度。如图 4-17 所示，在 D2 单元格中输入公式"=MID（C2,7,8）"，双击 D2 单元格右下角的填充柄复制公式，即可完成对身份证号码中出生年月的提取。

常见的数据提取函数还有 LEFT、RIGHT、YEAR、MONTH、DAY、WEEKDAY 等。

图 4-17 提取身份证中的年月

任务 2　数据转换

任务分析

由于不同来源的数据可能存在不同的结构，数据转换的作用是将数据转换成规范、清晰、易于分析的结构。数据转换主要包括数据行列转换、数据类型转换、数据排序、数据计算和字段匹配。

任务实施

一、数据行列转换

在进行数据报表分析时，常常要从不同的维度观察数据。例如，从时间的维度查看汇总数据，从地区的维度观察汇总数据，这样需要对行列数据进行转换（又称转置）。例如，想将图 4-18 中的原数据行列转换成图 4-19 中的数据行列形式，可以将原数据复制，然后单击"选择性粘贴"对话框中的"转置"选项完成这个操作。

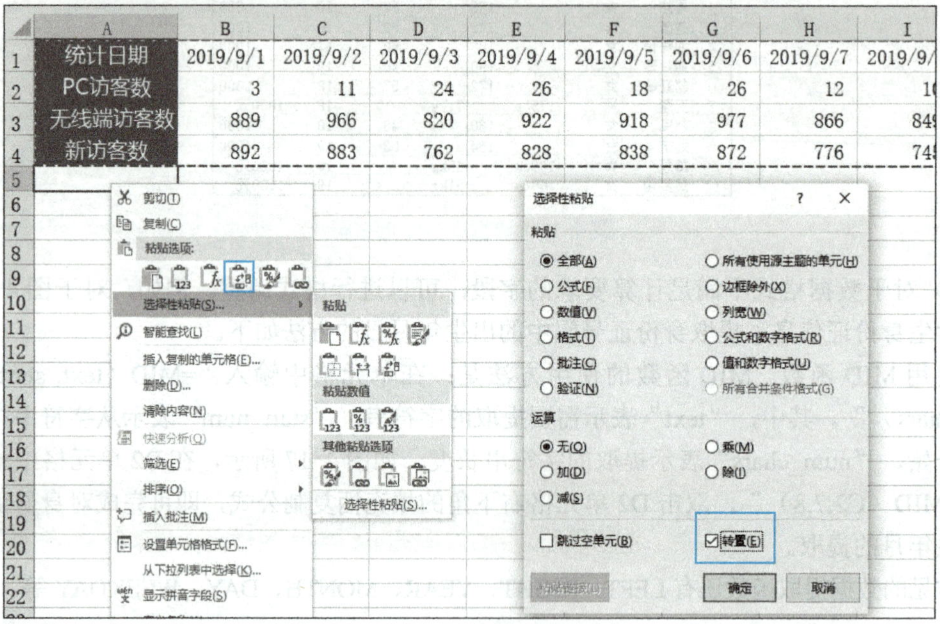

图 4-18　原数据报表

图 4-19　转换后的数据报表

二、数据类型转换

1. 数值转字符

在 Excel 中输入数据的时候，会默认使用数值型数据，当数字太长时，会自动变成用科学计数法表示的数，不利于查看数据。可以利用"数据"选项卡中的"分列"功能进行转换。

项目4 商务数据处理

第一步，选择要转换的数字所在的单元格，随后单击"数据"中的"分列"命令，在"文本分列向导"对话框中，使用默认设置，连续单击"下一步"按钮。

第二步，进入"文本分列向导"，在"列数据类型"栏中单击"文本"前的单选按钮，单击"完成"按钮即可完成设置，如图4-20所示。

第三步，设置完成后，返回Excel数据表，数据前有绿色小三角符号，代表已转换成功。

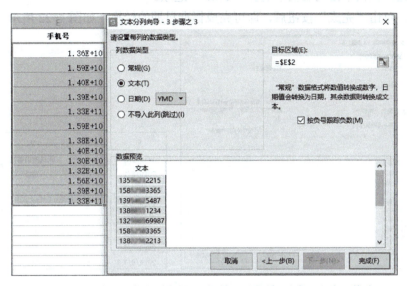

图4-20 通过"文本分列向导"对话框设置手机号为"文本"格式

2. 字符转为数字

在进行字符统计时，有的数字是以文本字符的形式展现的，因此在计算的时候，需要进行格式转换时，有两种方法可以选择。

第一种方法：参考数值转字符的方法，单击"数据"中的"分列"命令，进入"文本分列向导"，在"列数据类型"栏中单击"常规"前的单选按钮，单击"完成"按钮即可。

第二种方法：直接选中要转换的数据列，单击数据列前的提醒符号，在下拉列表框中选择"转换为数字"选项，字符即可转换为数字，如图4-21所示。

图4-21 字符转换为数字

77

3. 文本日期转标准日期

第一步，在 Excel 中打开数据列表，选中文本中的日期信息，随后单击"数据"选项卡的"分列"命令，在"文本分列向导"对话框中使用默认设置，连续单击"下一步"按钮，即可完成。

第二步，进入"文本分列向导-3步骤之3"后，在"列数据类型"栏中单击"日期"前的单选按钮，在其下拉列表框中选择"YMD"选项。

第三步，单击"完成"按钮后，即可完成标准日期的转换，如图 4-22 所示。

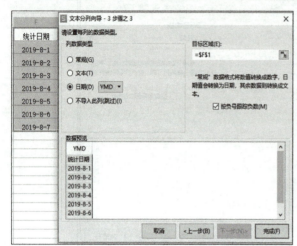

图 4-22 标准日期转换

三、数据排序

数据排序是指将数据按照方便处理分析的顺序进行有规则地排列，如按总分降序排序、按日期升序排序等。这里主要介绍排序的两个功能。

1. 添加排序条件

将数据按照"访客数"和"下单买家数"两个字段进行排序。

第一步，单击数据区域的任何位置，再单击"数据"选项卡的"排序和筛选"中的"排序"按钮。

第二步，在弹出的对话框中，添加"主要关键字"为"访客数"，"次序"按"降序"排列。

第三步，单击"添加条件"按钮，添加"次要关键字"为"下单买家数"，如图 4-23 所示，单击"确定"按钮，即可完成排序。

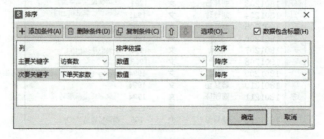

图 4-23 添加排序条件

2. 自定义次序

将图 4-24 所示的数据根据流量来源进行排序。

图 4-24　需根据流量来源进行排序的原数据

第一步，选择"文件"菜单中的"选项"命令，在弹出的"选项"对话框中，单击"自定义序列"选项，如图 4-25 所示。

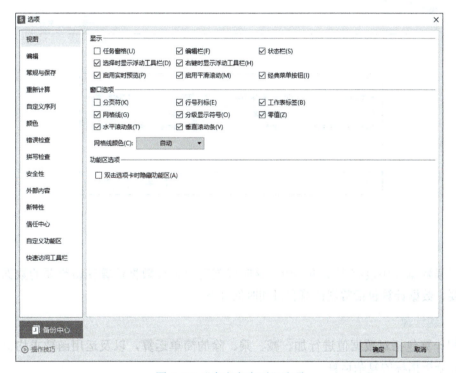

图 4-25　"自定义序列"选项

第二步，在弹出的"输入序列"的编辑区中输入序列，即按照希望该字段排列的顺序来操作，单击"添加"按钮，将其添加到"自定义序列"中，单击"确定"按钮完成添加，如图 4-26 所示。

第三步，单击数据区域的任何位置，单击"数据"选项卡中的"排序"按钮，在弹出的"排列"对话框中添加"主要关键字"为"来源分类"，在"次序"下拉列表框中选择"自定义次序"，然后选择上一步添加的次序，单击"确定"按钮即可完成排序，如图 4-27 所示。

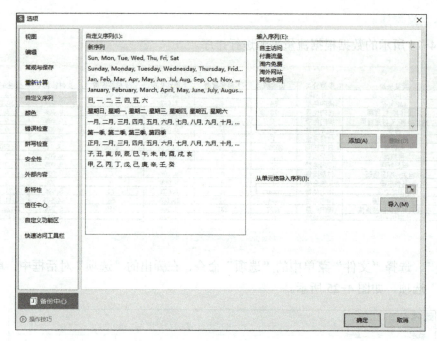

图 4-26 "输入序列"

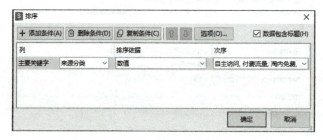

图 4-27 按自定义次序排序

四、数据计算

有时候数据库中没有需要的字段,这时候就可以通过数据计算获得想要的数据,满足分析需要。数据计算包括常规计算和日期时间计算。

1. 常规计算

常规计算包括对数据值进行加、减、乘、除的简单运算,以及运用函数求均值、求方差等统计分析指标的复杂运算。

1)图 4-28 所示为部分商品的访客数和成交客户数,但是需要对"成交转化率"字段进行分析,步骤如下。

第一步,在新的一列 D1 单元格中输入字段名"成交转化率"。

第二步,在 D2 单元格中输入成交转化率公式(成交客户数/访客数)"=C2/B2"。

第三步,双击 D2 单元格右下角的填充柄复制公式。

第四步,选中 D 列,设置单元格格式为"百分比"并保留两位小数,即可完成成交转换率字段的计算。

项目 4 商务数据处理

图 4-28 计算成交转化率

2）图 4-29 所示为某店铺汉服 2023 年的月销量统计数据，现在需要通过计算求出 2023 年的平均销量。

通过 AVERAGE 函数即可完成计算，即单击空白单元格，插入 AVERAGE 函数，选择计算范围，确定即可；或者直接在 C15 单元格输入公式"=AVERAGE(C3:C14)"，即可完成字段计算。

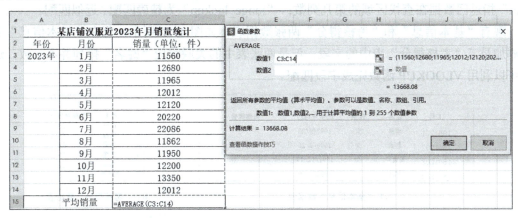

图 4-29 AVERAGE 函数

2. 日期时间计算

（1）日期的加减 图 4-30 所示为用户首次下单时间和最近下单时间，想计算用户的购买间隔时长，按以下步骤进行。

第一步，在新一列的 E1 单元格中输入字段名"间隔时长"。

第二步，在 E2 单元格中输入公式"=D2-C2"。

第三步，双击 E2 单元格右下角的填充柄复制公式，即可完成日期的计算。

（2）日期函数 常用的日期函数中，"YEAR( )"表示计算年份，"MONTH( )"表示计算月份，"TODAY( )"表示计算当前日期，"WEEKNUM( )"表示计算日期是本年的第几周等。

图 4-31 所示为商品的上架日期，计算商品上架天数的操作步骤如下。

图 4-30 计算间隔时长　　　　图 4-31 利用"TODAY（）"函数计算商品上架天数

第一步，在新一列的 C1 单元格中输入字段名“上架天数”。
第二步，在 C2 单元格中输入公式“=TODAY()-B2”。
第三步，双击 C2 单元格右下角的填充柄复制公式。

五、字段匹配

字段匹配就是从具有相同字段的关联数据表中获取所需的数据，一般来说，字段匹配要求原数据表与关联数据表至少存在一个关联字段，根据关联字段可批量查询匹配对应的数据。字段匹配需要用到的函数是 VLOOKUP 函数，具体的公式为“=VLOOKUP(lookup_value,table_array,col_index_num,range_lookup)”。

其中，“lookup_value”指要查找的值；“table_array”指要查找的区域；“col_index_num”指返回数据在查找区域的第几列数；“range_lookup”为精确匹配 / 近似匹配。

现有“基本信息”和“考核得分”两张数据表，如图 4-32 所示，想在“基本信息”表中添加员工“考核得分”表中的字段。但是两张表中的关联字段“姓名”排列并不一致，这时可以利用 VLOOKUP 函数完成字段匹配。

	A	B	C	D	E
1	工号	姓名	性别	出生年月日	考核得分
2	1801201	周新	女	1997/9/28	
3	1801202	赵洁	女	1996/6/25	
4	1801203	姜美芹	女	1991/12/13	
5	1801204	刘玲玲	女	1992/3/19	

a）“基本信息”数据表

	A	B
1	姓名	考核得分
2	昂冉	78
3	陈晶	75
4	陈露	83
5	范强	75
6	方敏	82
7	方天傲	68

b）“考核得分”数据表

图 4-32 “基本信息”和“考核得分”数据表

在单元格 E2 中插入 VLOOKUP 函数，参数设置如图 4-33 所示，单击“确定”按钮后，双击 E2 单元格右下角的填充柄复制公式，即可完成字段匹配。

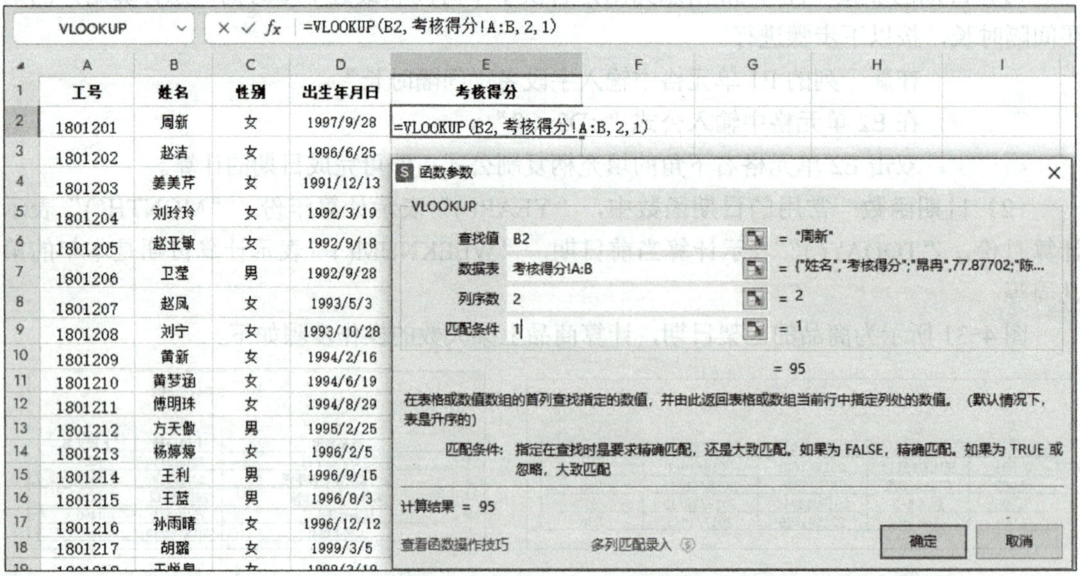

图 4-33 VLOOKUP 函数匹配字段

任务 3 数据合并

数据合并是日常工作中经常会碰到的,很多人会选择复制粘贴,如果在表格数量很少的情况下,这是可行的,但是当表格数量很多时,复制粘贴就太麻烦了。这时可以使用 Excel 的"&"运算符或 CONCATENATE 函数合并字段,也可以使用导入数据功能,批量合并多个工作表的数据,提高工作效率。

一、字段合并

字段合并是将若干字段合并成一个新的字段,或者将字段值与文字、数字等组合形成新的字段,字段合并可以利用 CONCATENATE 函数或者"&(逻辑与)"运算符。

将图 4-30 所示的基本信息工作表中的工号和姓名字段合并,合并成"××的工号是××",如"周新的工号是1801201",具体操作方法有两种。

1)利用"&"运算符,在姓名列后面插入一列,在 C2 单元格中输入公式:=B2&"的工号是"&A2,如图 4-34 所示。双击 C2 单元格右下角的填充柄复制公式,即可完成工号和姓名字段的合并。

图 4-34 "&(逻辑与)"运算符

2)利用 CONCATENATE 函数。其格式与"&"运算符类似,只不过是用函数的形式,注意参数之间用英文逗号","分隔。在 C2 单元格中输入公式:= CONCATENATE(A2,"的工号是",B2),如图 4-35 所示,双击 C2 单元格右下角的填充柄复制公式,即可完成工号和姓名字段的合并。

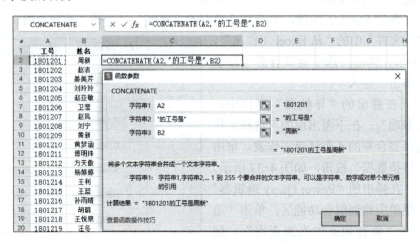

图 4-35 CONCATENATE 函数

二、工作表合并

工作表合并，顾名思义，就是合并同一工作簿下工作表的数据。合并前要确保需要合并的工作表的表头都是一致的。针对工作簿中数据的多少，可以用不同的方法来合并工作表，如果数据较少，可以利用剪贴板复制粘贴数据；相反情况，则可以使用以下两种方法。

1. VBA 法

按<Alt+F11>组合键，调出"Visual Basic"界面，在左侧窗口中，单击"插入"菜单中的"模块"选项，弹出"代码编辑"窗口后，将代码粘贴进去，单击"运行"按钮，完成合并。

代码如下所示：

```
Sub 合并当前工作簿下的所有工作表 ( )
On Error Resume Next
Application.ScreenUpdating = False
Application.DisplayAlerts = False
Set st = Worksheets.Add(before:=Sheets(1))
st.Name = " 合并 "
For Each sheet In Sheets:
If sheet.Name <> " 合并 " Then
i = st.Range("A" & Rows.Count).End(xlUp).Row + 1
shet.UsedRange.Copy
st.Cells(i, 1).PasteSpecial Paste:=xlPasteAll
End If
Next
Application.DisplayAlerts = True
Application.ScreenUpdating = True
MsgBox " 已完成 "
End Sub
```

2. Power Query 法

该方法适用于 Excel 2016 版本，操作步骤如下：

第一步，新建 Excel 工作簿，单击菜单栏中的"数据"，选择"新建查询"，在下拉列表中选择"从文件"中的"从 Excel 工作簿"，如图 4-36 所示，然后，选中需要合并工作表的工作簿，单击"导入"。

第二步，在弹出的"导航器"窗口中，选择"选择多项"，在下面出现的可选择工作表选项中选择要合并的 4 个订单工作表，单击右下方的"转换数据"按钮，如图 4-37 所示。

第三步，在弹出的"Power Query 编辑器"的"主页"菜单中找到组合功能区，单击"追加查询"中的"将查询追加为新查询"，如图 4-38 所示。

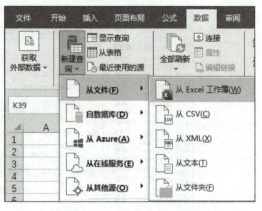

图 4-36 新建查询从工作簿

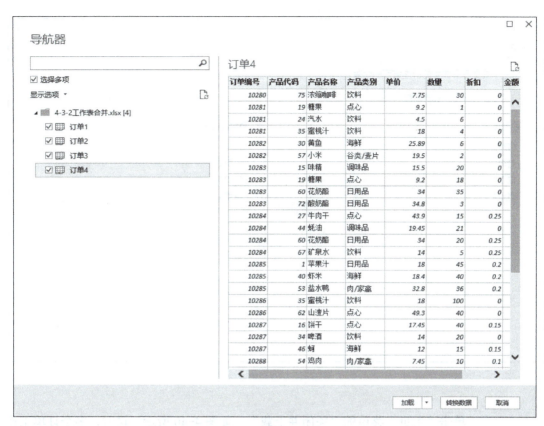

图 4-37 选择多个工作表

图 4-38 "追加查询"

第四步，在弹出的"追加"对话框中选择"三个或更多表"，将左侧要合并的订单工作表添加到右侧，可以单击对话框最右侧的上下箭头按钮来调整订单工作表的顺序，单击"确定"按钮即完成多个订单工作表的合并，如图 4-39 所示。

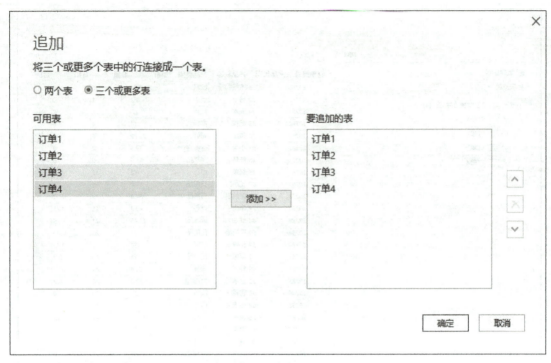

图 4-39 追加更多表

第五步，单击"主页"菜单的"关闭并上载"，如图 4-40 所示。这时，多个订单工作表里的数据就被合并到一个中，如图 4-41 所示。

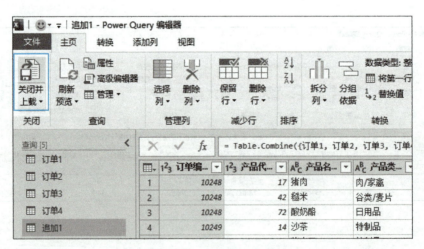

图 4-40 "关闭并上载"

第六步，删除多余的订单工作表，最后将查询结果转换为区域，如图 4-42 所示。

项目4 商务数据处理

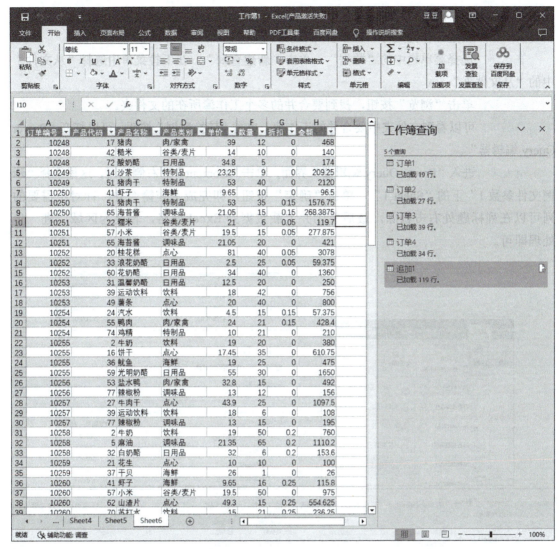

图 4-41 合并后的订单工作表

图 4-42 查询结果转换为区域

三、工作簿合并

工作簿合并是指将多个工作簿文件中的数据合并,如多人输入工作完成后的工作簿合并操作,默认工作簿的表头都是一致的。下面介绍 Excel 2016 版本的 Power Query 方法。如

图 4-43 所示，具体操作步骤如下：

第一步，新建工作簿文件"订单合并 .xlsx"。

第二步，选择菜单栏中的"数据"，单击"新建查询"，在下拉菜单中选择"从文件"中的"从文件夹"。

第三步，单击"浏览"按钮，找到要合并的多个工作簿所在的文件夹。

第四步，可以看到文件夹中要合并的工作簿，单击"转换数据"按钮，可以打开"Power Query 编辑器"。

第五步，进入"Power Query 编辑器"界面，单击"Content"列右侧按钮，这里选择"示例文件参数 1"下的"Sheet 1"，单击"确定"按钮，即完成工作簿合并，针对不需要的列可以在列标题处右击删除，最后关闭并上载数据到 Excel 表格，转换为区域，进一步处理即可。

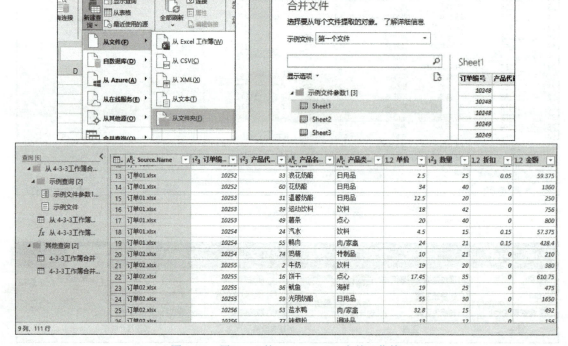

图 4-43　用 Excel 的 Power Query 合并工作簿

项目小结

本项目从数据清洗和数据加工两个方面学习了商务数据的预处理。明确了数据清洗的概念以及数据清洗的具体内容，包括重复数据清洗、缺失数据清洗、异常数据清洗、逻辑错误数据清洗和数据格式清洗。了解了数据加工的具体内容，包括数据抽取、数据转换和数据计算。数据抽取包括字段拆分、字段合并和字段匹配；数据转换包括数据行列转换、数据类型数据转化成有效的信息。大家要针对不同的内容，采用不同的处理方法，灵活运用电子表格解决各类数据问题。

实战强化

1. 数据清洗

1）清洗素材“4-1-1.xlsx”中重复数据。

2）处理素材“4-1-2.xlsx”中缺失数据。

3）处理素材“4-1-3.xlsx”中异常数据。

4）清洗素材“4-1-4.xlsx”中错误数据。

5）清洗素材“4-1-5.xlsx”中数据格式。

2. 数据转换

1）完成素材“4-2-1.xlsx”中各数据表的格式转换。

2）完成素材“4-2-2.xlsx”中各数据表的计算。

3. 数据合并

1）完成素材“4-3-1.xlsx”中各订单数据表的数据合并。

2）完成素材“4-3-2”文件夹中各订单工作簿的数据合并。

思考与练习

一、单选题

1. 以下日期格式中，格式规范的有（　　）。

   A. 2021.5.20　　B. 2021520

   C. 2021 年 5 月 20 日　　D. 2021-05-20

2. 图 4-44 中（　　）中的数据是文本类型的数据。

   A. A1 单元格　　B. A2 单元格

   C. A3 单元格　　D. A4 单元格

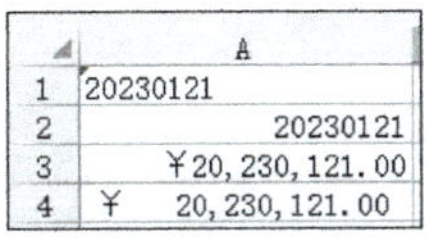

	A
1	20230121
2	20230121
3	￥20,230,121.00
4	￥　20,230,121.00

图 4-44　单元格数据

3. 将录入的数据插补到所有选中的空白单元格中使用的快捷键是（　　）。

   A. Ctrl + V　　B. Ctrl + A　　C. Ctrl + T　　D. Ctrl + E

4. 在对数字格式进行修改时，如单元格中出现“####”，其原因为（　　）。

   A. 格式语法错误　　B. 单元格长度不够

   C. 系统出现错误　　D. 以上答案都不正确

5. 下列（　　）不能对数据表排序。
    A．单击数据区中任何一个单元格，然后单击工具栏的"升序"或"降序"按钮
    B．选择要排序的数据区域，然后单击工具栏中的"升序"或"降序"按钮
    C．选择要排序的数据区域，然后使用"编辑"菜单的"排序"命令
    D．选择要排序的数据区域，然后使用"数据"菜单的"排序"命令
6. 公式"（单位时间内已完成订单数量/单位时间内已经接收的订单总数量）×100%"是指（　　）。
    A．产品交易指数　　　　　　　　B．订单转化率
    C．订单满足率　　　　　　　　　D．下单转化率
7. 可以通过"（　　）"符号将两个字符串连接起来。
    A．¥　　　　　B．&　　　　　C．@　　　　　D．#
8. 若A1单元格中的字符串是"华为"，A2单元格的字符串是"Mate60"，想要在A3单元格中显示"华为Mate60pro5G手机"，则应在A3单元格中输入公式为（　　）。
    A．=A1&A2&+"pro5G手机"　　　　B．=A1&A2&"pro5G手机"
    C．=A1+A2+"pro5G手机"　　　　　D．=A1-A2-"pro5G手机"
9. 至少有一个条件为真则返回True的函数是（　　）。
    A．OR　　　　B．AND　　　　C．IF　　　　D．COUNTIF

二、多选题

1. 以下属于缺失数据的清洗方法的有（　　）。
    A．将缺失数据的记录保留　　　　B．将缺失数据的记录删除
    C．用一个样本统计数据代替　　　D．用统计模型计算的数据代替
2. 常见的数据提取函数有（　　）。
    A．MID　　　　B．LEFT　　　　C．RIGHT　　　　D．YEAR
    E．WEEKDAY

三、简答题

1. 对于缺失数据的处理主要有那些？
2. 常用数据插补方法有哪些？

项目 5

数据的可视化

项目描述

研究发现，人脑处理图片信息是可以同步进行的，而处理文字信息则是需要一步一步循序渐进，例如，一篇 6000 字的文章需要约 10 分钟看完，而一张图片只需要约 1/600 分钟的时间看完。人类对世界的认知与表达是从图画开始的，面对大数据时代数据量的爆炸式增长，数据可视化可以将数据以合乎逻辑且便于理解的形式展示，让数据变得容易理解。

通过观察数字和统计数据的转换来获得清晰的结论并不是一件容易的事情，可视化的图形、图表所传递的信息比纯文字内容更直观。人类的大脑对于视觉信息的处理优于对文本的处理，使用图表、图形等元素可以帮助人们快速地理解数据中的含义、趋势及相关性。数据可视化其实是将抽象概念进行形象表达，将抽象语言进行具象图形可视化的过程。

学习目标

知识目标

- 理解数据可视化的概念与意义。
- 掌握数据可视化的主要内容。
- 掌握数据可视化的种类。

能力目标

- 掌握数据可视化设计的步骤。
- 掌握提升数据可视化视觉效果的方法。
- 熟悉数据可视化图形设计流程。

素质目标

- 通过数据可视化的应用提升对数据分析行业的认可。
- 通过对数据可视化工具的了解，培养数据视觉思维能力，培养新时代使命感。
- 激发学习兴趣，提升抽象概念进行形象表达的能力，提高专业素质。

任务1 认识数据可视化

任务分析

数据可视化并不是简单地将数据转换为图表,而是以数据为视角来看待这个世界。在这个"人人都是数据分析师"的时代,人人几乎都在参与数据的采集、加工与消费。数据可视化作为连接"加工—消费"的重要一环,其质量至关重要,下面就一起走近数据可视化。本任务将逐步帮助大家了解各种数据可视化方法和可视化工具。

任务实施

一、理解视觉编码

1. 观察数据

观察图 5-1 中的数据,立刻计算出图中有多少个"X"。

A	A	B	D	H	E	R	W	G	H	A	W	$	M	D	R	W
P	O	S	E	V	B	M	P	Y	E	O	P	V	K	E	M	P
W	F	G	H	J	K	W	A	X	V	F	A	B	H	H	W	A
E	F	R	Y	U	I	L	K	C	M	F	K	N	T	Y	X	K
J	K	X	R	H	M	I	Q	G	G	X	K	Q	B	L	R	I	Q
L	P	R	D	W	G	F	D	$	A	P	D	E	C	D	F	D
O	$	I	G	S	B	E	T	F	S	$	T	A	X	G	E	T

图 5-1 无视觉编码图

再观察图 5-2 中的数据,立刻计算出图中有多少个"X"。

A	A	B	D	H	E	R	W	G	H	A	W	$	M	D	R	W
P	O	S	E	V	B	M	P	Y	E	O	P	V	K	E	M	P
W	F	G	H	J	K	W	A	**X**	V	F	A	B	H	H	W	A
E	F	R	Y	U	I	L	K	C	M	F	K	N	T	Y	**X**	K
J	K	**X**	R	H	M	I	Q	G	**X**	K	Q	B	L	R	I	Q
L	P	R	D	W	G	F	D	$	A	P	D	E	C	D	F	D
O	$	I	G	S	B	E	T	F	S	$	T	A	**X**	G	E	T

图 5-2 有视觉编码图

以上两张图片，图 5-2 由于使用了视觉编码（红色）快速传达信息，使大家非常容易找到数据特征。

2. 比较表格数据和图表

比较表 5-1 和图 5-3，可以看出柱形的"高度"传达出非常明显的销售数据信息，柱状图比表格数据更容易被人脑快速理解。

表 5-1 某保健品店主要产品销量表

产品	2020 年	2021 年	2022 年	2023 年
桑葚浆	3800 盒	4200 盒	5500 盒	6100 盒
桑葚颗粒	5000 盒	5500 盒	6500 盒	7350 盒
桑葚胶	8000 盒	10000 盒	12000 盒	12800 盒

图 5-3 销售数据柱状图

知识链接

1. 视觉编码

视觉编码由标记和视觉通道组成。标记通常是一些抽象的几何图形元素，如点、线、面、体。视觉通道则为标记提供视觉特征，包括位置、长度、高度、角度、面积、形状、坐标、图案、密度、色调、亮度等。

一般位置、形状、图案、色调用于分类的视觉通道；长度、高度、角度、面积、坐标、密度、亮度用于定量或定序的视觉通道；包含、连接、相似用于表示关系的视觉通道。

按表现力来排序，常见视觉通道给人脑的主观刺激强弱如图 5-4 所示。

如果将大脑比做一个信息解码系统，那么可视化就是对信息的编码过程，信息通过视觉编码后，将内容通过眼睛传达至大脑，大脑解码信息并获取知识。数据可视化为了达到增强人脑认知的目的，会利用不同的视觉通道对冰冷的数据进行视觉编码。

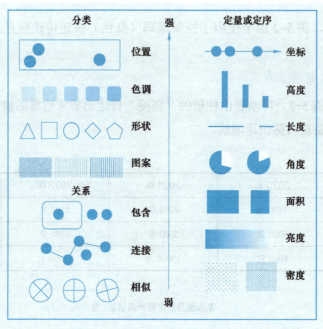

图 5-4　常见视觉通道表现力比较

2．人类视觉的特点

人类视觉感知到心理认知的过程要经过信息的获取、分析、归纳、解码、储存、概念、提取、使用等一系列加工阶段，每个阶段需要不同的人体组织和器官参与。简单来讲，人类视觉的特点是：

1）对亮度、运动、差异更敏感，对红色相对于其他颜色更为敏感。

2）对于具备某些特点的视觉元素有很强的"脑补"能力，比如空间距离较近的点往往被认为具有某些共同的特点。

3）对眼球中心正面物体的分辨率更高，这是由于人类晶状体中心区域锥体细胞分布最为密集。

4）对具有某种方向上的趋势的物体往往视为连续物体。

5）习惯使用"经验"去感知事物整体，忽略局部信息。

二、理解数据可视化

1．数据可视化的定义

在大数据时代，各行各业对大数据的重视、对数据可视化的需求越来越迫切，视觉元素也越来越多样化，从朴素的柱状图、饼状图、折线图，扩展到地图、气泡图、树状图、仪表盘等各种图形，以应对各种大规模、高维度、非结构化的数据。

数据可视化是化抽象为具体，通过点的位置、折线的趋势、图形的面积等直观呈现研究对象的数量关系。不同类型的图表所展示的数据侧重点不同，选择合适的图表可以更好地进行数据分析。但是，数据可视化不仅仅是图表形式的表达，任何借助图形方式展示数据原理、规律、逻辑的方法都可以称为数据可视化。

数据可视化是将数据以图形、图像的形式表达出来,从而形象、直观地表达数据蕴含的信息和规律的过程与方法。简单地讲,数据可视化就是用图来代替数据集;学术地讲,数据可视化可以理解为将信息映射成视觉效果的过程。

2. 数据可视化设计的目标

随着时代的发展,数据量越来越多,随着数据的不断增加,数据的可读性就会变得很差。运用恰当的图表实现数据可视化非常重要,在制作可视化图表时,要从需求出发,挑选出合理且符合视觉习惯的图表,尤其在用户类型比较多的时候,要兼顾各个年龄段或者不同认知能力用户的需求。数据可视化设计需要体现出准确、清晰、美观等三个特点。

1)准确,是指数据的可视化图形要正确反馈数据信息,不能让人产生误解。
2)清晰,是指通过可视化工具设计的图表要尽量简洁明了,让人快速理解。
3)美观,是指数据的可视化设计要符合所属行业规范,不能为了绚丽的可视化效果,而丧失准确和清晰的特点。

3. 数据可视化设计的步骤

数据可视化绝非简单地根据数据做成饼图或者柱状图等图表。随着人工智能和大数据时代的到来,可视化与大规模、高维度、非结构化数据联系更加紧密,面对大规模、高维度、非结构化数据,将它们以可视化形式展示出来,并非易事。

为了找出数据中隐藏的信息,可以用三个方面开展数据可视化工作,即明确需求、找到数据可视化方法、完善细节。

(1)明确数据可视化的需求,选择要传达的数据信息 在设计数据可视化图形前,要先明确需求,即可视化要达到什么样的效果,需要向用户传达什么样的信息,一般而言,可视化可以传达的信息有对比、聚焦、归纳、演绎等。

(2)梳理数据类型与视觉通道的关系 在明确需求后,要为数值型、序列型、类别型等不同的数据类型选择合适的视觉通道。目前有位置、长度、角度、色调等很多的视觉通道,视觉通道和常用数据类型的对应关系,如图5-5所示。

数据类型	数值型	序列型	类别型	
视觉通道	位置	位置	位置	视觉通道的编码优先级递减
	长度	密度	色调	
	角度	饱和度	纹理	
	斜率	色调	连接	
	面积	纹理	包含	
	体积	连接	密度	
	密度	包含	饱和度	
	饱和度	长度	形状	
	色调	角度	长度	
	纹理	斜率	角度	
	连接	面积	斜率	
	包含	体积	面积	
	形状	形状	体积	

图5-5 视觉通道和常用数据类型的对应关系

同样的数据类型，如果采用不同的视觉通道，则带来的主观认知差异很大。数值型数据适合用采"位置""长度"等视觉通道表达，如果使用"色调""饱和度"等颜色类的视觉通道，就容易引起歧义；序列型数据适合采用"色调""纹理"等区分度明显的视觉通道来表达，如果采用"面积""体积"等视觉通道，则会让人感到迷惑；类别型数据适合采用"包含""连接"等易于分组的视觉通道，如果采用"饱和度""密度"等视觉通道，其分类效果就会大打折扣。

（3）选择可视化图表的类型　图表是指可直观展示统计信息的属性，对知识挖掘和信息直观生动感受起关键作用的图形结构，是一种很好地将对象属性数据直观、形象地可视化的手段。

常见的可视化图表类型有柱状图、折线图、饼图、散点图、气泡图、雷达图等，它们的适用范围见表 5-2。

表 5-2　可视化图表类型

图表	数据维度	适用范围
柱状图	二维数据	适用于一个分析轴进行数据大小的比较
折线图	二维数据	适用于按照时间序列分析数据的变化趋势
饼图	二维数据	适用于所占比例的比较，只适用反映部分与整体的关系
散点图	多维数据	适用于两个维度的数据需要比较
气泡图	多维数据	只有两维能精确辨识
雷达图	多维数据	适用于数据点不超过 6 个的图表
漏斗图	多维数据	适用于业务流程比较规范、周期长、环节多的数据
热力图	多维数据	适用于显示人或物品的相对密度
关系图	多维数据	适用于表征各节点之间的关系
词云图	多维数据	适用于各种关键词的集合，一般用于表现词频
桑基图	多维数据	适用于能量、物料或资本等在系统内部的流动，展现相关性

三、理解商务数据可视化的意义和作用

商务数据可视化可以借助人的视觉思维能力，帮助人们理解大量的数据信息，并深入了解其商务层面的内容，发现数据背后隐藏的规律，查找、分析及揭示数据背后的事实，从而提高数据的使用效率和决策正确性。

可视化能将不可见的数据现象转化为可见的图形符号，能将错综复杂、看起来没法解释和关联的数据，建立起联系和关联，发现其规律和特征，并且利用合适的图表清晰而直观地表达出来，实现数据自我解释、让数据说话的目的。

商务数据可视化有三个作用：

1. 更好地理解和掌握商务数据

商务数据可视化可以更好地帮助企业理解和掌握商务数据。将商业数据以可视化的形式呈现，可以让数据变得更加直观和易于理解。通过可视化，人们可以更快地掌握数据的核心信息和特点，并且可以更加清晰地看到数据背后的商业趋势和规律。

2. 发现商务数据的商业价值

商务数据可视化可以帮助人们发现数据背后的商业价值。通过可视化的形式，可以更

加清晰地看到数据之间的关系和趋势。在这个基础上，人们可以更好地发现数据背后的商业价值，从而更好地利用数据进行业务决策和创新。

3. 更好地传达数据

商务数据可视化可以帮助人们更好地传达数据，因为人们更容易理解和接受图形化的表达方式。通过数据可视化，人们可以更好地将数据传达给其他人，让他们更好地理解数据的意义和价值。

知识链接

视觉认知负荷：

设计不合理的可视化元素会给用户冗余且毫无意义的信息传达，从而产生认知负荷，图5-6所示饼图的维度数据过多，图5-7所示柱状图的颜色没有传达出任何有效信息，属于滥用色调视觉通道。

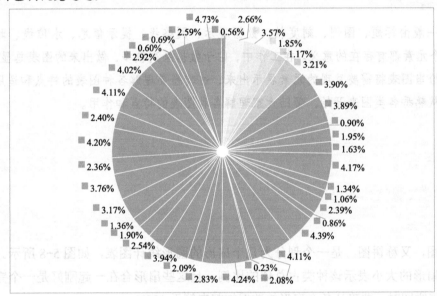

图5-6 信息冗余的饼图形式

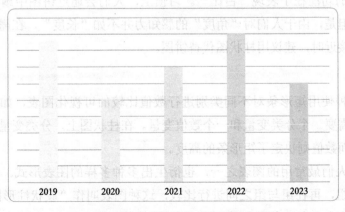

图5-7 信息冗余的柱状图形式

如果一个图表呈现了过多数据，滥用了视觉通道，就会造成视觉认知负荷。研究表明，人们看折线图时，很难关注到数据趋势以外的信息，进行折线图描述时，人们仍然关注趋势，往往忽视新出现的变量；但进行柱状图描述时，人们就会关注新变量。图表中出现的色带越多，出错的人就越多，而折线图在小尺寸下表现很差；3D图形虽然"炫目"和"性感"，如果没有传达出信息，就会迫使人们"处理冗余和无关的线索"，也会造成视觉认知负荷。

任务2　认识图表的种类

任务分析

图表一般由标题、图例、刻度轴、数据展示、网格线、提示信息、水位线、时间轴组成，每一个元素都有存在的意义。在工作中，由于数据系列较多，做出来的图表总显得混乱，如何选择恰当图表将需要呈现的元素展示出来，这就需要理解各种图表的特点和适用范围，本任务将从熟悉各类图表开始，帮助大家理解各种图表的特点和作用。

任务实施

一、学会表达比较性的可视化图表

1. 饼状图

饼状图，又称饼图，是一个划分为几个扇形的圆形统计图表，如图5-8所示。在饼图中，每个扇形的大小表示该种类占总体的比例，且这些扇形合在一起刚好是一个完全的圆形。在使用饼图时，要确认各个扇形的数据加起来等于100%。

饼图最显著的功能在于表现"占比"。习惯上，人们会通过饼图中扇形的大小来获得对数据的认知。但是，由于人们对"角度"的感知力并不如"长度"，在需要准确的表达数值，尤其是数值接近时，建议用柱状图代替饼图。

2. 柱状图

柱状图是一种使用矩形条对不同类别进行数值比较的可视化图表，如图5-9所示。最基础的柱形图，需要一个分类变量和一个数值变量。在柱状图上，分类变量的每个实体都表示一个矩形条，而数值则决定了矩形条的高度。

柱状图作为人们最常用的图表之一，也衍生出多种多样的图表形式。例如，将多个并列的类别形成一组，再在组与组之间进行比较，这种图表叫作"簇状柱形图"，如图5-10所示。将类别拆分成多个子类别，则形成"堆叠柱状图"，如图5-11所示。

项目 5 数据的可视化

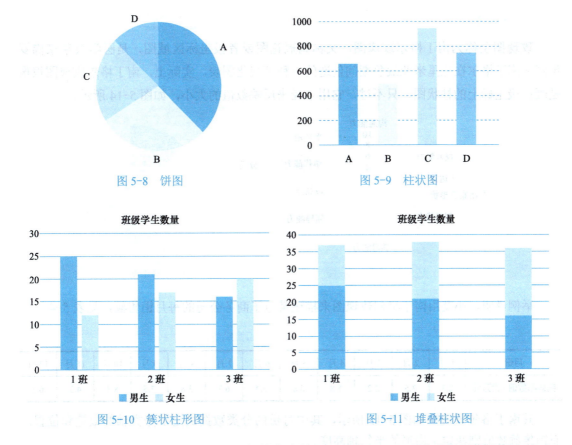

图 5-8 饼图

图 5-9 柱状图

图 5-10 簇状柱形图

图 5-11 堆叠柱状图

注意：虽然柱状图是常用图表，但仍然存在被误用的情况。一个典型误用就是随意篡改 y 轴的原点，对人们的视觉造成误导。所以在使用柱状图时，务必要使 y 轴的原点位于 0 位。

3. 雷达图

雷达图是一种显示多变量数据的可视化图表形式，如图 5-12 所示。通常从同一中心点开始等角度间隔地射出三个以上的轴，每个轴代表一个定量变量，各轴上的点依次连接成几何图形。

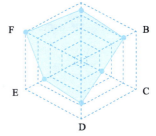

图 5-12 雷达图

举例说明，小艾用雷达图对自己进行能力评估。能力分为沟通能力、协作能力、领导能力、学习能力、创新能力、技术能力，每项 0～10 分，见表 5-3。

表 5-3 能力评估表

能力	沟通能力	协作能力	领导能力	学习能力	创新能力	技术能力
评分	2	3	2	5	6	9

学习能力雷达图如图 5-13 所示，其中能力分类决定了雷达图中轴的数量，能力数值决定了轴的取值范围。

4. 玫瑰图

玫瑰图全称为南丁格尔玫瑰图，又称鸡冠花图或者极坐标区域图，是医学改革家佛罗伦萨·南丁格尔在克里米亚战争期间创造的一种可视化图表。实际上，南丁格尔玫瑰图很像是画在极坐标上的柱状图，只不过，它用半径来反映数值的大小，如图5-14所示。

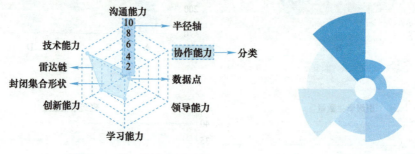

图5-13　学习能力雷达图　　　　　图5-14　南丁格尔玫瑰图

举例说明，小艾用南丁格尔玫瑰图来描述某电子商务公司的每月销售额，见表5-4。

表5-4　某电子商务公司的每月销售额表

月份	1月	2月	3月	4月	5月	6月	7月	8月	9月	10月	11月	12月
销售额数值/百万元	2.3	3.5	2.2	5.8	6.8	3.4	6.7	3.8	7.5	8.3	4.3	6.7

其南丁格尔玫瑰图如图5-15所示，其中月份的分类数据决定了分类轴的数量和位置。而销售额数值则决定了扇形的半径轴高度。

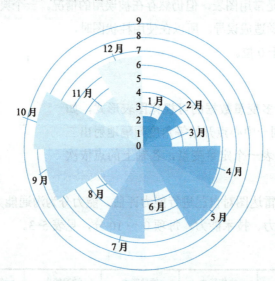

图5-15　电子商务公司每月销售额的南丁格尔玫瑰图

注意：由于半径和面积之间是平方的关系，视觉上，南丁格尔玫瑰图会将数据的比例夸大。因此，当追求数据的准确性时，南丁格尔玫瑰图不一定是个好的选择。但反过来说，当需要对比非常相近的数值时，适当的夸大会有助于分辨。

二、学会表达趋势性的可视化图表

1. 折线图

折线图是一个由直角坐标系、一些点和线组成的可视化图表，常用来表示数值随连续时间间隔或有序类别的变化，如图5-16所示。在折线图中，x轴表示连续时间间隔；y轴表示量化的数据，如果为负值则绘制于y轴下半部分。连线用于连接两个相邻的数据点。

折线图经常用于分析事物随时间变化的趋势。如果有多组数据，则用于分析多组数据随时间变化或有序类别的相互作用和影响。从数据上来说，折线图需要一个连续时间字段或一个连续数据字段。

图 5-16　折线图

2. 桑基图

桑基图（Sankey Diagram）是一种表现流程的示意图，用于描述一组值到另一组值的流向，分支的宽度对应了数据流量的大小。举例说明，小艾获得某网购平台用户流量数据，见表5-5。

表 5-5　用户流量分析表

一阶流量位置	首页				
用户数	11				
二阶流量位置	商品页	广告页	购物车	评价页	跳出
用户数	7	1	1	1	1
三阶流量位置		广告页	购物车	评价页	跳出
用户数		2	5	2	2

小艾用桑基图来描述网购平台的用户流量分支和流向，如图5-17所示。

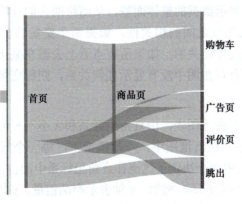

图 5-17　描述网购平台用户流量分支和流向的桑基图

现代桑基图一般包含流入、流出的节点，以及曲线型的边，其最大特点在于"能量守恒"，即起始流量和结束流量相同。不能在中间过程中创造出流量，流失的流量也不应莫名消失。因为流出等于流入，所以桑基图的每条边，宽度保持不变。

3. 漏斗图

漏斗图形如"漏斗"，用于单流程分析，漏斗图的起始总是100%，然后在各个环节依次减少，整体形如漏斗。一般来说，所有环节的高度应是一致的，这会有助于人们辨别数值间的差异。比如追踪用户从访问、注册，到下单、成功购买的转化率，漏斗图如图5-18所示。

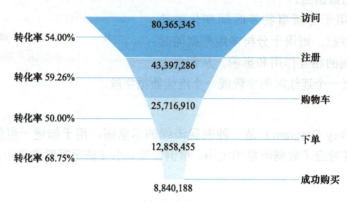

图5-18 追踪用户转化率的漏斗图

漏斗图主要用于呈现业务流程的推进情况，如用户的转化情况、订单的处理情况、招聘的录用情况等。通过漏斗图，可以较直观地看出流程中各部分的占比，发现流程中的问题，进而做出决策。

三、学会表达相关性的可视化图表

1. 散点图

散点图又称散布图，是将所有的数据以点的形式展现在平面直角坐标系上的可视化图表，如图5-19所示。它至少需要两个不同变量，一个沿x轴绘制，另一个沿y轴绘制。众多的散点叠加后，有助于展示数据的整体面貌，从而帮助人们分析两个变量之间的相关性。

散点图常被用于分析变量之间的相关性。如果两个变量的散点看上去都在一条直线附近波动，则称变量之间是线性相关的；如果所有点看上去都在某条曲线附近波动，则称此相关为非线性相关；如果所有点在图中没有显示任何关系，则称变量间是不相关的。

2. 气泡图

气泡图是一种多变量的统计图表，由直角坐标系和大小不一的圆组成，可以看作是散点图的变形，如图5-20所示。在气泡图中，一般情况下，每一个气泡都代表着一组三个维度的数据（v1，v2，v3）。其中两个决定了气泡在直角坐标系中的位置（即x轴，y轴上的值），另外一个则通过气泡的大小来表示。例如，x轴表示产品销量，y轴表示产品利润，气泡大小代表产品市场份额百分比。

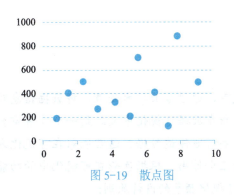
图 5-19　散点图

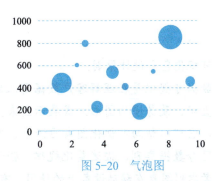
图 5-20　气泡图

气泡图通常用于展示和比较数据之间的关系和分布，通过比较气泡位置和大小来分析数据维度之间的相关性。气泡图也可以用作研究两个变量与时间变量的关系。例如，著名的卫生学教授、统计学家 Hans Rosling，曾用气泡图展示历史上世界各国人均收入、人口数量和寿命的关系。

3. 热力图

热力图也称色块图，是一种通过对色块着色来显示数据的可视化图表，如图 5-21 所示。热力图一般需要 2 个分类字段和 1 个数值字段，分类字段确定 x 轴、y 轴，将图表划分为规整的矩形块。数值字段决定了矩形块的颜色。

热力图适合用于查看总体的情况、发现异常值、显示多个变量之间的差异，以及检测它们之间是否存在任何相关性。

4. 词云图

词云图又称文字云，是对文本信息中一定数量的关键词出现的频率高低情况的一种可视化展现方式，如图 5-22 所示。它一般是由文本数据中提取的词汇组成某些彩色图形，用于描述事物的主要特征。

词云是由美国西北大学新闻学副教授、新媒体专业主任里奇·戈登（Rich Gordon）在 2006 年最先使用。词云就是通过形成"关键词云"或"关键词渲染"，对网络文本中出现频率较高的"关键词"进行视觉上的突出显示。

图 5-21　热力图

图 5-22　词云图

> **知识链接**
>
> 可视化色彩设计原则：
>
> 数据可视化是在理解客户数据需求的前提下，通过专业技术处理，将数据信息转化为最直观、最易懂的图形方式展示出来。而色彩在数据可视化中又起到一个非常重要的作用，它可以帮助可视化图表更清晰、准确、丰富地传达数据。通常色彩在可视化方面有"区分数据类别、描述量化规律、强调"等三个作用。根据色彩在可视化中的功能，以及考虑到图表在移动设备上的使用，有四项可视化颜色的设计原则：
>
> 1）精确原则，要针对不同类型数据进行配色，并在色彩的语义定义上确保表意准确。
>
> 2）清晰原则，要保证色相的辨识度、色阶的均匀度，最大程度地提升图表数据的清晰度。
>
> 3）舒适原则，图表要兼顾图形布局和图形配色的舒适美观，做到审美愉悦，并实现全局视觉统一。
>
> 4）兼容原则，要考虑色彩的兼容性，使图表在深色模式、色障人群的操作、极端数据场景等各类应用场景中都能有效地使用。

任务3　Excel 制作图表

任务分析

Excel 电子表格是由行和列组成的一个个网格，一个网格就是一个单元格，单元格可以存储文本、数字、公式等元素。但是，千万不要以为 Excel 只会处理表格，大多数图形都可以用 Excel 绘制出来，它还可以创建专业的图表和数据透视表。Excel 是最常用、最快捷、最灵活的可视化工具之一。如果觉得画不出来某种样式的图表，有可能是还未掌握其高阶技巧。本任务将由小艾带领大家学会使用 Excel 进行数据的可视化展示。

任务实施

一、利用 Excel 的条件格式实现数据的可视化

1）打开数据文件"商场客流成交率数据表 .xlsx"工作簿，对成交率数据进行可视化设置。选择 D8 单元格，在编辑栏输入"100%"，按〈Ctrl+Enter〉键，以便下一步成交率所显示出来的数据条以 100% 为基准，如图 5-23 所示。

项目5 数据的可视化

图 5-23 在 Excel 表格编辑栏中输入 100%

2）选中 D2:D8 单元格区域，单击"开始"选项，单击"条件格式"，在菜单中选择"数据条"选项，在"实心填充"中选一个醒目颜色，如图 5-24 所示。

图 5-24 数据条设置

3）成交率可视化显示结果如图 5-25 所示。

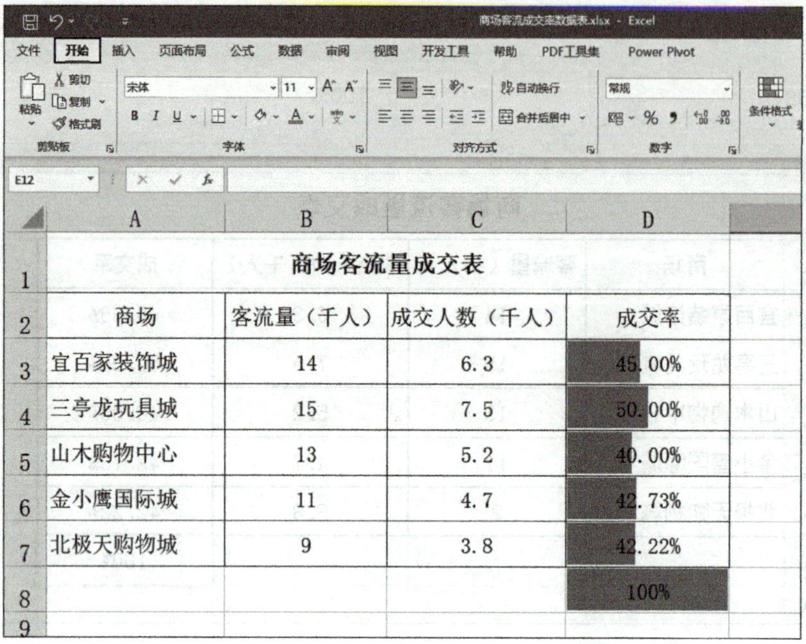

商场客流量成交表			
商场	客流量（千人）	成交人数（千人）	成交率
宜百家装饰城	14	6.3	45.00%
三亭龙玩具城	15	7.5	50.00%
山木购物中心	13	5.2	40.00%
金小鹰国际城	11	4.7	42.73%
北极天购物城	9	3.8	42.22%
			100%

图 5-25　Excel 条件格式的数据条成交率可视化显示结果

4）选中表格第 8 行，右击，在弹出的菜单中选择“隐藏”，如图 5-26 所示。完成可视化显示结果的优化后，如图 5-27 所示。

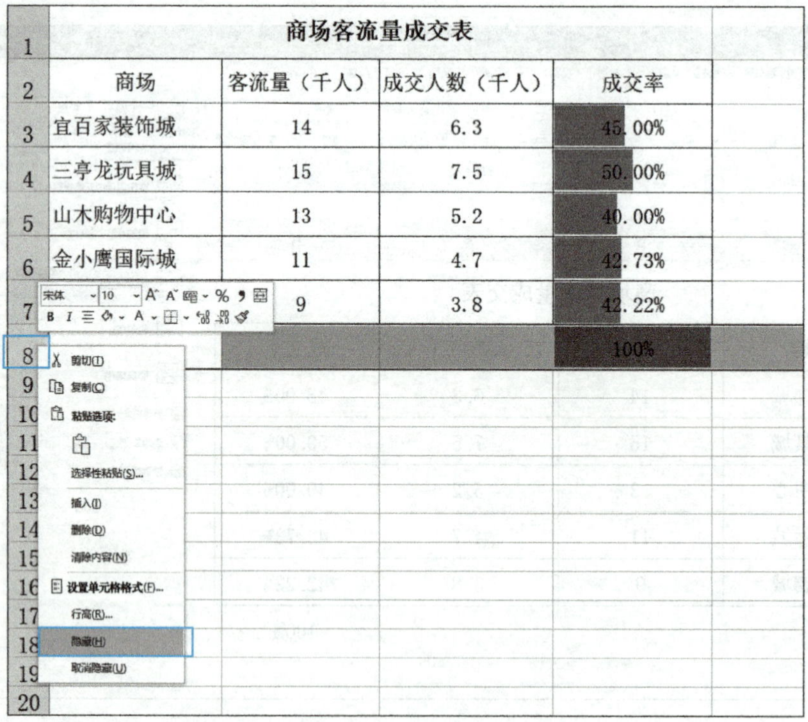

商场客流量成交表			
商场	客流量（千人）	成交人数（千人）	成交率
宜百家装饰城	14	6.3	45.00%
三亭龙玩具城	15	7.5	50.00%
山木购物中心	13	5.2	40.00%
金小鹰国际城	11	4.7	42.73%
	9	3.8	42.22%
			100%

图 5-26　隐藏第 8 行

商场客流量成交表			
商场	客流量（千人）	成交人数（千人）	成交率
宜百家装饰城	14	6.3	45.00%
三亭龙玩具城	15	7.5	50.00%
山木购物中心	13	5.2	40.00%
金小鹰国际城	11	4.7	42.73%
北极天购物城	9	3.8	42.22%

图 5-27　Excel 条件格式的数据条可视化显示结果的优化

二、利用 Excel 的 REPT 函数实现数据的可视化

1）打开数据文件“项目星级评估表 .xlsx”工作簿，选择 C3 单元格，在编辑栏输入“=REPT("★"，B3/19)”，如图 5-28 所示。

SUM　=REPT("★",B3/19)

项目星级评估表		
项目	评分（100分为满分）	星级（五星为最高星级）
A2003	70	=REPT("★",B3/19)
A2004	80	
A2005	95	
A2006	30	
A2007	60	

图 5-28　C3 单元格中输入 REPT 函数

这个“★”符号是用输入法打出来的，由于评分为百分制，为了与五星的评定相对应，将 REPT 函数的第二参数都除以 19，以缩小相同的倍数。

如果使用的是 Windows 10 以上的操作系统，可以通过按〈Windows+ 句号〉组合键，来调用系统自带的表情符号，这样可以制作更多的显示效果，如图 5-29 所示。

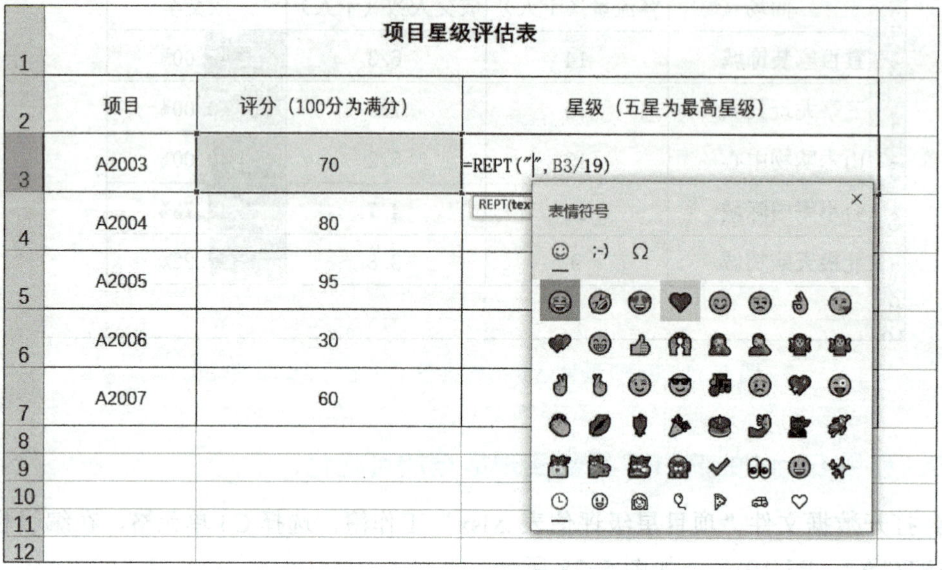

图 5-29　在 Windows 10 系统中调用表情符号

2）按〈Ctrl+Enter〉组合键，可以看到 C3 单元格中显示的可视化效果，如图 5-30 所示。

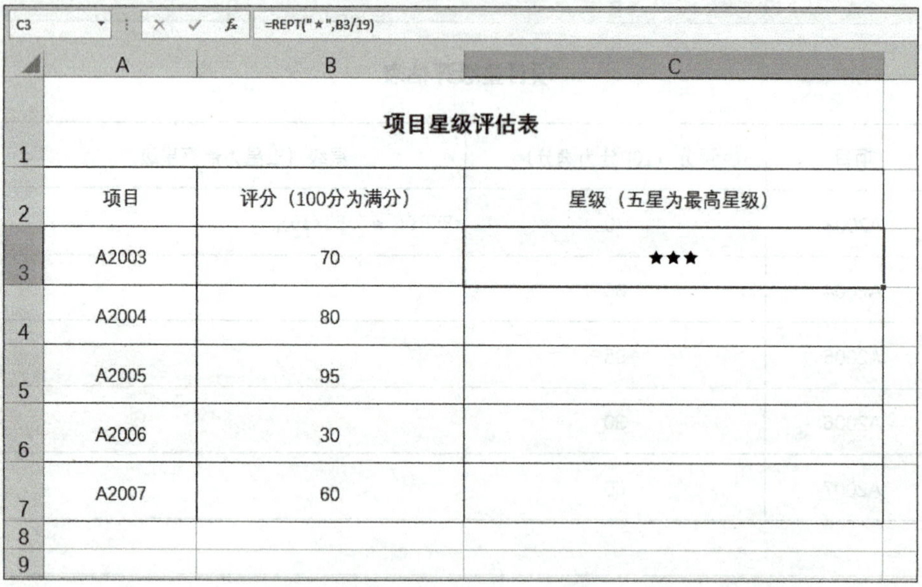

图 5-30　C3 单元格显示的可视化效果

3）拖拽 C3 单元格右下角的填充柄至 C7 单元格，快速填充函数，完成所有项目的星级评估，如图 5-31 所示。

项目 5　数据的可视化

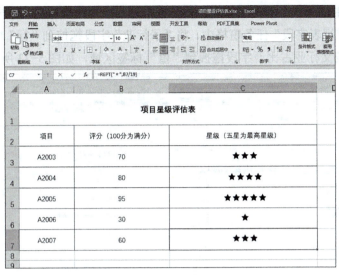

图 5-31　项目星级评估的可视化效果

三、利用 Excel 透视表实现数据的可视化

1）打开数据文件"女装市场容量数据.xlsx"工作簿，对女装市场数据进行可视化设置。

2）单击"插入"中的"数据透视表"，打开"创建数据透视表"对话框，在"表/区域"中输入"女装!$A$2:$D$314"，选中"新工作表"单选按钮，如图 5-32 所示，单击"确定"按钮。

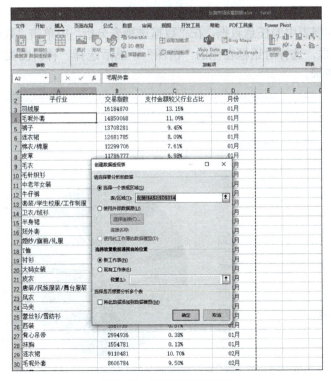

图 5-32　创建数据透视表

3）在 Excel 中创建一个新的工作表，并在表中建立一个待设置的"数据透视表字段"，在显示的"数据透视表字段"任务窗格中，将"子行业"字段拖拽到"行"标签区域，将"求和项：支付金额较父行业占比"字段拖拽到"值"标签区域，如图 5-33 所示。

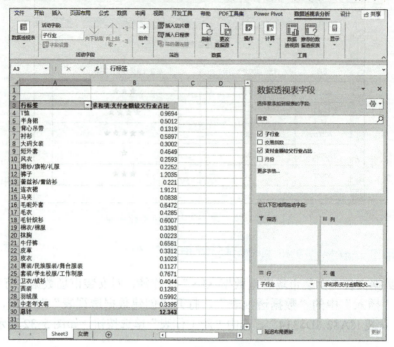

图 5-33　创建数据透视表字段

4）选择数据透视表中的任意数据，在"数据透视表分析"中单击"数据透视图"，打开"插入图表"对话框，选择对话框左侧的"饼图"，然后选择一种饼图类型，单击"确定"按钮，如图 5-34 所示。

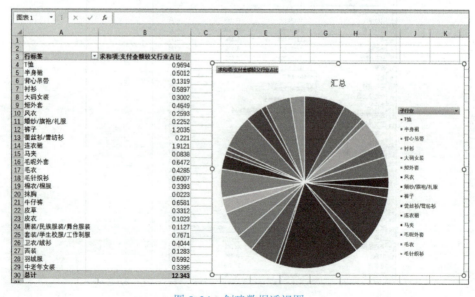

图 5-34　创建数据透视图

5）适当调整饼图大小，并将饼图的图表标题改为"2020女装市场容量"，将右侧的图例删除，并在饼图上添加"类别名称"和"百分比"等数据标签，如图5-35所示。

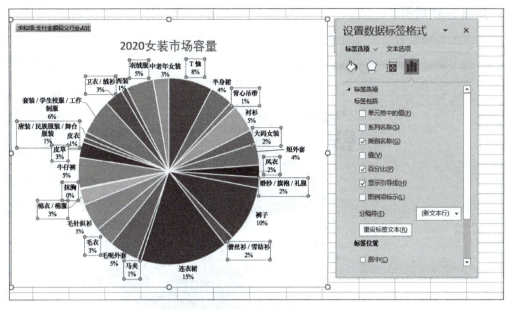

图5-35 在饼图上设置标题和数据标签

6）单击"数据透视图分析"的"插入切片器"，在"插入切片器"对话框中选择"月份"，创建"月份"切片器，如图5-36所示，单击"确定"按钮。

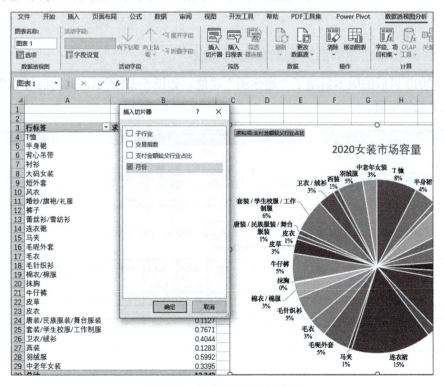

图5-36 创建"月份"切片器

7）使用切片器显示不同月份的市场容量数据，就可以分析不同月份的子行业市场容量情况，如图 5-37 所示。

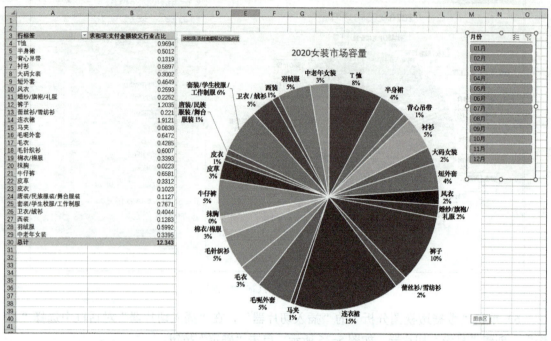

图 5-37　女装市场容量的可视化效果

四、利用 Excel 迷你图实现数据的可视化

Excel 2010 以后的版本新增了"迷你图"功能，如图 5-38 所示，此功能可以将图表直接镶嵌到单元格里面。

项目	1月	2月	3月	4月	5月	6月	7月	8月	9月	10月	11月	12月
张经理	13.20	18.71	19.39	19.10	14.70	6.30	0.77	14.84	9.50	9.42	19.66	4.09
李经理	41.42	23.71	15.27	8.42	32.58	100.24	585.09	58.97	24.98	70.14	37.04	224.92
王经理	120.79	41.32	74.12	71.75	54.81	92.34	56.00	51.26	74.92	81.30	65.96	63.12
周经理	30.00	44.71	40.59	30.59	30.59	44.12	35.88	35.88	30.59	30.59	45.29	56.47

图 5-38　Excel 2010 以后版本新增的"迷你图"功能

1）打开数据文件"公司营销人员销售数据表.xlsx"工作簿，选择 M3 单元格，单击"插入"选项找到"迷你图"，单击其中的"折线"按钮，打开"创建迷你图"对话框，如图 5-39 所示。

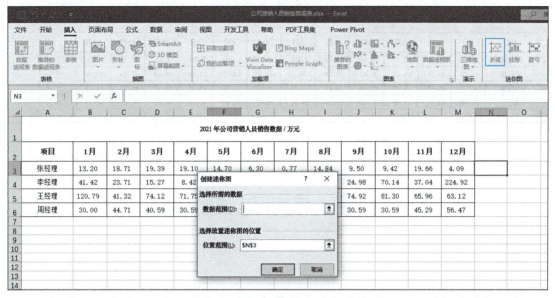

图 5-39 "创建迷你图"对话框

2）在"数据范围"中指定数据区域为当前工作表中的 B3:M3 单元格区域，在"位置范围"中输入"$N$3"，单击"确定"按钮，就会在 N3 单元格中嵌入折线迷你图，如图 5-40 所示。

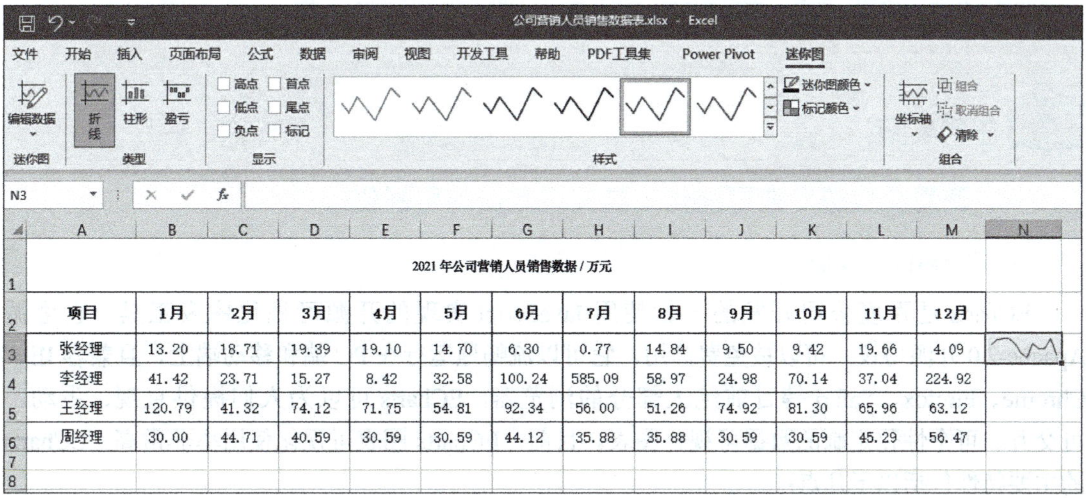

图 5-40 在 N3 单元格中嵌入折线迷你图

3）拖拽 N3 单元格右下角的填充柄至 N6 单元格，快速填充函数，完成所有营销人员的销售额的折线迷你图的嵌入，如图 5-41 所示。

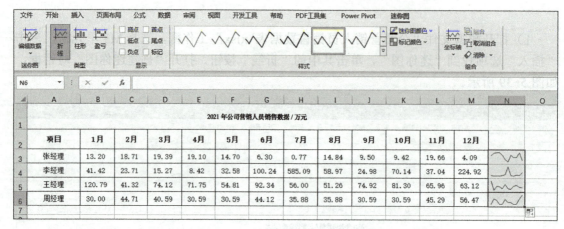

图 5-41　嵌入的折线迷你图可视化比较效果

任务 4　专业可视化工具制作图表

专业可视化工具可以让数据呈现变得既简单又引人注目，使数据的表达更加直观。为了达成这一目的，数据分析师使用了更加专业的可视化工具。比较流行的工具有 ECharts、百度图说、Matplotlib、Pyecharts 等。一般而言，专业可视化工具可分为企业级专业可视化工具、轻量级在线可视化工具、编程式图表工具等三大类。本任务将由小艾带领大家了解这三类专业可视化工具。

一、使用企业级专业可视化工具实现数据的可视化

1. ECharts 的介绍

ECharts 是百度公司开发的一款使用 JavaScript 实现的开源可视化图表工具。它遵循 Apache-2.0 开源协议，可以被免费商用。它可以流畅地运行在 PC 端和移动端上，且兼容 IE、Chrome、Firefox、Safari 等目前绝大部分的浏览器。ECharts 可以为人们提供直观、生动、可交互、可个性化定制的数据可视化图表。目前，ECharts 图表可视化使用率非常高。ECharts 的主要特性包括以下几点：

（1）支持专业级可视化类型　ECharts 提供了折线图、柱状图、散点图、饼图、K 线图、盒形图、地图、热力图、线图、关系图、树图、旭日图、漏斗图等，还支持多维数据的可视化。

（2）多种数据格式可以直接使用　ECharts 内置了 Dataset 属性可以直接使用二维表、键值数据库等多种格式的数据源。

（3）针对交互进行了优化　ECharts 图表在 PC 端和移动端的屏幕上都能进行缩放、平移、展示细节等交互操作。

（4）支持企业级大数据模式　ECharts 在拥有众多交互特性下可以做到直角系图表 20 万数据秒级出图。

（5）支持三维数据可视化　ECharts 可以在 VR、大屏幕场景下实现三维数据的可视化。

（6）实现了无障碍访问　ECharts 支持根据图表配置自动生成描述，让盲人可以通过朗读设备听到图表内容。

2. ECharts 制作南丁格尔玫瑰图

1）用"记事本"新建一个"html"文件，搭建网页框架，如图 5-42 所示。

2）在"head"标签里添加代码，像 JavaScript 库一样用 Script 标签引入 CDN 资源库的 ECharts，如图 5-43 所示。

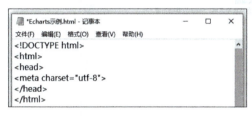

图 5-42　新建"html"文件

图 5-43　用 Script 标签引入 CDN 资源库的 ECharts

除了用上面的 Staticfile 资源库引入 ECharts 之外，还可以引入其他资源库的 ECharts。如果网络使用受限，也可以将"echarts.min.js"文件从 CDN 资源库下载到计算机上，然后直接本地引用。

3）为 ECharts 准备一个宽 600 像素、高 500 像素的可视区。新建"body"标签并添加"div"标签代码，如图 5-44 所示。

图 5-44　新建"body"标签

4）在"Script"标签中添加 ECharts 实例代码来创建图表，如图 5-45 所示。

```
<!DOCTYPE html>
<html>
<head>
    <meta charset="utf-8">
    <title>第一个 ECharts 实例</title>

    <script src="https://cdn.staticfile.org/echarts/4.3.0/echarts.min.js"></script>
</head>
<body>

    <div id="main" style="width: 600px;height:500px;"></div>
    <script type="text/javascript">

      var myChart = echarts.init(document.getElementById('main'));

      myChart.setOption({
        series : [
          {
            name: '渠道资金',
            type: 'pie',                        // 设置图表类型为饼图
            radius: '55%',                      // 图半径，外半径为可视区尺寸的 55%
            roseType: 'area',                   //设置为南丁格尔玫瑰图
            data:[                              // 数据数组，name 为数据项名称，value 为数据项值
              {value:235, name:'视频广告'},
              {value:274, name:'联盟广告'},
              {value:310, name:'邮件营销'},
              {value:335, name:'直接访问'},
              {value:400, name:'搜索引擎'}
            ]
          }
        ]
      })
    </script>
</body>
</html>
```

图 5-45　添加 ECharts 实例代码

5）双击“ECharts 示例 .html”文件，在打开的浏览器上就可以看到南丁格尔玫瑰图的运行效果，如图 5-46 所示。

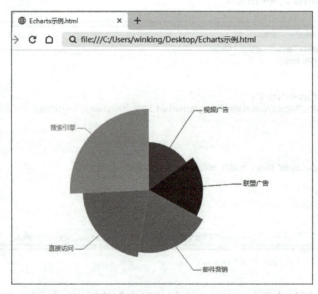

图 5-46　ECharts 制作的南丁格尔玫瑰图运行效果

项目 5　数据的可视化

6）图表还需要加上标题和提示说明，在代码中插入"title"组件和"tooltip"组件代码，如图 5-47 所示。

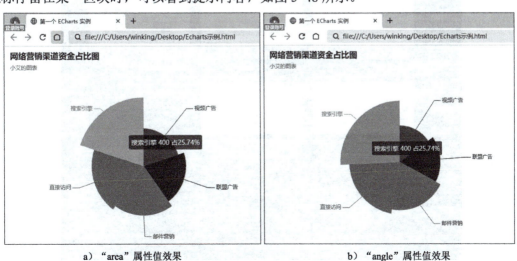

图 5-47　插入"title"组件和"tooltip"组件代码

7）再次双击"ECharts 示例 .html"文件，在打开的浏览器上查看最终可视化效果。当光标停留在某一区块时，可以看到提示内容，如图 5-48 所示。

a)"area"属性值效果　　　　　　b)"angle"属性值效果

图 5-48　最终可视化效果

在 ECharts 中，南丁格尔玫瑰图其实是饼图的一种特例。饼图是通过扇形的弧度表现不同类目的数据在总和中的占比，由于饼图不需要坐标系，当在"series"中的"rostType"属性值设置为"area"时，就可以获得一个所有扇区圆心角相同，仅通过半径展现数据大小的南丁格尔玫瑰图。如果"rostType"属性值设置为"angle"时，就可以得到一个扇区圆心角展现数据百分比、半径展现数据大小的南丁格尔玫瑰图。

二、使用轻量级在线可视化工具实现数据的可视化

1. 百度图说的介绍

百度图说是一个基于 ECharts 的在线图表制作工具，如图 5-49 所示。它采用类似 Excel 的操作方式制作图表，图表自定义的选项比较丰富，数据呈现的方式比较美观，易于分享传播。

图 5-49　百度图说

2. 使用百度图说制作漏斗图

1）打开百度图说官网，单击界面上的"开始制作图表"，使用百度账号登录后，单击"创建图表"，进入图表选择界面，如图 5-50 所示。

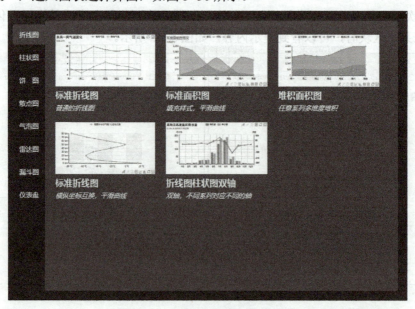

图 5-50　百度图说的图表选择界面

2）选择"漏斗图"菜单里的"标准漏斗图",进入漏斗图设计界面,如图 5-51 所示。

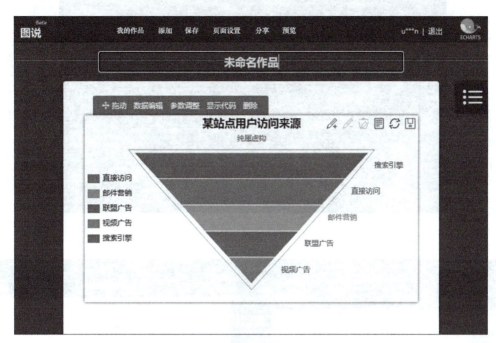

图 5-51　百度图说的漏斗图设计界面

3）单击"未命名作品"文本框,内容修改为"站点用户流量访问",如图 5-52 所示。

图 5-52　修改文本框内容

4）光标滑过漏斗图,即弹出一个菜单,在菜单上单击"参数调整",可调整图表标题、图例、提示等内容,如图 5-53 所示,调整完成后单击"关闭"按钮。

5）光标滑过漏斗图,在弹出的菜单上单击"数据编辑",进入数据编辑界面,如图 5-54 所示。可以在数据编辑表中手动输入或修改数据,也可以用 Excel 表格导入数据,右侧的漏斗图随数据的变化而实时变化。

6）单击漏斗图右上角的"保存"图标,如图 5-55 所示,图表就以 PNG 格式保存在本地计算机,从而可被应用于分析报告中。

图 5-53　调整标题、图例等参数

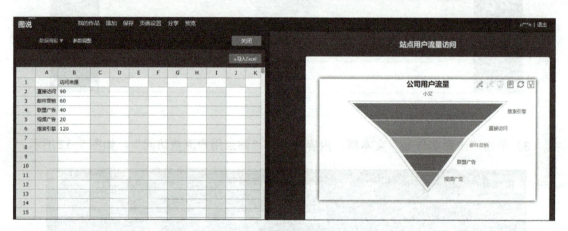

图 5-54　百度图说的数据编辑界面

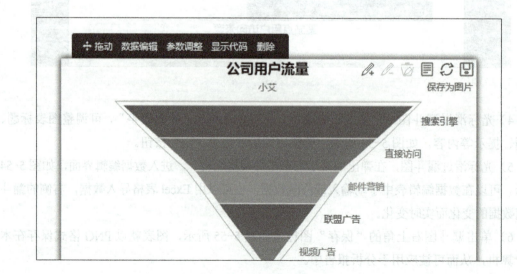

图 5-55　保存图表

项目 5 数据的可视化

三、使用编程式图表工具实现数据的可视化

1. Python 的可视化工具介绍

Python 有很多可实现可视化功能的工具包，如 Matplotlib、Seaborn、Holoviews 等，这些可视化库都可以绘制出高质量的折线图、散点图、柱状图、条形图等。

Matplotlib 是 Python 的一个二维绘图设计工具库，它是很多可视化库的基础。Seaborn 是基于 Matplotlib 的 Python 数据可视化库，专门用于绘制统计图形，如热图、小提琴图、带误差线的折线图等。Holoviews 是一个 Python 可视化库，可以创建交互式的数据可视化，支持多种类型的可视化图形，如折线图、散点图、柱状图、热力图等。

2. Matplotlib 绘制基础图表

Matplotlib 一般需要用"pip install"命令来单独安装。不过，如果计算机中已经安装了 Anaconda，那么，就不需要再安装 Matplotlib，因为 Anaconda 本身包含了 Matplotlib 安装包。

（1）制作折线图　折线图适合于显示在 x 轴自变量步长相等情况下的 y 轴上连续数据的变化趋势。在 Matplotlib 中绘制折线图一般使用"plot( )"函数。"plot( )"函数作为展示变量变化趋势的函数，可以通过参数的调整，完成线条的绘制。

对公司抖店销售额的年度数据进行可视化处理，数据见表 5-6。

表 5-6　抖店销售额数据表

年份	2015	2017	2019	2021
销售额/万元	11000	14000	16000	19000

使用 Matplotlib 进行编码，代码如图 5-56 所示，"#"号后面的文字为代码注释。制作折线图效果如图 5-57 所示。

```
1   #导入matplotlib的折线绘画模块pyplot
2   import matplotlib.pyplot as plt
3
4   #x为横坐标数值，y为纵坐标数值
5   x=[2015, 2017, 2019, 2021]
6   y=[11, 14, 16, 19]
7
8   #绘制折线 其中 'bo-' 表示蓝色、有圆圈标记、实线。('bo--'则表示蓝色、有圆圈标记、虚线)
9   #linewidth=1表示线宽为1  markersize=5表示圆圈标记的尺寸大小为5   label='销售额'表示图例内容。
10  plt.plot(x, y, 'bo-', linewidth=1, markersize=5, label='销售额')
11
12  #美化图表
13  plt.rcParams['font.family'] = 'Microsoft YaHei'  # 设置中文字体
14  plt.title('抖店销售图', fontsize=15)       #设置图表标题内容和字体大小
15  plt.xlabel('时间', fontsize=10)            #设置横坐标的标识和字体大小
16  plt.ylabel('销售额/千万元', fontsize=10)  #设置纵坐标的标识和字体大小
17  plt.tick_params(axis='both', labelsize=10)  #设置坐标刻度样式
18  plt.grid(linestyle=":", color="g")  #设置网络线，linestyle=":"表示点状网络（ls="—"则虚线网络）
19                                       #设置网络线，color="g"表示网络为绿色（green的首字母）
20  plt.legend(loc="right")              #设置图例显示位置
21  plt.savefig('抖店销售折线图.png', dpi=200)  #保存图表为文件名为"抖店销售折线图"的图片
22  plt.show()   #显示图
23
```

图 5-56　Matplotlib 制作折线图代码

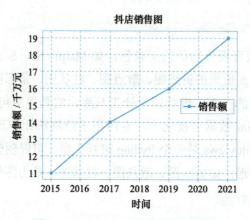

图 5-57 Matplotlib 制作折线图效果

（2）制作柱状图 柱状图适合显示不同类别数据之间的差异，一个矩形条表示一个类别，它的长度表示类别的大小。Matplotlib 中绘制柱状图一般使用"bar（）"函数。数据内容在"房产数据信息.xlsx"中，是一个不同房型的房屋数构成的数据表。Matplotlib 代码如图 5-58 所示，"#"号后面的文字为代码注释。制作柱状图效果如图 5-59 所示。

```
1   #导入matplotlib绘画模块pyplot
2   import matplotlib.pyplot as plt
3   #导入panda模块，为了下面读取结构化数据Excel
4   import pandas as pd
5
6
7   # 设置中文字体
8   plt.rcParams['font.family'] = 'Microsoft YaHei'
9
10
11  # 读取房产数据信息.xlsx里面的数据
12  input_file_path='房产数据信息.xlsx'
13  data=pd.read_excel(input_file_path)
14
15  #x为横坐标上的房屋类型，y为纵坐标上的每个类型房屋的总数，这是汇总类型房屋的求和值
16  x=['毛坯','简装','精装','小高层']
17  y=data[['毛坯','简装','精装','小高层']].sum()
18
19  #设置横纵坐标的标识、绿色的网络点状线
20  plt.xlabel('房屋类型')
21  plt.ylabel('数量')
22  plt.grid(linestyle=":",color="g")
23
24  #绘制柱状图
25  plt.bar(x, y)
26
27  #保存为图片
28  plt.savefig('房屋数量统计柱状图.png',dpi=200)
29
30  #显示图表
31  plt.show()
32
33
```

图 5-58 Matplotlib 制作柱状图代码

项目 5　数据的可视化

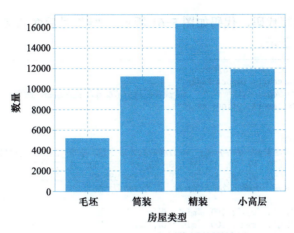

图 5-59　用 Matplotlib 制作柱状图效果

3. 使用 Pyecharts 绘制图表

Pyecharts 是一个用于生成 ECharts 图表的类库，它是一款将 Python 与 ECharts 相结合的应用级数据可视化工具，Pyecharts 可以实现大数据的可视化。

（1）Pyecharts 的安装　在 Windows 命令行中使用 "pip install pyecharts" 命令来安装，可以通过 "pip list" 来检查是否安装成功。在 Pyecharts 安装完成后，将在 Anaconda 的 Jupyter Notebook 中进行编码。

（2）Pyecharts 绘制仪表盘图　Pyecharts 的仪表盘图是一种基本图表，它可以用于展示数据的实时变化情况。仪表盘图通常包括一个圆形的表盘、指针和刻度线，用于显示单维数据的定性分析。从仪表盘图开始，假设公司商品入库的完成率为 86.2%，在 Anaconda 的 Jupyter Notebook 中编写代码，代码和运行效果如图 5-60 所示，代码页中 "#" 号后面的文字为代码注释。

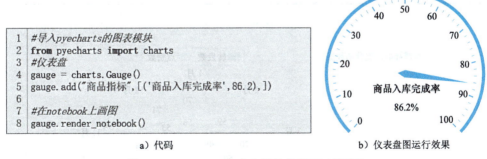

a）代码　　　　　　　　　　　　　　b）仪表盘图运行效果

图 5-60　Pyecharts 仪表盘图的代码和运行效果

（3）Pyecharts 绘制雷达图　雷达图（Radar Chart）又称蜘蛛网图。雷达图以一点为中心，每一个变量维度为一个极坐标轴，n 个维度即形成 n 轴的由内向外放射状图形，类似蜘蛛网。

对公司微博营销月度数据进行可视化处理，公司微博营销的数据见表 5-7。

表 5-7　微博社群月度营销数据表

月份	1月	2月	3月	4月	5月	6月	7月	8月	9月	10月	11月	12月
转发量	70	49	70	43	56	76	75	62	52	60	94	71
点赞量	56	59	50	56	28	70	55	82	58	88	60	53

使用Pyecharts编写代码，代码如图5-61所示，"#"号后面的文字为代码注释。制作雷达图效果如图5-62所示。

```
1   #导入pyecharts的Radar雷达图模块
2   from pyecharts.charts import Radar
3   #导入pyecharts的options选项模块，这个模块可以用来配置图表的标题、图例、数据标签等
4   from pyecharts import options as opts
5
6   #定义雷达图
7   radar = Radar()
8   #向雷达图传入多维数据，其中radar_data1的数据为转发数，radar_data2为点赞数
9   radar_data1 = [[70, 49, 70, 43, 56, 76, 75, 62, 52, 60, 94, 71]]
10  radar_data2 = [[56, 59, 50, 56, 28, 70, 55, 82, 58, 88, 60, 53]]
11  #schema设置雷达每一个维度的指示器名称、最大值和最小值
12  schema = [
13      {"name": '1月', "max": 100, "min": 0},
14      {"name": '2月', "max": 100, "min": 0},
15      {"name": '3月', "max": 100, "min": 0},
16      {"name": '4月', "max": 100, "min": 0},
17      {"name": '5月', "max": 100, "min": 0},
18      {"name": '6月', "max": 100, "min": 0},
19      {"name": '7月', "max": 100, "min": 0},
20      {"name": '8月', "max": 100, "min": 0},
21      {"name": '9月', "max": 100, "min": 0},
22      {"name": '10月', "max":100, "min": 0},
23      {"name": '11月', "max":100, "min": 0},
24      {"name": '12月', "max":100, "min": 0},
25  ]
26  #设置坐标
27  radar.add_schema(schema)
28  #设置转发数的雷达线
29  radar.add("转发数",radar_data1)
30  #默认两个条线为同一种颜色，为了区分两条线，设置第二条雷达线的颜色为绿色
31  radar.add("点赞数",radar_data2,color="green")
32  #设置标题
33  radar.set_global_opts(title_opts=opts.TitleOpts(title="微博社群营销月度数据量"),)
34  #在notebook上画图
35  radar.render_notebook()
36
```

图5-61　基于Pyecharts制作的雷达图代码

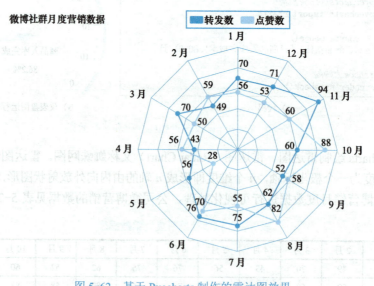

图5-62　基于Pyecharts制作的雷达图效果

项目小结

通过本项目的学习，了解到视觉编码和视觉通道，初步掌握了数据可视化的分析步骤。结合案例，学习了各式各样的图表。可以操作 Excel 条件格式、REPT 函数、透视表、图表、迷你图等可视化工具完成数据的可视化。数据可视化是现代公司建立影响力的关键要素，所以本项目进一步介绍了企业级可视化工具 ECharts、在线可视化工具百度图说和 Python 可视化工具，能够使用 Matplotlib 和 Pyecharts 绘制折线图、柱状图、雷达图、玫瑰图等可视化图表，可以将大数据的分析结果以图形化方式展现，从而更加直观、清晰、高效地将信息传达给数据使用者。

实战强化

打开国家数据网站，找到各地区商品房销售面积增长情况表，见表 5-8。用 Excel 制作一种图表，对东部、中部、西部三个地区的商品房销售面积增长情况进行对比分析。

表 5-8 各地区商品房销售面积增长情况表

地区	省、自治区、直辖市	商品房销售面积/万平方米	现房/万平方米	期房/万平方米
东部地区	北京市	693.49	261.90	431.59
	天津市	789.14	334.89	454.25
	河北省	2688.30	306.73	2381.57
	辽宁省	1406.82	419.82	987.00
	上海市	1083.71	319.57	764.15
	江苏省	6520.04	1610.99	4909.05
	浙江省	4283.33	705.21	3578.12
	福建省	2878.08	591.33	2286.75
	山东省	7498.42	1430.95	6067.47
	广东省	6464.54	1819.35	4645.19
	海南省	570.44	234.49	335.95
中部地区	山西省	1505.98	156.32	1349.66
	吉林省	650.28	202.87	447.42
	黑龙江省	529.35	232.54	296.81
	安徽省	3421.68	584.31	2837.37
	江西省	2491.32	391.25	2100.07
	河南省	4923.65	684.04	4239.61
	湖北省	3241.61	817.64	2423.97
	湖南省	3678.96	547.94	3131.02

（续）

地区	省、自治区、直辖市	商品房销售面积/万平方米	现房/万平方米	期房/万平方米
西部地区	内蒙古自治区	1040.78	242.28	798.49
	广西壮族自治区	2011.23	501.66	1509.57
	重庆市	2445.72	831.11	1614.61
	四川省	5253.05	724.23	4528.83
	贵州省	1544.63	259.53	1285.09
	云南省	1679.73	497.54	1182.19
	西藏自治区	50.75	18.67	32.08
	陕西省	1682.54	207.07	1475.47
	甘肃省	1024.68	210.41	814.27
	青海省	155.43	17.41	138.02
	宁夏回族自治区	473.58	72.39	401.19
	新疆维吾尔自治区	1267.36	210.19	1057.18

资料来源：国家统计局，时间：2023年8月数据。

思考与练习

一、单选题

1. 可用于多项指标的全面分析，指出指标变动趋向的图表是（   ）。
   A. 饼状图　　　　　B. 柱状图　　　　　C. 雷达图　　　　　D. 玫瑰图
2. 下面不能用于分析数据分布情况的图表是（   ）。
   A. 散点图　　　　　B. 饼状图　　　　　C. 箱线图　　　　　D. 热力图
3. 下面不能用于分析周期性的图表是（   ）。
   A. 柱状图　　　　　B. 饼状图　　　　　C. 折线图　　　　　D. 箱线图
4. 百度图说是一个基于（   ）技术的在线图表制作工具，采用类似Excel的操作方式制作图表，图表自定义的选项比较丰富，数据呈现的方式比较美观，易于分享传播。
   A. ECharts　　　　B. Excel　　　　　C. Python　　　　　D. Office

二、多选题

1. Excel可视化图表包括（   ）。
   A. 饼状图　　　　　B. 柱状图　　　　　C. 直方图　　　　　D. 雷达图
2. 数据透视表主要用途有（   ）。
   A. 数据汇总　　　　B. 数据分析　　　　C. 数据筛选　　　　D. 数据可视化
3. 可视化颜色的设计原则有（   ）。
   A. 精确原则　　　　B. 清晰原则　　　　C. 舒适原则　　　　D. 兼容原则
4. 数据分析师使用的一些专业可视化工具，它们是（   ）。
   A. Charts　　　　　B. 百度图说　　　　C. Tableau　　　　　D. 画图软件

三、简答题

简述商务数据可视化设计的步骤。

项目 6

用户画像分析

项目描述

用户画像的本质是消费者特征的"可视化"。通过收集与分析用户的基本属性、购买特征、行为特征等一系列信息，将多个维度用户标签综合起来，即勾勒出用户的整体特征与轮廓。在商业领域，用户画像所能实现的精准营销、拓展市场等功能是企业开展用户画像的主要驱动力，用户价值分析可以深度分析用户需求，是应对用户需求变化的重要手段。

学习目标

知识目标
- 理解用户画像的概念与分类。
- 了解用户画像的作用与方法。
- 理解用户价值。

能力目标
- 熟悉用户画像的流程。
- 能够依据 RFM 模型分析用户价值。

素质目标
- 锻炼数据收集与分析的能力。
- 养成不断钻研的习惯。
- 培养互联网思维。

任务1 构建用户画像

任务分析

构建用户画像是指用户信息标签化的过程，通过收集用户多维度的信息数据，如人口统计属性、社会属性、行为偏好、消费习惯等，并对这些信息进行统计、分析，从而抽象得出用户信息全貌。用户画像最初在电商领域中得到应用。认识用户画像，首先要熟悉一般意义上用户画像的概念、分类、作用等基本知识，在此基础上，才能更有序、精准地开展后续工作。

任务实施

一、用户画像信息收集

在实际操作的过程中往往会以最为浅显和贴近生活的话语将用户的属性、行为与期待的数据转化联结起来，从而为用户画像的构建做好准备工作。打开素材文件"用户信息收集表.xlsx"，查看汇总后的表格信息，如图6-1所示。

姓名	性别	年龄	身高	学历	婚姻状况	月收入	上月零食	品类偏	消费频	消费时	消费平	爱好
郑瑞明	男	70	170	小学	已婚	2500	491	麦片	中	早	拼多多	钓鱼
李茹	女	45	155	大专	已婚	3000	920	坚果	高	晚	抖音	阅读
乔锐志	男	68	175	小学	已婚	3000	1036	牛奶	高	早	拼多多	徒步
朱俊	男	63	177	初中	已婚	3500	1018	糕点	低	晚	拼多多	钓鱼
周雨	女	53	168	高中	已婚	3500	1076	麦片	中	晚	抖音	烹饪
陈康	男	53	169	高中	已婚	4000	94	糖果	高	晚	拼多多	钓鱼
钱伟健	男	63	178	初中	已婚	4500	1359	面包	低	中	拼多多	下棋
陆培	女	55	171	高中	已婚	5000	324	饼干	高	晚	拼多多	钓鱼
刘莎	女	23	162	大学	未婚	5500	429	肉干	高	晚	京东	插花
王柳	女	45	157	大专	已婚	5500	469	奶粉	中	中	拼多多	园艺
陈海	男	44	168	大学	已婚	6000	1481	糕点	高	晚	拼多多	跑步
孙莎莎	女	43	155	大专	已婚	6500	1019	果干	低	晚	淘宝	绘画
沈青	女	26	158	大学	未婚	7000	1353	牛肉干	高	晚	京东	跑步
周慧	女	42	163	大学	已婚	7500	265	炒货	高	晚	拼多多	羽毛球
周海清	女	28	167	大学	未婚	8000	1095	咖啡	高	晚	拼多多	烘焙
王明明	男	42	166	大学	已婚	8500	840	牛奶	高	晚	拼多多	面点
秦图	男	43	173	大学	已婚	9000	1005	果干	低	中	淘宝	排球
陈文	男	45	171	大学	已婚	9500	1210	肉干	高	晚	拼多多	摄影
张亚	男	42	172	大学	已婚	10000	1017	饮料	高	晚	拼多多	下棋
武青青	女	44	155	大专	已婚	10000	1102	面包	低	晚	拼多多	攀登
王顺云	男	47	166	大专	已婚	10000	285	炒货	高	晚	拼多多	乒乓球
苏凯	男	28	176	大专	未婚	12000	959	咖啡	中	晚	天猫	健身
韩伦亚	男	45	179	大学	已婚	13500	663	奶粉	高	晚	拼多多	健身
乔俊杰	男	44	165	大专	已婚	14000	1079	果干	高	晚	拼多多	徒步
赵平	男	56	163	大专	已婚	15000	1468	八宝粥	高	早	抖音	旅游
柯俊	男	46	182	大学	已婚	16000	589	麦片	中	中	淘宝	阅读

图6-1 打开"用户信息收集表"

二、用户画像信息整理

第一步，选定表格中的第一行数据，选择"数据"选项卡，单击"筛选"按钮，单击"性别"单元格的下三角按钮，选择"升序"，如图6-2所示。

第二步，单击"年龄"单元格的下三角按钮，选择"升序"，如图6-3所示，可以看到用户年龄已按照从低到高排序。

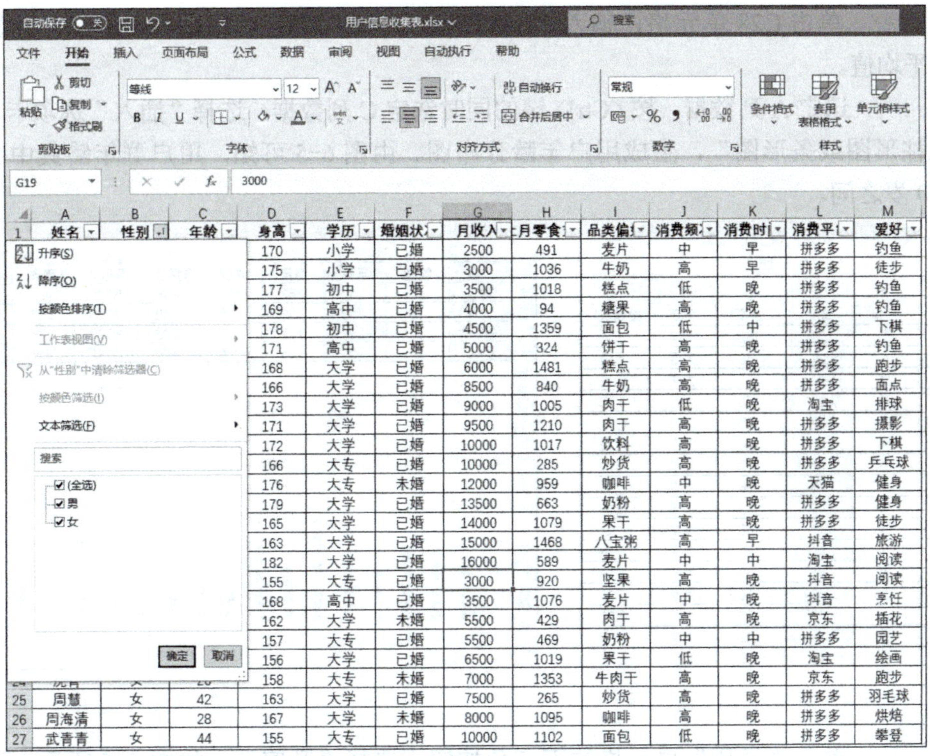

图 6-2　进行性别排序

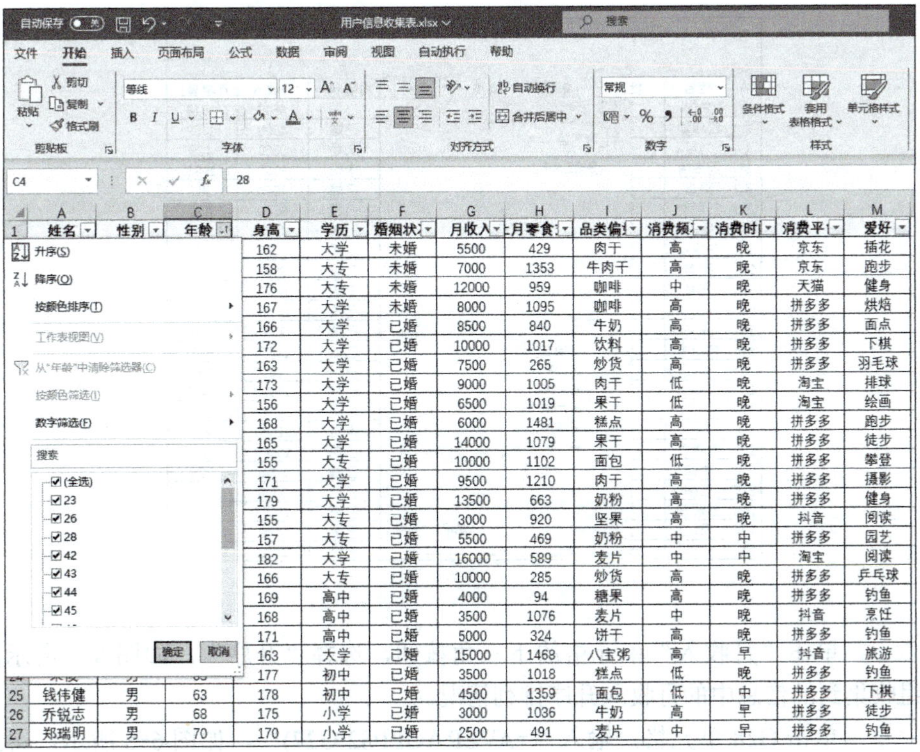

图 6-3　进行年龄排序

第三步，单击C28单元格，输入"=AVERAGE(C2:C27)"，如图6-4所示，计算该列的年龄平均值。

第四步，选定A列数据，按<Ctrl>键的同时选定C列数据，选择"插入"选项卡，单击"插入柱形图或条形图"，生成用户年龄分布图。由图6-5可知，用户群年龄集中分布在20～60岁之间。

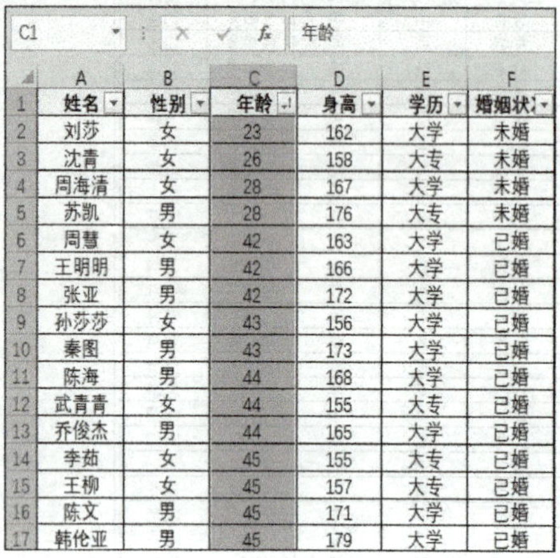

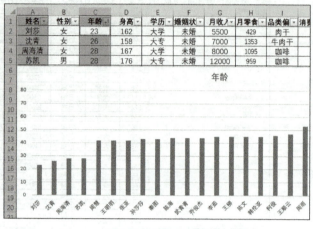

图6-4 求年龄平均值　　　　　　　图6-5 生成用户年龄分布图（部分）

第五步，单击"学历"单元格的下三角按钮，选择"升序"，如图6-6所示，可以看到该组的学历排列情况。

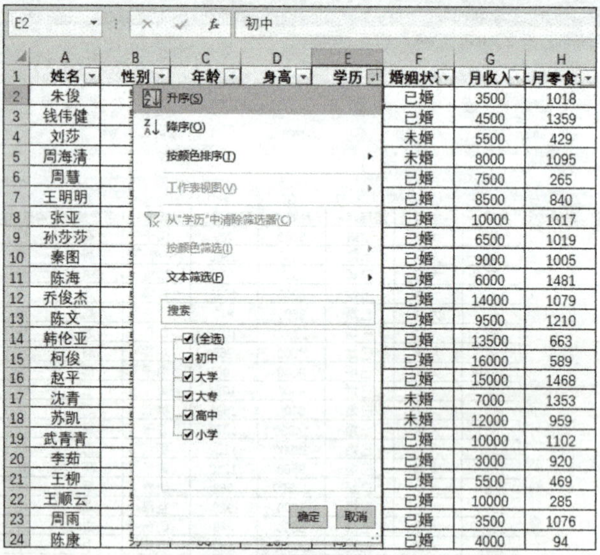

图6-6 进行学历排序

第六步，单击"月收入"单元格的下三角按钮，选择"升序"，如图6-7所示，可以看到该组收集到的信息中的月收入升序排列情况。

第七步，单击G28单元格，输入"=AVERAGE(G2:G27)"，如图6-8所示，得到该组人员月收入的平均值。

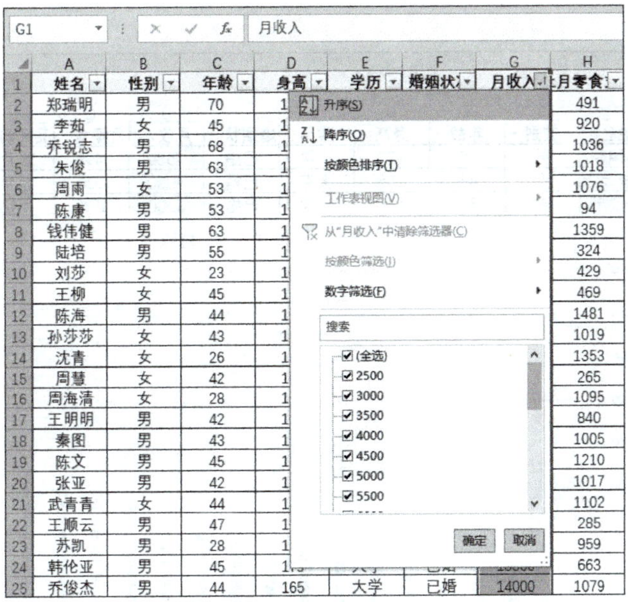

图 6-7　月收入排序

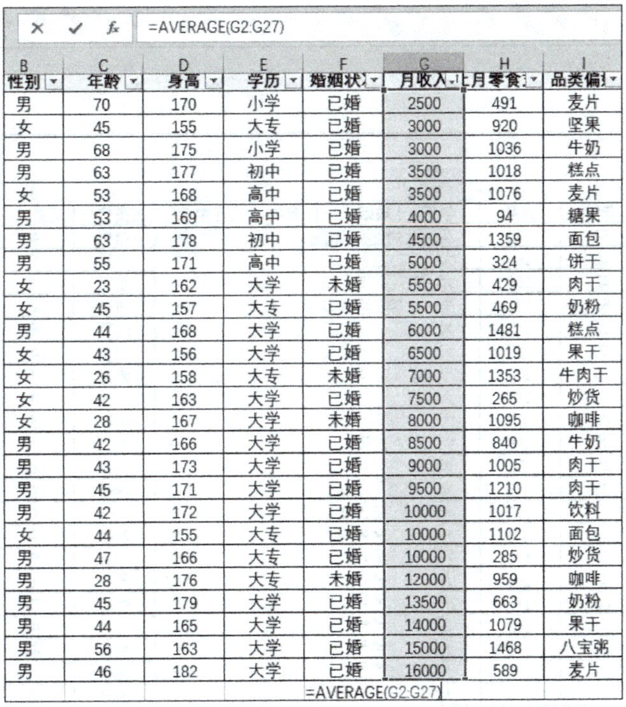

图 6-8　求月收入平均值

第八步，选定 A 列数据，按〈Ctrl〉键的同时选定 G 列数据，选择"插入"选项卡，单击"插入柱形图或条形图"，生成用户月收入分布图，如图 6-9 所示。

第九步，单击"上月零食支出"单元格的下三角按钮，选择"升序"，如图 6-10 所示，可以看到用户上月零食支出升序排列情况。

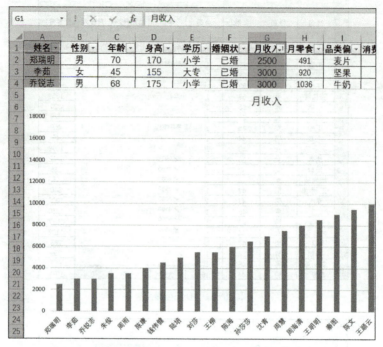

图6-9 用户月收入分布图

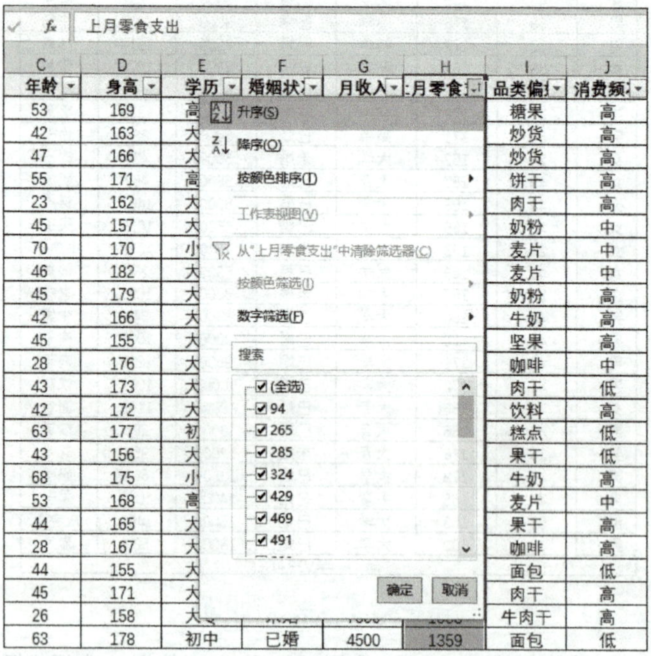

图6-10 上月零食支出升序排序

第十步，单击 H28 单元格，输入"=AVERAGE(H2:H27)"，如图 6-11 所示，得到用户上月零食支出的平均值为 871 元。

项目6　用户画像分析

图6-11　求上月零食支出平均值

知识链接

1．用户画像的概念

用户画像可以简单理解成是海量数据的标签，根据用户的目标、行为和观点的差异，将他们区分为不同的类型，然后每种类型中抽取出典型特征，赋予名字、照片、一些人口统计学要素、场景等描述，形成了一个人物原型。用户画像就是与该用户相关联的数据可视化展现，用一句话总结就是"用户信息标签化"。

2．用户画像的构成要素

一般需要具备3个方面的要素才能成功构建用户画像。

（1）用户属性　用户属性包括年龄、性别、学历、收入水平、消费水平、所属行业等用户数据。这些数据被作为样本，把用户的行为数据作为特征训练模型，来构建完整的用户画像。

（2）用户偏好　用户偏好数据是互联网领域中使用最广泛的信息，包括了用户的社交习惯、消费习惯、特殊爱好等，能够帮助数据分析师对用户属性进行精准分析。在构建过程中主要是从用户海量的行为数据中进行核心信息抽取、标签化和统计。

（3）消费场景　消费场景是对消费者购买或发生消费行为时的特征进行具象化得出的信息要素，包括用户消费的经济价值（消费金额、消费频次）和用户购买行为（品类偏好、时间偏好、使用偏好）等。了解用户的消费习惯和消费场景，才能为后面的产品推广做好准备。消费场景也是构建用户画像非常重要的一环。

 **任务拓展**

打开"用户信息收集表.xlsx"素材文件,对其他参数进行分析。

任务2 用户画像分析

 **任务分析**

在构建用户画像时,需清楚认识到构建用户画像并不意味着简单草率地收集信息,而是要以用户需求为起点,基于已有数据、借助数据分析工具,对用户行为进行分析和洞察,让运营、营销人员深入地了解用户,进而更加精准地运营市场和策划活动。那么,对市场运营人员来说,如何对消费者行为进行收集、分析,帮助深入理解和洞察用户,进一步挖掘、释放客户数据中潜藏的价值呢?

 任务实施

一、用户画像可视化分析

第一步,打开素材文件"用户信息收集表.xlsx",对照 G 列"月收入",绘制饼图。由图 6-12 可知,约七成的历史用户是月收入高于 5000 元的收入人群。

第二步,打开素材文件"用户信息收集表.xlsx",对照 K 列"消费时间段",绘制饼图。由图 6-13 可知,近八成用户习惯于在晚间进行网上购物。

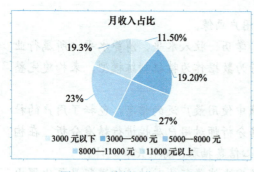

图 6-12 绘制月收入对比图

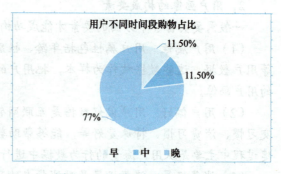

图 6-13 绘制用户购物时间对比图

第三步,打开素材文件"用户信息收集表.xlsx",对照 L 列"消费平台",绘制饼图。由图 6-14 可知,超六成的历史用户选择通过拼多多平台在线购物。

项目 6　用户画像分析

图 6-14　绘制用户购物平台对比图

二、用户画像的作用分析

1. 精准商品营销

精准营销是用户画像或者标签最直接最有价值的应用，这也是企业广告部门最注重的工作内容之一。目前市场上同一种产品有几十上百个品牌，这种情况下企业必须从消费者出发，对不同类型消费者有针对性地提供个性化服务，实行精细化运营。每当"双 11""618"等电商平台节日时，电商平台都会大批量放出优惠券，不同消费者获得的优惠券类型和金额有可能是不同的，这些不同就是企业根据用户画像将不同消费者分成了不同类型，有针对性地提供服务，提高拉新、留存、转化等运营效率。

2. 助力产品销售

一个产品想要得到广泛的应用，受众分析必不可少。产品经理需要懂用户，除了需要知道用户的点击率、跳失率、停留时长外，还需要透过用户行为看到用户深层的动机与心理，利用用户画像可以帮助产品经理顺利完成工作。

3. 提高用户洞察

用户画像还是企业进行数据分析的关键要素，企业在进行研发或者活动策划时，通常都会借助用户画像来分析出用户的核心需求，以这些需求为基础，生产出符合用户预期的产品，组织用户需要的活动。在实际业务中，企业不可能做到对每个用户进行调研，这时候日常积累完成的用户画像就是用户的最佳代表。

4. 优化产品设计

产品必须满足用户的需求，企业才能将产品卖给有需求的人。用户画像就是探究用户需求的最好方式，越来越多的企业将用户需求放在核心位置，企业需要对获取的各种用户数据进行分析，做出预判。初步搭建用户画像，做出用户喜好、功能需求统计，从而设计制造更加符合核心需求的新产品，为用户提供更加良好的体验和服务。

5. 数据应用

用户画像是很多数据产品的基础，比如大数据推荐系统，丰富的内容基于一系列人口统计相关的标签，如性别、年龄、学历、兴趣偏好等来帮助企业进行推广投放。

知识链接

1. 用户画像的数据

数据是构建用户画像的核心，也是建立客观、有说服力的画像的重要依据，一般包含宏观和微观两个层面。首先是宏观维度，数据来自于行业数据、用户总体数据、总体浏览数据、总体内容数据等。其次是微观维度，数据包括用户属性数据、用户行为数据、用户成长数据、访问深度数据、模块化数据、用户参与度数据和用户点击数据等。

除此之外，品牌也可以根据自身的实际运营状况进行调整，添加或删减收集数据的维度，从而构建与自身匹配度较高的品牌数据资产。

2. 数据分析及用户细分

在完成用户画像的基础数据采集工作后，需要对其进一步分析梳理，提炼出有效数据并构建有效模型。即根据相应的标准对不同维度的用户数据进行精细化处理，拆分成不同的用户群组和用户标签，对用户进行细分。依据用户属性、用户偏好、消费场景等要素将数据进行处理和区分，从而构建多维度、完整的用户画像。

3. 完善数据画像

在完成了用户数据的基本呈现后，还需要在创建出的用户角色框架中提取出更加关键的信息，根据关键特征数据进行用户评估分级，并结合用户规模、用户价值和使用频率来划分用户画像，帮助品牌确定高净值用户群、一般价值用户群和潜在价值用户群。完善用户画像会将用户画像的颗粒度描绘得更精细，从而为品牌进行市场运营、战略提供有价值的参考，更好地服务消费者。一如前面所提到的，构建用户画像的目的是解决消费者的痛点、满足消费者的需求。因此，在完成用户数据采集、数据分析及用户细分后，一定要结合用户痛点来改进产品和服务。

任务3　用户价值分析

任务分析

在面向用户制订销售策略时，企业往往希望对不同价值用户采用不同的策略，来获得高转化率。企业将用户分为高价值用户与低价值用户，对不同价值的用户群体采用不同的营销服务，将有限的资源合理地投入不同价值的用户群中，实现利润最大化。本任务将使用Excel来分析用户价值。

任务实施

一、了解用户价值

1. 用户与客户

用户是产品的最终使用者，而客户不一定是最终的使用者；用户关心的是使用价值，而客户更关心价格;企业与客户的关系是基于交易,而用户则不一定是产品的买单者;以客户为向导,营销策略是最关键的,而以用户为向导,体验才是最为关键的。精准运营即企业将用户分为高价值用户与低价值用户,对不同价值的用户群体采用不同的服务。

2. 用户价值分析

对一般的企业而言,用户购买商品的金额和次数越多,用户价值越高,发展潜力越高,也越值得企业付出更多的服务成本。RFM 模型可以直观地体现用户对于企业的直接价值,可以说购买企业产品总金额越高的用户对企业的价值就越大。RFM 模型是衡量用户价值和用户创利能力的重要工具和手段。

二、深入理解 RFM 模型

1. 理解 RFM 模型

RFM 模型通过用户的近期购买行为、购买的总体频率及消费金额来描述用户的用户价值画像。RFM 模型的三个指标:R 是指用户最近一次消费(Recency)、F 是指消费频率(Frequency)、M 是指消费金额(Monetary)。

1)最近一次消费(Recency)是指用户最近一次的购买时间。一般而言,最近一次消费的时间越近,用户价值越高。这个指标用于决定用户接触策略、接触频次、刺激力度等。

2)消费频率(Frequency)是指在一定时间内用户的消费次数,一定时间内的消费次数越多,用户的忠诚度越高。这个指标用于决定用户的资源投入、营销优先级、活动方案决策等。

3)消费金额(Monetary)是指在一定时间内的消费总金额,金额越高说明该用户的消费能力越强。通过消费金额可以把用户分成几个类型,如重要价值用户、一般维持用户等。这个指标用于决定为用户提供的推荐商品、折扣门槛、活动方案等。

2. RFM 模型的用户价值分类

RFM 模型将用户细分为 8 类,以此分析不同用户群体的价值。根据用户的订单数据和整体消费情况,找出 R、F、M 的中值。F 和 M 高于中值就是高,低于中值就是低,而 R 值与之相反,低于中值表示时间越近就是高,高于中值就是低,这样将用户价值分为 2×2×2=8 类,见表 6-1。

表 6-1 用户价值分类

客户类型	最近交易日期	累计下单次数	累计交易金额	客户价值类型
	R 值	F 值	M 值	
重要价值客户	高	高	高	R、F、M 都很大,为优质客户
重要唤回客户	高	低	高	R、M 较大,需要唤回
重要深耕客户	低	高	高	F、M 较大,需要识别
重要挽留客户	低	低	高	M 较大,为有潜在有价值的客户
潜力客户	高	高	低	R、F 较大,需要挖掘
新客户	高	低	低	R 较大,有推广价值
一般维持客户	低	高	低	F 较大,贡献小,需要维持
流失客户	低	低	低	R、F、M 都很小,为流失客户

三、用户价值数据处理

第一步，在 Excel 中打开“商品订单表 .xlsx”，用数据透视表将每个用户的订单日期、订单编号、销售额等数据计算出来。其中，订单日期采用最大值汇总，并以日期格式显示。订单编号用计数法汇总，销售额采用求和法汇总，如图 6-15 所示。

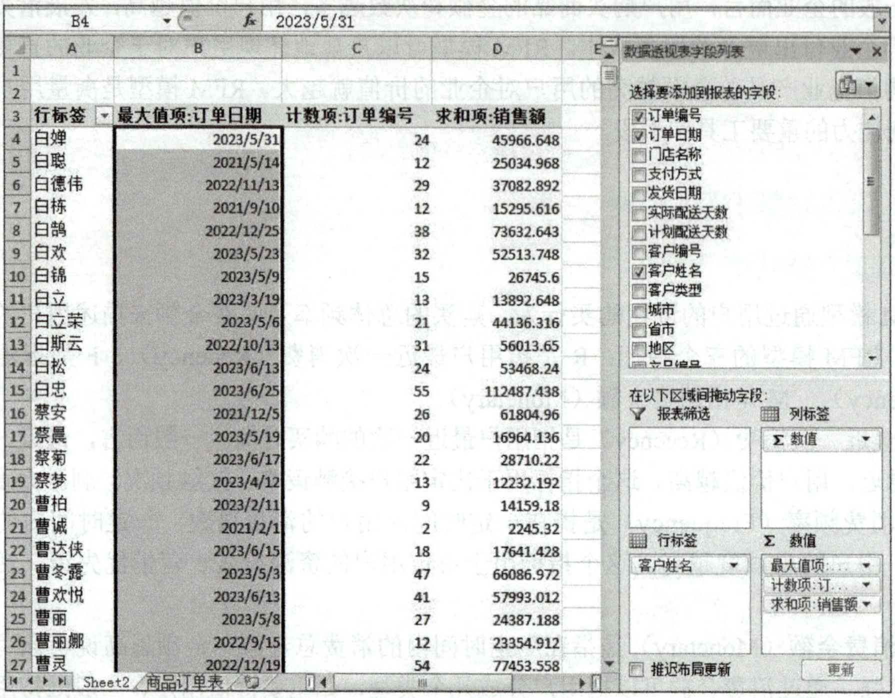

行标签	最大值项:订单日期	计数项:订单编号	求和项:销售额
白婵	2023/5/31	24	45966.648
白聪	2021/5/14	12	25034.968
白德伟	2022/11/13	29	37082.892
白栋	2021/9/10	12	15295.616
白鹄	2022/12/25	38	73632.643
白欢	2023/5/23	32	52513.748
白锦	2023/5/9	15	26745.6
白立	2023/3/19	13	13892.648
白立荣	2023/5/6	21	44136.316
白斯云	2022/10/13	31	56013.65
白松	2023/6/13	24	53468.24
白忠	2023/6/25	55	112487.438
蔡安	2021/12/5	26	61804.96
蔡晨	2023/5/19	20	16964.136
蔡菊	2023/6/17	22	28710.22
蔡梦	2023/4/12	13	12232.192
曹柏	2023/2/11	9	14159.18
曹诚	2021/2/1	2	2245.32
曹达侠	2023/6/15	18	17641.428
曹冬露	2023/5/3	47	66086.972
曹欢悦	2023/6/13	41	57993.012
曹丽	2023/5/8	27	24387.188
曹丽娜	2022/9/15	12	23354.912
曹灵	2022/12/19	54	77453.558

图 6-15 商品订单表计算

第二步，在 E3、F3、G3 等三个单元格分别填写“R 值”“F 值”和“M 值”，其中在 E4 单元格输入“=TODAY( )-B4”，在 F4 单元格输入“=C4”，在 G4 单元格中输入“=D4”，并向下填充公式，如图 6-16 所示。

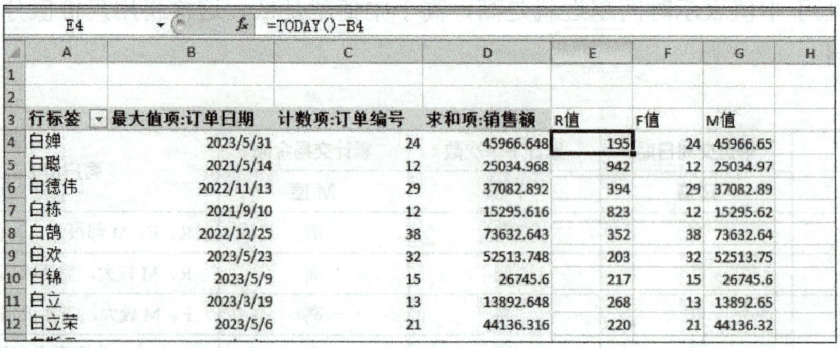

行标签	最大值项:订单日期	计数项:订单编号	求和项:销售额	R值	F值	M值
白婵	2023/5/31	24	45966.648	195	24	45966.65
白聪	2021/5/14	12	25034.968	942	12	25034.97
白德伟	2022/11/13	29	37082.892	394	29	37082.89
白栋	2021/9/10	12	15295.616	823	12	15295.62
白鹄	2022/12/25	38	73632.643	352	38	73632.64
白欢	2023/5/23	32	52513.748	203	32	52513.75
白锦	2023/5/9	15	26745.6	217	15	26745.6
白立	2023/3/19	13	13892.648	268	13	13892.65
白立荣	2023/5/6	21	44136.316	220	21	44136.32

图 6-16 输入公式计算 R 值、F 值、M 值

第三步，计算 R、F、M 这 3 个指标的参考值，这个参考值不是固定的，可以是平均值、中值、众数等，要结合业务进行调整。这里以中值为例，分别计算 R、F、M 的中值，即用 Median 函数分别计算 E 列、F 列、G 列中数值的中值，并将中值放在 E2、F2、G2 单元格中，

如图 6-17 所示。

E2　=MEDIAN(E4:E773)

	A	B	C	D	E	F	G
1							
2					277	24	36539.08
3	行标签	最大值项:订单日期	计数项:订单编号	求和项:销售额	R值	F值	M值
4	白婵	2023/5/31	24	45966.648	195	24	45966.65
5	白聪	2021/5/14	12	25034.968	942	12	25034.97
6	白德伟	2022/11/13	29	37082.892	394	29	37082.89
7	白栋	2021/9/10	12	15295.616	823	12	15295.62
8	白鹄	2022/12/25	38	73632.643	352	38	73632.64
9	白欢	2023/5/23	32	52513.748	203	32	52513.75
10	白锦	2023/5/9	15	26745.6	217	15	26745.6
11	白立	2023/3/19	13	13892.648	268	13	13892.65
12	白立荣	2023/5/6	21	44136.316	220	21	44136.32

图 6-17　计算 R、F、M 的中值

四、用户价值数据分析

第一步，判断指标数据。通过比较 R、F、M 值相对于它们各自参考值的高与低来间接判断 R、F、M 这 3 个指标的高低。在 H3 单元格填写“R 值指标”，在 I3 单元格填写“F 值指标”，在 J3 单元格填写“J 值指标”，在 H4 单元格输入“=IF(E4<$E$2," 高 "," 低 ")”，在 I4 单元格输入“=IF(F4>$F$2," 高 "," 低 ")”，在 J4 单元格输入“=IF(G4>$G$2," 高 "," 低 ")”，并向下填充公式，如图 6-18 所示。

J9　=IF(G4>$G$2,"高","低")

	A	B	C	D	E	F	G	H	I	J
1										
2					278	24	36539.08			
3	行标签	最大值项:订单日期	计数项:订单编号	求和项:销售额	R值	F值	M值	R值指标	F值指标	J值指标
4	白婵	2023/5/31	24	45966.648	196	24	45966.65	高	低	高
5	白聪	2021/5/14	12	25034.968	943	12	25034.97	低	低	低
6	白德伟	2022/11/13	29	37082.892	395	29	37082.89	低	高	高
7	白栋	2021/9/10	12	15295.616	824	12	15295.62	低	低	低
8	白鹄	2022/12/25	38	73632.643	353	38	73632.64	低	高	高
9	白欢	2023/5/23	32	52513.748	204	32	52513.75	高	高	高
10	白锦	2023/5/9	15	26745.6	218	15	26745.6	高	低	低
11	白立	2023/3/19	13	13892.648	269	13	13892.65	高	低	低
12	白立荣	2023/5/6	21	44136.316	221	21	44136.32	高	低	高
13	白斯云	2022/10/13	31	56013.65	426	31	56013.65	低	高	高
14	白松	2023/6/13	24	53468.24	183	24	53468.24	高	低	高
15	白忠	2023/6/25	55	112487.438	171	55	112487.4	高	高	高
16	蔡安	2021/12/5	26	61804.96	738	26	61804.96	低	高	高

图 6-18　计算 R、F、M 指标数据

第二步，计算用户价值类型，即根据表 6-1 用户价值分类的标准，将用户划分为 8 种类型。在 K3 单元格填写“用户价值类型”，在 K4 单元格输入公式“=IF(AND(H4=" 高 ",I4=" 高 ",J4=" 高 ")," 重要价值用户 ",IF(AND(H4=" 高 ",I4=" 低 ",J4=" 高 ")," 重要唤回用户 ",IF(AND(H4=" 低 ",I4=" 高 ",J4=" 高 ")," 重要深耕用户 ",IF(AND(H4=" 低 ",I4=" 低 ",J4=" 高 ")," 重要挽留用户 ",IF(AND(H4=" 高 ",I4=" 高 ",J4=" 低 ")," 潜力用户 ",IF(AND(H4=" 高 ",I4=" 低 ",J4=" 低 ")," 新用户 ",IF(AND(H4=" 低 ",I4=" 高 ",J4=" 低 ")," 一般维持用户 "," 流失用户 ")))))))”，并沿着列向下填充公式，并将 A3 单元格的“行标签”改为“姓名”，如图 6-19 所示。

第三步，计算订单年份，在 L3 单元格填写“年份”，在 L4 单元格输入“=YEAR(B4)”，并向下填充公式，如图 6-20 所示。

商务数据分析与应用

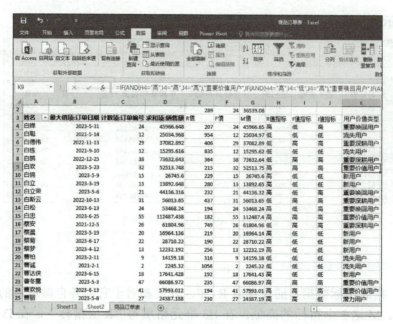

图6-19 计算用户价值类型

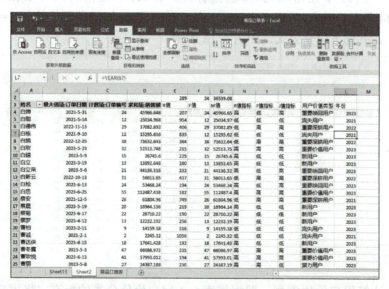

图6-20 计算订单年份

五、用户价值类型的数量可视化分析

为了直观展示2023年不同用户价值类型的用户数量，用透视图绘制用户数量分布的柱形图。

第一步，选中任意一个非透视表计算结果的单元格（如F9单元格），单击"插入"选项中的"数据透视表"，如图6-21所示。

第二步，在弹出的"创建数据透视表"对话框中，在"表/区域"中选中所有用户的数据，"选择放置数据透视表的位置"为"新工作表"，如图6-22所示，单击"确定"按钮。

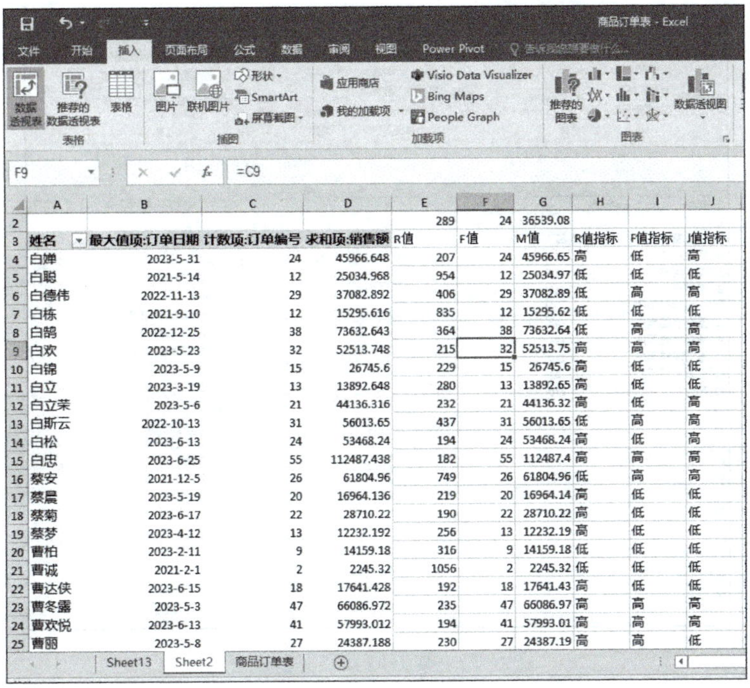

	A	B	C	D	E	F	G	H	I	J
2					289	24	36539.08			
3	姓名	最大值项:订单日期	计数项:订单编号	求和项:销售额	R值	F值	M值	R值指标	F值指标	J值指标
4	白婵	2023-5-31	24	45966.648	207	24	45966.65	高	低	高
5	白聪	2021-5-14	12	25034.968	954	12	25034.97	低	低	低
6	白德伟	2022-11-13	29	37082.892	406	29	37082.89	低	高	高
7	白栋	2021-9-10	12	15295.616	835	12	15295.62	低	低	低
8	白鹄	2022-12-25	38	73632.643	364	38	73632.64	低	高	高
9	白欢	2023-5-23	32	52513.748	215	32	52513.75	高	高	高
10	白锦	2023-5-9	15	26745.6	229	15	26745.6	高	低	低
11	白立	2023-3-19	13	13892.648	280	13	13892.65	高	低	低
12	白立荣	2023-5-6	21	44136.316	232	21	44136.32	高	低	高
13	白斯云	2022-10-13	31	56013.65	437	31	56013.65	低	高	高
14	白松	2023-6-13	24	53468.24	194	24	53468.24	高	低	高
15	白忠	2023-6-25	55	112487.438	182	55	112487.4	高	高	高
16	蔡安	2021-12-5	26	61804.96	749	26	61804.96	低	高	高
17	蔡晨	2023-5-19	20	16964.136	219	20	16964.14	高	低	低
18	蔡菊	2023-6-17	22	28710.22	190	22	28710.22	高	低	低
19	蔡梦	2023-4-12	13	12232.192	256	13	12232.19	高	低	低
20	曹柏	2023-2-11	9	14159.18	316	9	14159.18	低	低	低
21	曹诚	2021-2-1	2	2245.32	1056	2	2245.32	低	低	低
22	曹达侠	2023-6-15	18	17641.428	192	18	17641.43	高	低	低
23	曹冬露	2023-5-3	47	66086.972	235	47	66086.97	高	高	高
24	曹欢悦	2023-6-13	41	57993.012	194	41	57993.01	高	高	高
25	曹丽	2023-5-8	27	24387.188	230	27	24387.19	高	高	低

图 6-21　准备插入“数据透视表”

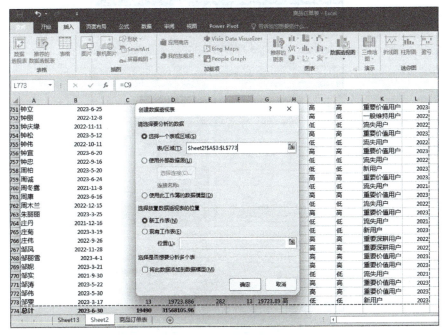

图 6-22　创建“数据透视表”

第三步，将“年份”字段拖拽到“筛选”功能区中，将“用户价值类型”字段拖拽到“行”功能区中，将“计数项：姓名”字段拖拽到“值”功能区中，采用计数汇总，如图 6-23 所示。

第四步，单击 B1 单元格的下三角，选择“2023”，如图 6-24 所示。

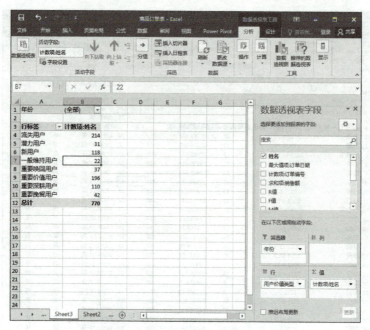

图 6-23　数据透视表字段设置

图 6-24　将数据透视表设置为 2023 年数据

第五步，在"数据透视表分析"菜单选择"数据透视图"，在"插入图表"对话框，选择簇状柱形图，单击"确定"按钮，在图表中设置标题为"用户价值类型数量分布图"，并添加数据标签，如图 6-25 所示。

从柱形图可以看出：2023 年 8 类用户价值类型的用户数量存在明显差异，其中，重要价值用户最多，为 196 人，其次是新用户，为 118 人。

项目 6　用户画像分析

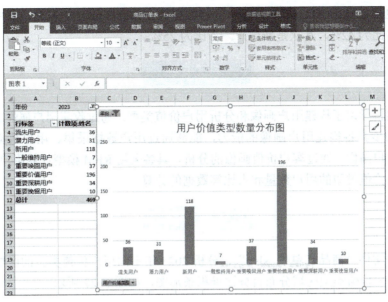

图 6-25　2023 年用户价值类型数量分布图

任务拓展

为了分析 2023 年不同价值类型的用户占比，用数据透视图绘制不同用户价值类型数量分布的饼图，并添加数据标注，如图 6-26 所示。

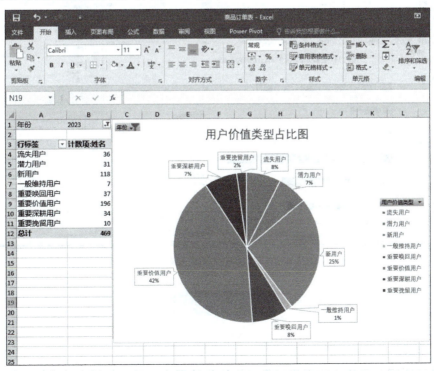

图 6-26　2023 年不同价值类型的用户占比图

从饼图也可以看出 2023 年 8 类客户价值类型的占比存在明显的差异，其中，重要价值用户最多，占比为 42%，其次是新用户，占比为 25%。

项目小结

通过本项目学习了构建用户画像和分析用户价值类型。通过收集用户属性、用户偏好、消费场景，初步具备构建用户画像的能力，能够通过用户数据采集、用户数据分析及用户细分来完善用户画像。通过客户价值画像的分析，具备采用 RFM 模型计算用户价值的能力，能够完成不同价值类型的用户数量和占比等数据的计算。

实战强化

打开素材文件"商品订单表.xlsx"，分析 2023 年不同用户价值类型的区域分布情况，并绘制不同用户价值类型区域分布百分比堆积条形图，如图 6-27 所示。

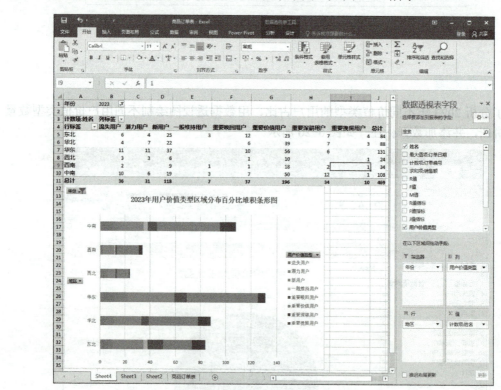

图 6-27　2023 年用户价值类型区域分布百分比堆积条形图

思考与练习

一、单选题

1. 某互联网公司建立的用户画像（标签化的用户信息）包括人员属性和行为特征两

大类,其中（　　）属于行为特征。

  A．性别   B．年龄段   C．消费偏好   D．工作地点

 2．消费场景是对消费者购买或发生消费行为时的特征进行具象化得出的信息要素,包括用户消费的（　　）和用户购买行为等。

  A．经济价值   B．消费金额   C．消费频次   D．品类偏好

二、多选题

 1．以下（　　）信息可以作为用户画像的标签。

  A．社会属性   B．生活习惯   C．消费习惯   D．性别年龄

 2．依托于平台海量用户搜索、交易等数据,将相应搜索数据趋势、需求图谱、用户画像等数据通过指数工具向用户公开的数据来源有（　　）。

  A．百度指数   B．360趋势   C．搜狗指数   D．微信指数

 3．以下属于数字营销内容定位方法的有（　　）。

  A．定位用户画像   B．梳理用户的内容需求

  C．分析触达场景   D．挖掘差异化的内容

 4．以下操作场景会被用以"用户画像"的是（　　）。

  A．用真实个人信息完成社区论坛问卷调查并获得现金奖励

  B．关闭安卓手机应用权限管理中所有的"读取应用列表"权限

  C．将网购APP中的商品加入到购物车

  D．使用网络预约出租车软件添加常用的目的地

 5．利用旅游大数据的用户画像,对企业进行游客营销的益处有（　　）。

  A．实现精准营销   B．可以进行个性化推荐

  C．可以进行定制服务   D．可以进行数据分析与挖掘

三、判断题

 1．消费场景是构建用户画像时非常重要的一环。（　　）

 2．用户画像只有在产品生命周期的初期才能发挥作用。（　　）

 3．数据是构建用户画像的核心。（　　）

四、简答题

描述重要价值用户的特征。

项目 7　商品数据分析

项目描述

商品数据分析是通过对商品在流通运作中各项指标,如销售额、利润、退货等的统计和分析,来指导商品的结构调整、价格升降,它直接影响到店铺的经营效益,关系到采购、物流和运营等多个部门的有效运作。商品数据分析有助于及时调整商品在各个环节的运作,改善店铺的运营状况。店铺通过分析商品数据,可以实施合适的策略来促进销售。本项目将从商品生命周期分析、商品销售分析、商品 SKU 分析、商品上下架时间分析、商品预测分析等方面来展示商品数据分析对店铺运营的重要性。

学习目标

知识目标
- 理解商品生命周期分析的意义。
- 形成对商品销售数据的基本认知。
- 了解商品 SKU 数据分析和商品上下架分析。
- 熟悉商品退货分析的相关内容。

能力目标
- 具备商品价格分析的能力。
- 能够利用数据透视表分析相关内容。
- 能够利用 Excel 对商品相关数据进行分析与预测。

素质目标
- 具有数据敏感性,善于数据思考和分析问题。
- 具有较好的逻辑分析能力。

任务1　商品生命周期分析

商品生命周期是指一种新商品从开始进入市场到被市场淘汰的整个过程。一种商品进入市场，经过普遍推广，销量会逐渐增加，由于消费者需求变化和市场竞争加剧，最终会被新的商品所代替，都有一个过程。这个过程如同生物的生命周期一样，分为诞生、成长、成熟和衰亡阶段。本任务将介绍商品生命周期并分析相关内容。

一、认知商品生命周期

商品生命周期是一个很重要的概念，它是商品从进入市场到退出市场所经历的全过程，分为导入期、成长期、成熟期和衰退期四个阶段，如图7-1所示。每个时期都反映出顾客、竞争者、经销商、利润状况等方面的不同特征。商品生命周期和企业制定营销策略有着直接的联系，企业可以根据商品在哪一个周期的哪一个阶段所显示的特征而采取适当的营销策略，以满足顾客需求，赢得长期利润，所以商品生命周期可以提示出商品在市场中的有效营销时间。

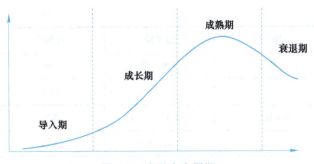

图7-1　商品生命周期

生意参谋的行业大盘走势可以反映某个行业最近一年的访客数量变化，从访客数量变化中可以判断出商品生命周期。以某羽绒服品牌的行业大盘数据为例，生意参谋展示了该品牌从2022年5月份到2023年2月份间的大盘搜索量走势，如图7-2所示。从图中可以看出5月到9月是商品的导入期，10月是成长期，11月和12月是成熟期，1月下旬进入衰退期。根据商品生命周期曲线，商家可以更好地备货，并利用合适的营销策略推广产品。

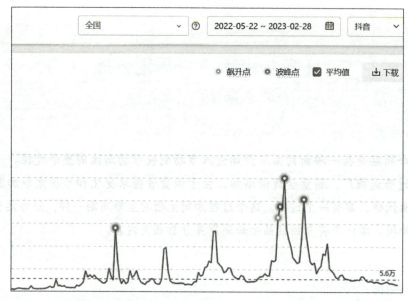

图 7-2　某羽绒服品牌的产品 2022 年 5 月至 2023 年 2 月大盘搜索量走势

二、与商品生命周期有关的营销策略

店铺制定营销策略和商品生命周期有着直接的联系，营销人员要想使其商品有一个较长的销售周期，以便赚取足够的利润来补偿在推出该商品时所投入的资源、资金及承担的风险，就必须运用产品的商品生命周期，在不同的阶段制定不同的营销策略。在商品生命周期的导入期、成长期、成熟期和衰退期这四个阶段，每个阶段的特点及采用的策略见表 7-1。

表 7-1　商品生命周期各阶段的特点和营销策略

阶段	导入期	成长期	成熟期	衰退期
成本	最高	不断下降	最低	开始上升
价格敏感	低	提高	最高	—
竞争情况	没有或极少	竞争者进入市场	激烈	弱者退出
目标市场	革新者	早期购买者	大众	落伍者
销售量	低	迅速增长	达到最大开始下降	下降
利润	微利或亏损	迅速上升	达到最大开始下降	下降
市场策略	建立市场、培育顾客	扩大市场	产品差异、成本领先	紧缩/收割/巩固
定价策略	撇脂定价/渗透定价	视情况而定	适中定价	低价出清存货

三、商品的用户体验分析

商品的用户体验对于商品生命周期的长短有着很重要的影响。用户体验分析可以分析用户在商品的导入期、成长期、成熟期和衰退期等阶段的感受，包括情感、信仰、喜好、认知印象、生理和心理反应、行为和成就等各个方面。

用户体验数据的测量有一些规范的情感测量方法，如 PAD 测量、PrEmo 测量等，这些测量数据一般通过问卷调查的方式获得。为弥补主观测量方法的缺陷，人们开始使用脑电波（见图 7-3）、眼动仪等测试工具来获取用户体验数据，这些测试工具可以更加准确地衡量用户体验。

图 7-3　脑电波测试工具

1. PAD 测量

PAD 测量能够对用户体验做出判断，并进行量化表达，可用于商品的情感体验评估。PAD 测量由三个维度组成，即愉悦度、激活度和支配度。愉悦度反映商品的可用性，当愉悦状态高时，用户具有流畅的思维和判断；当用户激活状态时，其注意力集中，容易被商品所吸引，但激活度不能太高也不能持续过长时间，否则用户会过度兴奋而产生疲惫；支配度是指商品对于用户而言是否可控，支配度越高，则用户的学习成本越低，用户可以按照商品功能进行正确操作，即商品的易用程度越高。

2. PrEmo 测量

PrEmo 测量是另一种用户体验评测工具，PrEmo 由"愉快"和"不愉快"两个维度构成，每个维度又包含七种情绪。PrEmo 测量是用一系列卡通人物来反映用户的喜好，如图 7-4 所示，第一行表示的是"愉快"维度，其情绪从左到右依次是快乐、钦佩、骄傲、盼望、满意、着迷、渴望。第二行表示的是"不愉快"维度，其中的情绪从左到右依次是悲伤、恐惧、羞愧、轻蔑、愤怒、无聊、厌恶。

图 7-4　PrEmo 测量的 14 种 PrEmo 表情

在PrEmo测量时，用户可以根据自己对商品的感受，依次用每张卡通人物表达自己对商品的评价。每种情绪的评价有三个层次，即"确实感受到这种情感""在某种程度上感受到这种情感""完全没有感受到这种情感"。由于PrEmo测量采用卡通人物（见图7-5），用户在受测过程中较为轻松愉悦，这对测试的准确性、有效性有帮助。而且PrEmo能够测量复杂细微的情绪，且使用卡通人物避免了由于文化和语言引起的误解，在用户体验评测中被大量使用。

图7-5　PrEmo卡通人物形象卡片

任务2　商品销售分析

商品的销售数据是店铺运营情况的具体反映，前期的工作需要转化成订单才能实现利润。商家在对商品销售数据的统计、整理过程中，明确商品的销售情况，所以销售数据的分析就显得尤为重要。本任务通过Excel工具对商品销售数据进行分析，商家通过产品销售数量排名，可以直观看出产品销售高低的情况，本任务将从不同产品销售数量的排名和占比两方面对商家销售情况进行比较。

一、添加数据模型关联多个数据表

公司的商品销售数据分别存放在两张数据表中，一张是销售商品信息表，一张是销售订单数据表，需要分析商品的销售金额，一方面要从销售商品信息表中获取商品名称、商品类别等数据，另一方面还要从销售订单数据表中获取销售数量、销售金额等数据，利用Excel的Power Pivot多表数据建模来完成商品销售金额的计算。

第一步，在Excel中检查是否已经加载"Power Pivot"工具，如果没有，可以打开"文件"菜单，单击"选项"命令，打开"自定义功能区"，在右侧面板列表框中添加"Power Pivot"

项目 7 商品数据分析

工具，如图 7-6 所示。

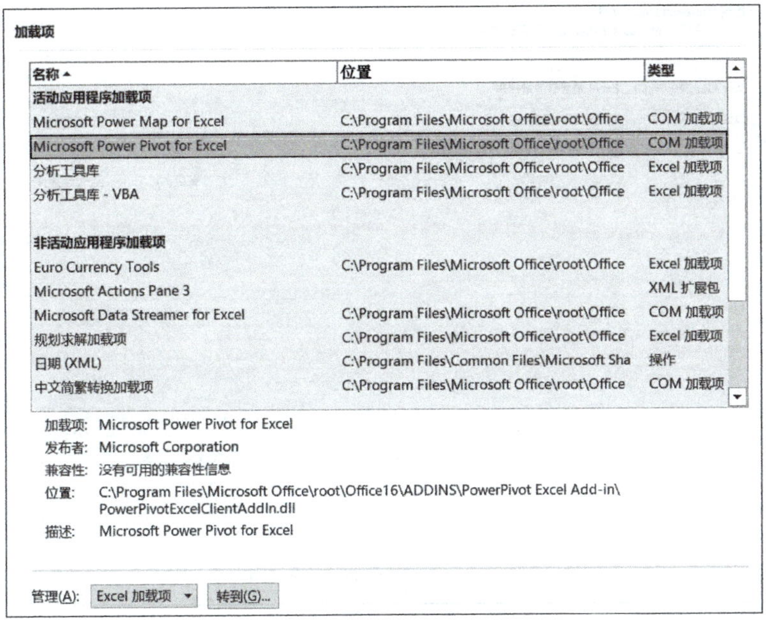

图 7-6 添加 "Power Pivot" 工具

第二步，用 Excel 打开 "销售商品信息表 .xlsx"，单击菜单栏中的 "Power Pivot"，选择 "添加到数据模型"，如图 7-7 所示，在弹出的 "创建表" 对话框中，将表格数据选中，单击 "确定" 按钮。

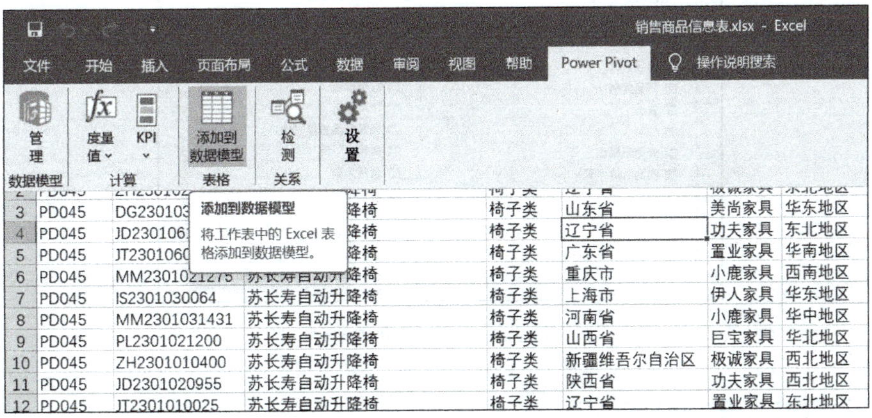

图 7-7 将数据添加到数据模型

第三步，在打开的 Power Pivot 窗口中，导入另一个 Excel 数据表 "销售订单数据表"，如图 7-8 所示。

第四步，由于两个数据表的订单编号具有唯一性，可以 "订单 ID" 为索引建立两个表的关联。在 Power Pivot 窗口，单击 "关系图视图"，在出现的两个区域中，将 "销售订单数据表" 中的 "订单 ID" 拖拽到 "销售商品信息表" 中的 "订单 ID" 上，建立两表之间的关联，如图 7-9 所示。

商务数据分析与应用

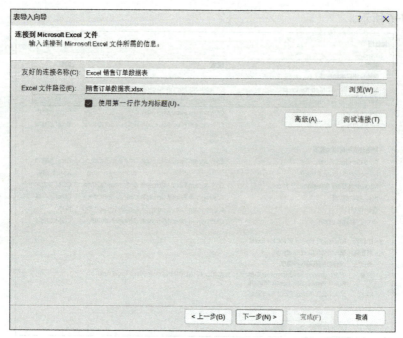

图 7-8　导入"销售订单数据表"

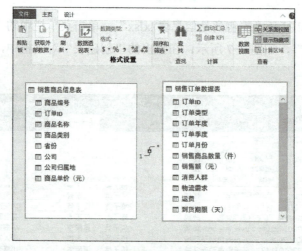

图 7-9　两表建立关联

二、商品销售金额分析

第一步，在前面数据表关联的基础上，单击"数据透视表"菜单，在"创建数据透视表"对话框中选择"新工作表"，单击"确定"按钮，如图 7-10 所示。

第二步，在数据透视表中，将"销售商品信息表"中的"商品名称"字段拖拽到"行"功能区，将销售订单数据表的"以下项目的总和：销售额"字段拖拽到"值"功能区，"销售额"字段求和汇总，商品销售金额就直观展示出来，如图 7-11 所示。

第三步，单击菜单栏的"数据透视图"，选择簇状条形图，单击"确定"按钮，结果如图 7-12 所示。

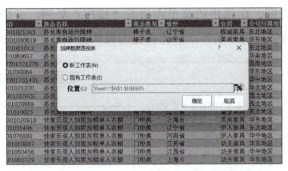

图 7-10 "创建数据透视表"对话框

图 7-11 数据透视表字段设置

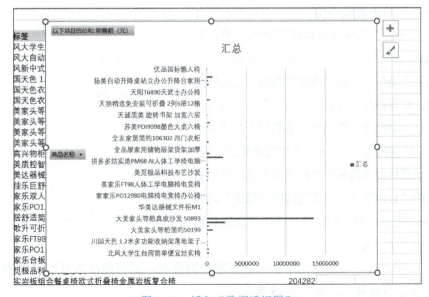

图 7-12 插入"数据透视图"

第四步，右击条形图，在弹出的菜单中进行"排序"处理，并隐藏所有字段按钮，图表标题修改为"商品销售金额排名"，字体设置为微软雅黑，结果如图7-13所示。

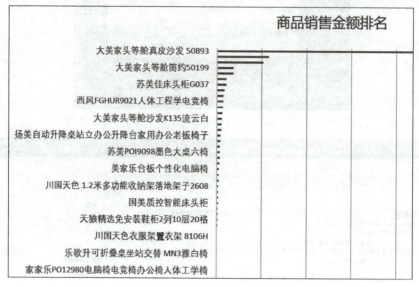

图7-13　商品销售金额排名

通过图表可以直观地分析出商品销售金额排名情况、相互差距等数据。

三、不同类别商品的销售情况占比

为了清楚地了解各类商品的销售情况，商家可以对不同类型的商品销售数量进行分析，以便有针对性地提出销售策略，下面用数据透视表分析近三年每一年的销售量占比。

第一步，在前面数据表关联的基础上，单击菜单栏的"数据透视表"，在"创建数据透视表"窗口中选择"新工作表"，单击"确定"按钮。在数据透视表中，将"销售商品信息表"中的"商品类型"字段拖拽到"行"功能区；将销售订单数据表的"以下项目的总和：销售商品数量（件）"字段拖拽到"值"功能区，对"销售商品数量"字段求和汇总；将销售订单数据表的"订单年度"字段拖拽到"筛选"功能区，如图7-14所示。单击各类商品的销售金额和数量就能直观地展示出来。

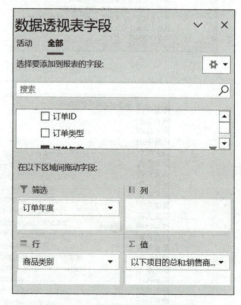

图7-14　数据透视表字段设置

第二步，在"值"功能区，单击"以下项目的总和：销售商品数量"右侧的下三角按钮，选择"值字段设置"，如图7-15所示。

第三步，在弹出的"值字段设置"对话框中，单击"值显示方式"标签。在"值显示方式"选项卡中，选择"总计的百分比"，如图7-16所示，然后单击"确定"按钮。

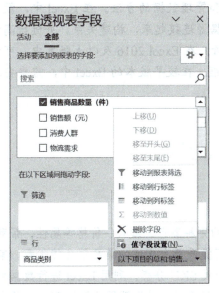

图7-15 选择"值字段设置"

图7-16 字段设置中的"值显示方式"

第四步，在数据透视表上，通过选择不同"订单年度"，显示出对应年份的各类商品销售数量的占比。例如，2022年，椅子类商品的销售量最高，占总销量的57.39%，综合类商品的销量最少，占总销量的0.50%，如图7-17所示，然后单击"确定"按钮。

第五步，单击菜单栏的"数据透视图"，选择饼图，单击"确定"按钮。添加数据标注，图表标题修改为"年度商品销售量占比"，删除图例，字体设置为微软雅黑，如图7-18所示。

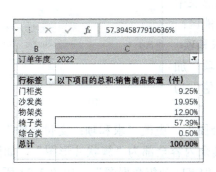

图7-17 2022年销售量占比

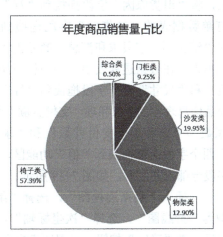

图7-18 销售量占比饼图

选择不同的订单年度，可以看到不同年份的销售量占比变化，总的来看，通过饼图可以看出近三年椅子类商品的销售量占比一直排名第一，且呈现每年递增的势头。

知识链接

数据模型是一种以关系型数据库的方式组织和管理数据的方法。在 Excel 中，数据模型基于 Power Pivot 技术，可以将多个表格和数据源连接起来，构建关系，并进行高级数据分析。通过数据模型可以对大量数据进行分析。在 Excel 2016 及以上版本中，可以通过选择 "Power Pivot" 来打开 Power Pivot 对话框。在较早版本的 Excel 中，需要安装 Power Pivot 工具箱。

任务 3 商品 SKU 分析

任务分析

商品 SKU 的分析可以判断消费者更倾向于商品的哪种颜色、款式、价格等属性，帮助企业定位产品和目标人群，找到产品的潜力爆款，从而提升整个店铺的单品销售转化率。某网店即将上一款新的旅行箱，本任务基于该款旅行箱开展 SKU 分析，利用 Excel 进行数据可视化处理，分析出爆款 SKU，给出加大推广、增加库存等建议；对于销量较低的 SKU，给出优化建议或下架处理的判断；同时，结合网店某款旅行箱的优惠活动，分析优惠活动的有效性。

任务实施

一、商品 SKU 销售数据可视化

第一步，打开"SKU 销售信息表.xlsx"，插入数据透视表，将"退货原因"字段拖拽到"行"功能区，将销售订单数据表的"销售额"字段拖拽到"值"功能区，对"销售额"字段求和汇总，商品销售金额就直观地展示出来。在数据透视表中，将销售商品信息表中的"颜色"和"尺寸"两个字段拖拽到"行"功能区；将销售商品信息表中的"求和项：支付金额""求和项：支付买家数""求和项：支付件数"和"求和项：加购件数"四个字段全部拖拽到"值"功能区，"值"功能区的字段全部求和汇总，如图 7-19 所示。

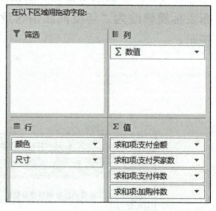

图 7-19　创建数据透视表

第二步，插入"数据透视图"，选择"组合图"，更改"求和项：支付金额"系列的图表类型为"折线图"，选择"次坐标轴"，其余内容全部为"簇状柱形图"，如图 7-20 所示，然后单击"确定"按钮。设置图表标题为"SKU 销售数据图"，如图 7-21 所示。

第三步，在数据透视图上插入切片器，在"切片器"对话框中选择"颜色"和"尺寸"选项，创建两个切片器，将"颜色"切片器设置为 5 列，将"尺寸"切片器设置为 6 列，如图 7-22 所示。

项目 7　商品数据分析

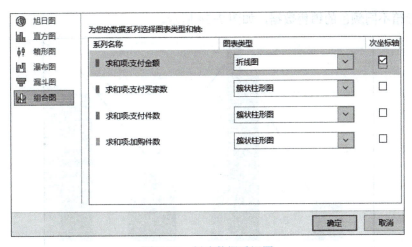

图 7-20　创建数据透视图

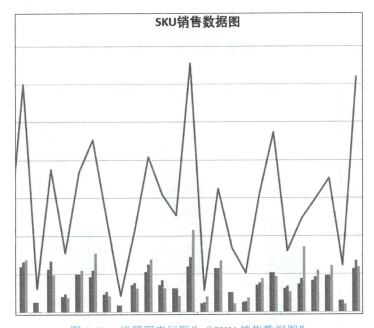

图 7-21　设置图表标题为"SKU 销售数据图"

图 7-22　插入切片器

二、商品 SKU 分析

在切片器上选择颜色或尺寸，数据透视表及数据透视图将自动筛选出的相应的内容显示出来，例如在"颜色"切片器中单击"颜色分类：酒红色"，即可筛选出酒红色旅行箱不同尺寸的销售数据，如图 7-23 所示。在"尺寸"切片器中单击"尺寸：20 寸"，即可筛选出20寸旅行箱不同颜色的销售数据，如图7-24所示。

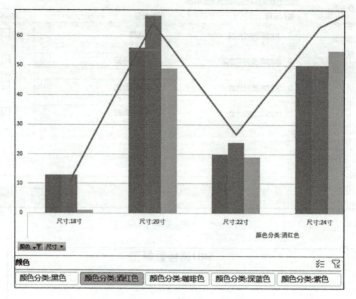

图7-23　酒红色旅行箱的销售数据

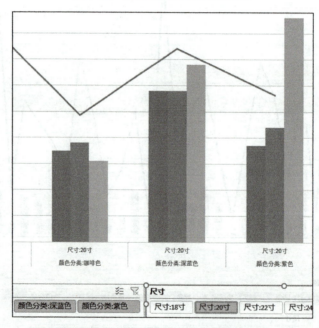

图7-24　20寸旅行箱不同颜色的销售数据

当观察商品不同SKU的销售指标时，就可以从客户对产品的颜色偏好、尺寸需求上很直观地得出产品设计和推广销售的优化建议。

知识链接

1. SKU的概念

SKU是库存计量的最小可用库存单位，是指在供应链管理中用于区分不同产品的唯一编号或代码。在电子商务中，每款商品都有一个SKU用来识别。每个SKU都具有不同的特征，包括产品名称、规格、颜色、尺寸等。如果一款商品有多个种类（颜色、尺寸、重量等），则每个种类也对应一个SKU。

2. SKU的作用

首先，SKU是为了实现库存管理的精细化和准确性。通过为每个商品分配唯一的SKU，可以方便地识别和跟踪每个商品的库存情况。这有助于准确掌握库存数量，及时补充缺货产品，并避免过量采购。

其次，SKU的作用是提高供应链的效率和可见性。通过使用SKU，供应链管理者可以更好地掌握每个商品的销售情况和库存变化。这有助于及时调整供应链的运作，提高商品的供应能力和满足客户需求。

最后，SKU还有助于实现商品定价和市场竞争的优势。通过为不同规格、颜色、尺寸等属性的商品分配不同的SKU，可以准确地定价和销售不同的商品变体。这有助于满足不同消费者的需求，提高商品的市场竞争力。

3. SKU销售分析的内容

（1）定价是否合理　定价是否合理主要从加购指标、下单指标、支付指标和平均支付价格指标四个数据中反映出来，如果四个指标都较高，说明顾客对设定的价格是能接受的，定价较为合理；如果四个指标比较平稳，说明顾客对该商品的消费较为理性，商品定价适中；如果四个指标波动较大，说明定价较高，需要调整价格，加大宣传力度。

（2）商品颜色是否符合大众口味　顾客对于商品颜色的喜好程度可以根据下单指标和支付指标进行分析。如果都较高，则说明该颜色商品受顾客欢迎；反之，则说明该颜色商品不受欢迎，需要进行相关调整，如下架、清仓、停产等。

（3）结构是否合理　多种SKU的商品，可以通过下单、支付、平均支付价格这三个指标来判断结构是否合理。如果只有个别SKU的下单和支付指标较高，说明市场对其他SKU反应不强，或需求不高。再结合平均支付价格，商家就可以确定是否因为价格影响了其他SKU的成交量。如果是，则可以通过降低价格等手段来提升交易量。

（4）营销方式是否有效　满减、折扣、主题营销等是常见的营销方式。判断营销方式是否有效，依然要结合下单、支付、平均支付价格这三个指标进行判断。如果三个指标都较高，说明营销方式效果较好；如果三个指标平稳，则说明营销方式效果一般；如果三个指标波动较大，则需要重新制定营销方案，促进销售。

（5）访客行为分析　通过对加购、下单、支付这三个指标的分析，可以对访客的行为进行推测，如对价格高低的关注、颜色喜好、款式喜好等。商家可以根据这些推断，及时进行SKU商品开发、结构调整、供应链协同等工作。

（6）销售趋势分析　每款商品都会有多个SKU，但不是所有的SKU都有比较好的销售情况，所以需要对每个SKU的销售趋势进行分析，从销售趋势中找出销售中较弱的SKU，分析其中的原因，并对销售策略进行调整。

任务 4　商品上下架时间分析

任务分析

我国各大电商平台上有成千上万个中小卖家，对于大部分卖家而言，因为实力有限，店内的流量主要还是站内的免费流量，其中用户搜索流量又占很大的比例。针对搜索流量，除了前面介绍的关键词分析外，商品的上下架时间也是影响搜索排名的重要因素之一，对商品和店铺流量有较大的影响，本任务将带领大家了解商品上下架时间。

任务实施

一、设置千牛卖家中心的商品上下架时间

淘宝后台千牛卖家中心商品上架界面如图 7-25 所示，商品上架时间分为定时上架、立即上架。

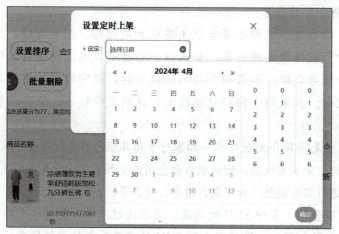

图 7-25　淘宝后台千牛卖家中心商品上架界面

淘宝后台千牛卖家中心商品下架界面如图 7-26 所示，商品下架时间分为单个立即下架和批量下架。

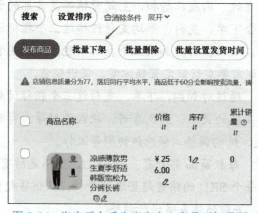

图 7-26　淘宝后台千牛卖家中心商品下架界面

二、理解商品上下架时间

在电子商务领域,每个商品的上下架时间都会直接影响该商品的搜索流量,也将决定该商品在市场上将与哪些卖家发布的商品同台竞争。所以,如何设置店铺商品的上下架时间,以争取更多的自然流量是至关重要的。

1. 商品上下架时间原理

商品上下架时间原理是指在商品上架后需要选择 7 天或者 14 天的重复上下架的周期,简单来说是指商品第一次上架出售后的 7 天或 14 天后有一个虚拟的下架,然后自动上架的过程。注意这里并不是说 7 天或 14 天后把商品重新下架到仓库中停止出售状态,而只是个虚拟下架过程,商品还是在出售中的,这个跟实际下架商品是有区别的。

以淘宝平台为例,若淘宝商品上下架周期为一周时间,刷新时间为 15 分钟,例如某款商品上架时间是周一 22:30,那么第二周周一 22:30 前 15 分钟搜索这款商品,它的排名会非常靠前。店铺商品的上下架时间应选择一周之内一个最优的时间段上架,那么自然在临近下架时,商品就会有更多的展示机会,带来更多的流量,如图 7-27 所示。

图 7-27 商品上下架时间对流量的影响

2. 时间卡位的目的、注意事项

(1)时间卡位的目的

为什么要对上架时间有着严格的把控?如果店铺一周内每天商品浏览高峰时间段,都有商品上下架,那么店铺在各个时间段都能够得到流量;相反,店铺若有 100 个产品一起上架,那么只能在一个时间段得到这些流量,并不是所有商品都可以在这个时间段达到浏览高峰,比如早上 8:00 大家都在上班的路上,给再多的店铺展现,浏览量也很难提升。

时间卡位的目的是通过对商品上下架时间正确规划与安排,实现免费流量最大化,按 7 天一个周期,按照商品的类目和商品流量高峰时段,均匀地按每天每个时段,分别上架一定数量的商品,这样才能在 7 天周期,每天每个时间段都有商品在浏览高峰。

(2)商品上下架时间的注意事项

1)上下架周期选择。一般平台上下架周期分为 7 天和 14 天两种,正常网店设置上下架周期为 7 天,因为周期越短,出现高峰流量展示的机会就越多,效率越高,效果越好。设置 7 天上下架时间,一个月内则有 4 次机会达到高峰浏览和排名靠前的机会;设置 14 天上下架时间,一个月内只有 2 次机会达到高峰浏览排名靠前的机会,不利于正常网店销售。

2)不要同时间段批量上架商品。以淘宝平台规则为例,在某个时段单个界面只会展示店铺里 1 或 2 个商品,批量上架的商品则无法展示。这样会导致一周之内除了这一天的时段,其他时段都没有浏览量,或者是在此时间段只有 1 或 2 个商品有浏览量,其他商品基本没有浏览量。

3)行业大盘的流量高峰。以淘宝平台为例,根据平台大数据显示 11:00 到 16:00,19:00 至 23:00 浏览和网购下单的人数最集中,交易高峰期在此时间段内,所以要把商品在这段时间延后 1 或 2 个小时上架,这样就可以在以后 7 天或 14 天的时间内带来大量的流量,或者是根据店铺的销售业绩,查看同行的销售记录找到店铺的流量高峰期,具体操作可参考相关数据分析工具。

4)商品上下架时间的设置。店铺运营者要提前设置好上下架时间,以淘宝平台为例,商品上下架时间编辑方法:卖家中心→出售中的宝贝→发布宝贝,进入宝贝编辑界面,可以设置"立刻"发布,也可以设置"设定"任意选择时间,也可设置"放入仓库"再编辑。

任务拓展

为了测试上下架时间对商品销量的影响,某淘宝卖家根据以往的销售数据(上午 10:00 和下午 1:00 为销售高峰),将某商品于 2023 年 1 月 9 日(星期一)上午 10:00 上架,于 2023 年 1 月 16 日(星期一)上午 10:00 下架,商品下架后,该淘宝卖家将上架时间调到当天下午 1:00,于 2023 年 1 月 23 日(星期一)下午 1:00 下架。该商品在 1 月 9 日至 23 日的销量见表 7-2,试分析卖家这样做的原因。

表 7-2 商品 1 月 9 日至 23 日销量

日期	1月9日	1月10日	1月11日	1月12日	1月13日	1月14日	1月15日	1月16日	1月17日	1月18日	1月19日	1月20日	1月21日	1月22日	1月23日
销量/件	450	458	350	340	330	331	445	451	460	464	340	339	345	432	440

任务 5 商品预测分析

任务分析

预测分析是一种在结构化或非结构化数据中使用以确定未来结果的算法和技术。商品预测分析一般采用时间序列分析法,即根据过去的变化趋势预测未来的发展,它的前提是假定事物的过去可以延续到未来。本任务将根据企业 2018 年至 2022 年共计 5 年的销售数据,预测 2023 年总销售额、利润额以及商品的销售量和退货量情况。

任务实施

商品销售预测分析是通过市场调查,以历史资料为基础,运用科学的预测方法,对商品在计划期间的销售量或销售额做出预计或估量的过程。

一、移动平均法预测商品销售额

第一步,打开"2018—2022 商品订单表 .xlsx",插入数据透视表在新工作表中,将"年份"字段拖拽到"行"功能区,将"求和项:销售额"字段拖拽到"值"功能区,对"求和项:销售额"字段求和汇总,从 2018 年至 2022 年的销售总额就展示出来,如图 7-28 所示。

第二步,使用移动平均法进行预测,单击"数据分析",打开"数据分析对话框,选择其中的"移动平均"工具,如图 7-29 所示,然后单击"确定"按钮。

项目 7　商品数据分析

图 7-28　2018—2022 年销售额汇总

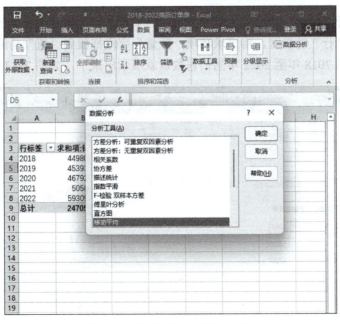

图 7-29　选择"移动平均"工具

第三步，在"移动平均"对话框中，"输入区域"输入"\$B\$4:\$B\$8"，即 B4:B8 区域，设置"间隔"为"2"，"输出区域"输入"\$C\$5"，即 C5 单元格，选择"标准误差"，如图 7-30 所示，然后单击"确定"按钮。

第四步，在 C3 单元格输入"间隔 2 次的移动平均值"，在 D3 单元格输入"标准误差"，当标准误差较小时，预测值相对可靠，从而在 C9 单元格得到 2023 年销售额预测值，如图 7-31 所示。

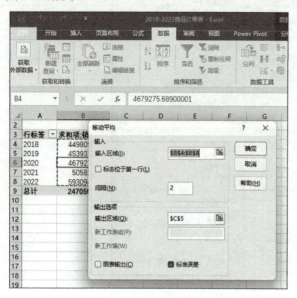

图 7-30　设置"移动平均"

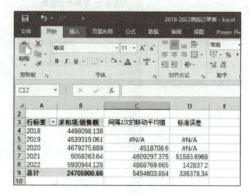

图 7-31　移动平均值

二、指数平滑法预测商品销售量

第一步，打开"2018—2022 商品订单表 .xlsx"，插入数据透视表在新工作表中，将"年份"字段拖拽到"行"功能区，将"求和项：数量"字段拖拽到"值"功能区，对"数量"字段求和汇总，从 2018 年至 2022 年的销售数量就展示出来了，如图 7-32 所示。

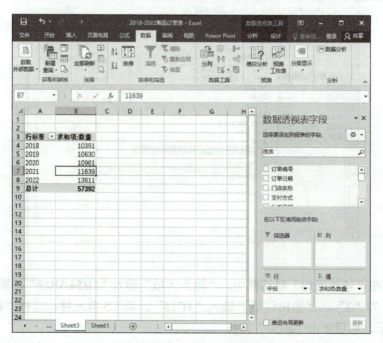

图 7-32　透视表聚合销售数量

项目 7　商品数据分析

第二步，使用指数平滑法进行预测，单击"数据分析"按钮，打开"数据分析"对话框，选择其中的"指数平滑"，如图 7-33 所示，然后单击"确定"按钮。

第三步，在"指数平滑"对话框的"输入区域"输入"$B$4:$B$8"，观察数据发现销售数据变化趋势较平缓，所以阻尼系数可以小一些，"阻尼系数"输入"0.1"，"输出区域"输入"$D$4"，选择"图表输出"，如图 7-34 所示，然后单击"确定"按钮。

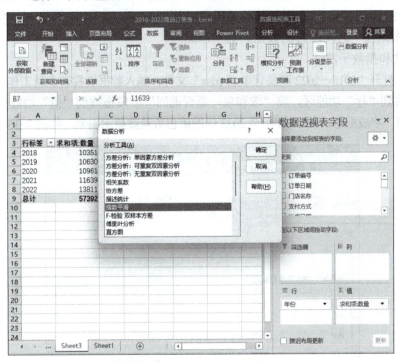

图 7-33　选择"指数平滑"

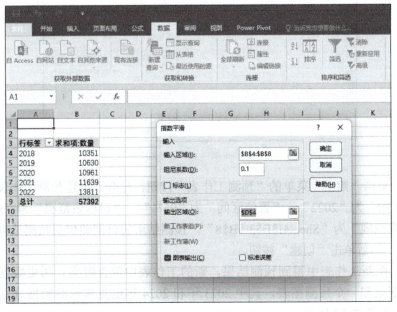

图 7-34　设置"指数平滑"

165

第四步，下拉"D8"单元格公式，即可在"D9"单元格得到2023年销售量预测值，如图7-35所示。

三、使用预测工作表预测商品退货量

Excel中的预测工作表工具可以基于历史时间数据来预测未来任一时间段内的数据，其基本原理是移动平均法和指数平滑法。

图7-35 "指数平滑"工具预测2023销售量

第一步，打开"2018—2022商品订单表.xlsx"文件，插入数据透视表在新工作表中，将"年份"字段拖拽到"行"功能区，将"求和项：是否退回"字段拖拽到"值"功能区，对"求和项：是否退回"字段汇总，从2018年至2022年的销售数量就展示出来，如图7-36所示。

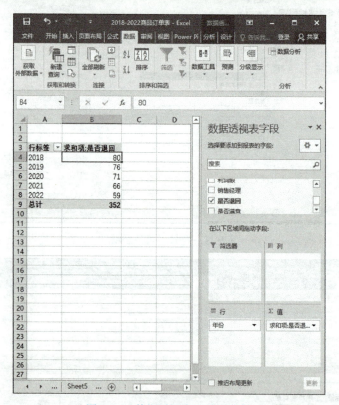

图7-36 数据透视表汇总退货量

第二步，单击"数据"菜单的"预测工作表"按钮，打开"创建预测工作表"对话框，设置"预测开始"为"2022"，"置信区间"为"95%"，"日程表范围"为"Sheet4!$A$3:$A$8"，"值范围"为"Sheet4!$B$3:$B$8"，预测结束的日期即想要预测结束的时间，如图7-37所示，然后单击"创建"按钮。

第三步，在新工作表中得到预测结果，新的工作表中包含时间、历史数据、趋势预测数据、置信下限和一个预测图表，其中2023年和2024年退货量预测数据分别在C7和C8单元格展示，如图7-38所示。

项目 7　商品数据分析

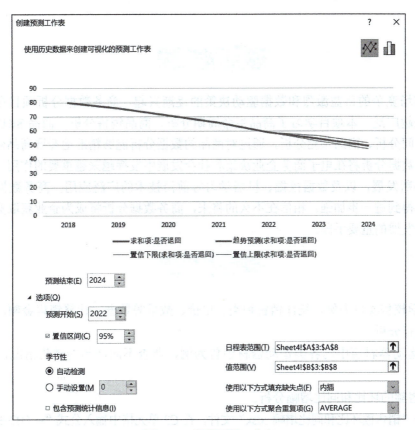

图 7-37　设置预测工作表

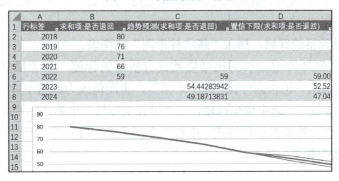

图 7-38　预测结果展示

知识链接

1）时间序列，是指按时间顺序排列的一组数据序列。

2）移动平均法，是指根据时间序列逐项推移的计算平均值的办法，它可以依次计算包含一定项数的平均值，但移动平均法不适合预测具有复杂趋势的时间序列。

3）指数平滑法，是对移动平均法的改进，通过对历史数据的远近不同赋予不同的权重进行预测，对较近的历史数据给予较大的权重，是用得最多的一种预测方法。其原理是任意一期的指数平滑值都是本期实际观察值与前一期指数平滑值的加权平均。

项目小结

随着市场竞争的日益激烈和数据驱动决策的逐渐兴起,商务数据分析项目在各行各业的应用越来越广泛。本项目学习了商品生命周期分析、商品销售分析、商品 SKU 分析、商品上下架时间分析、商品预测分析,通过对商品的数据分析能够精准地开展商品营销。展望未来,商务数据分析将在电子商务企业决策和社会发展中发挥越来越重要的作用。随着大数据技术的不断发展,以及数据挖掘、机器学习等前沿技术的广泛应用,商务数据分析的深度和广度将得到进一步加强。相信在不久的将来,商务数据分析将成为企业获取竞争优势、实现可持续发展的重要手段。

实战强化

1)以学校售卖机为例,统计销售种类、单价、数量等数据,计算销售金额,并对销售金额占比进行分析。

2)以运动器材店中的各类运动器材销售为例,调查不同产品的销售情况,并分析其SKU。

3)销售额的环比和同比增幅分析。

① 打开"销售额环比和同比增幅 .xlsx"文件,在 C2 单元格中输入公式"=(B3–B2)/B2",计算环比增幅数据并将公式向下填充。选中 D12 单元格,输入公式"=(B12/B2)/B2",计算同比增幅数据并将公式向下填充。

② 选中相关单元格的区域,插入"簇状柱形图"的图表。

③ 设定"销售额环比增幅和同比增幅数据分析"的标题,添加横坐标轴的标题"月份"和纵坐标轴的标题"销售额环比 / 同比增幅",将图例改为标题下方,网格线的"短画线类型"改为"短画线",选中横坐标轴,在"设置坐标轴"中将"标签位置"改为"低",单击数据系列,在"设置数据系列格式"中将"系列重叠"改为"0%","分类间距"改为"100%",添加数据标签。

思考与练习

一、单选题

1. 商品分析的重点是（   ）。
   A. 商品 ABC 分类的 A 类商品　　B. 价格敏感商品
   C. 高毛利商品　　　　　　　　　D. 以上都对

2. SKU 是（   ）。
   A. 求数据中最大值的函数　　　　B. 单元格区域中所有数值的总和
   C. 匹配是否满足指定的要求　　　D. 库存计量的最小可用单位

3．加购指标、下单指标、支付指标和平均支付价格指标，如果都较为平稳，那么说明顾客对该商品的消费情绪较为（　　）。

A．热情　　　　B．理性　　　　C．不足　　　　D．以上都不是

4．顾客对于某商品颜色的喜好程度根据下单指标和支付指标进行分析，得出的结论是较低，那么下面的选择错误的是（　　）。

A．下架　　　　B．停产　　　　C．清仓　　　　D．补仓

二、多选题

1．在商品定位时，常见的店铺商品优势有（　　）。

A．低价优势　　B．专业优势　　C．特色优势　　D．附加值优势

2．店铺运营重点关注的数据有（　　）。

A．浏览量　　　B．转化率　　　C．成交量　　　D．销售金额

3．商品的退货量反映了（　　）问题。

A．商品　　　　B．客服　　　　C．物流　　　　D．售后

4．定价是否合理包括（　　）。

A．加购指标　　　　　　　　　B．下单指标
C．支付指标　　　　　　　　　D．平均支付价格指标

三、判断题

1．对店铺销量有影响的仅仅是商品上下架时间。　　　　　　　　　　（　　）

2．成本决定了商品的底价。　　　　　　　　　　　　　　　　　　　（　　）

四、简答题

1．简述移动平均与指数平滑的概念。

2．简述SKU销售分析的主要内容。

项目 8

商品采购分析

项目描述

采购是卖家获取利润的主要渠道,是卖家的生命源泉。一般来说,采购节约1%的成本,大概可以为卖家带来5%的利润。有效的采购计划可以使店铺资金得到有效地利用,减少资金的流出,所以对于商品采购成本的分析十分重要。采购成本对于企业的利润高低有着十分重要的影响,如何对商品采购成本进行分析;如何降低商品的采购成本;如何控制商品的采购成本,这些都是商家需要解决的主要问题。

本项目通过对商品采购成本的分析、商品最佳采购次数的分析及商品采购成本的计算这三大内容的讲述与实操,结合 Excel 工具,快速高效地帮助商家解决商品采购过程中的主要问题。

学习目标

知识目标

- 掌握采购与采购数据的含义。
- 掌握采购的 5R 原则。
- 明确采购成本的组成与计算。
- 掌握采购最佳批量与最佳批次的计算。

能力目标

- 能够利用 OFFSET 函数对商品成本进行价格分析。
- 能够利用分类汇总命令及 SUMIFS 函数对商品采购金额与金额占比进行分析。
- 能够利用 AVERAGE 函数与图表功能对商品采购时间进行分析。
- 能够利用数据分析中"移动平均"分析工具对商品采购金额进行预测。
- 能够利用数据透视表工具对不同供应商的商品进行报价分析。
- 学会利用 Excel 对商品采购批量与采购次数进行计算。

素质目标

- 在采购数据分析中强化责任意识。
- 发扬工匠精神,养成团队协作的习惯。

项目 8　商品采购分析

任务 1　商品采购成本分析

商品采购成本是商家店铺经营成本中的重要组成部分,对采购成本进行分析与控制,是商家持续发展和增加利润的重要保障,它直接影响店铺的投入成本、盈利水平及采购渠道的选择。商家通过对商品采购成本进行分析,得出科学的结论,为制定经营与采购策略提供数据支撑。

任务分析

采购是卖家获取利润的主要渠道,是卖家的生命源泉。本任务通过对商品成本的价格分析、商品采购金额分析、商品采购时间分析、商品采购金额的预测及不同供应商的商品报价分析,全面实现企业在采购方面的直观数据分析,为合理、正确的采购提供支持。本任务将利用 Excel 来分析商品的采购成本。

任务实施

一、商品成本的价格分析

商品价格受诸多因素的影响,比如气候、交通、消费方式、不可抗力等因素,所以在商品采购中要注意采购时机,以节省采购成本。

第一步,打开素材文件"商品成本价格趋势.xlsx",如图 8-1 所示。

图 8-1　打开"商品成本价格趋势.xlsx"文件

第二步,选择"公式"选项卡,单击"定义名称"下拉按钮,弹出"编辑名称"对话框,在"引用位置"文本框中输入公式"=OFFSET (Sheet1!$C$2, COUNT (Sheet1!$C:$C) −10, , 10)",单击"确定"按钮,如图 8-2 和图 8-3 所示。

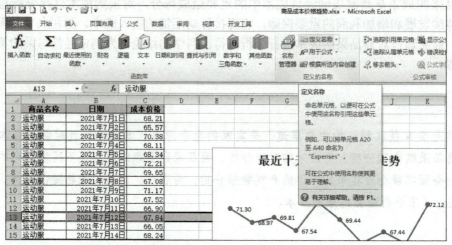

图 8-2 单击"定义名称"

第三步,再次新建名称,打开"编辑名称"对话框,在"名称"文本框中输入"七月",在"引用位置"文本框中输入公式"=OFFSET(成本价格,,-1)",如图 8-4 所示,然后单击"确定"按钮。

第四步,单击"公式"菜单中的"名称管理器"按钮,可以在弹出的"名称管理器"对话框中查看并编辑定义的名称,如图 8-5 所示。

图 8-3 新建"成本价格"名称

图 8-4 新建"七月"名称

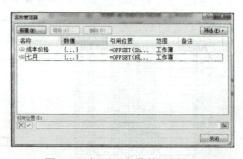

图 8-5 打开"名称管理器"

第五步,单击任意空白单元格,选择"插入"选项卡,单击"折线图"下拉按钮,选择折线图,如图 8-6 所示。

第六步,右击选定的折线图,在快捷菜单中选择"选择数据",如图 8-7 所示。

第七步,在"选择数据源"对话框中,单击左侧"添加"按钮(见图 8-8),输入"=Sheet1!成本价格";单击"编辑",输入"='Sheet1'! 七月",如图 8-9 所示。

第八步,单击"确定"按钮后,可以查看折线图效果,选中图表,选择"设计"选项卡,如图 8-10 所示,选择所需的图表布局并呈现结果。

项目8 商品采购分析

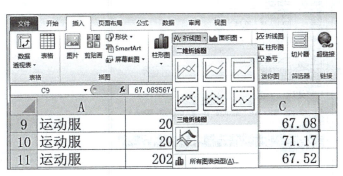

图8-6 插入折线图

图8-7 "选择数据"命令

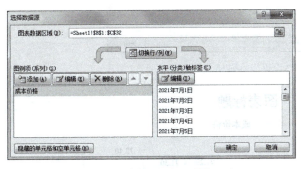

图8-8 单击"添加"按钮

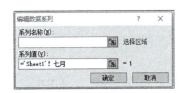

图8-9 编辑数据系列

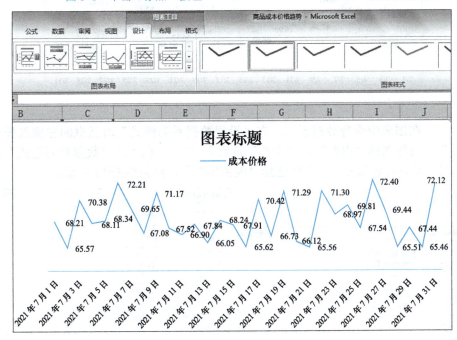

图8-10 图表布局与结果

第九步，双击图表中的横坐标，在弹出的"设置坐标轴格式"对话框（见图 8-11）中选择"数字"，并找到右侧的日期格式"3/14"。日期格式设置结果如图 8-12 所示。

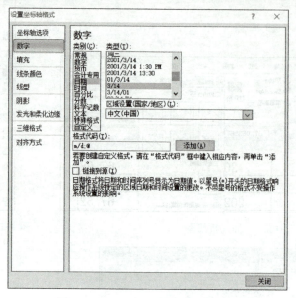

图 8-11 "设置坐标轴格式"对话框

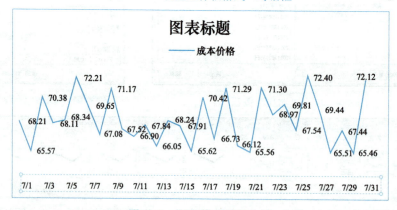

图 8-12 日期格式设置结果

第十步，在图表中选择数据系列，在"设置数据系列格式"对话框的左侧选择"数据标记选项"，右侧选择"内置"，"大小"设置为"7"；在"设置数据系列格式"对话框的左侧选择"数据标记填充"，右侧选择"纯色填充"，结果如 8-13 所示。

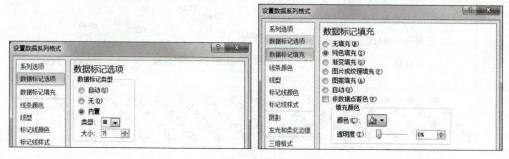

图 8-13 "设置数据系列格式"对话框

第十一步，设置图表标题，效果如图 8-14 所示。

图 8-14　图表效果

二、商品采购金额分析

在采购商品时，一般会按几个大类进行采购，会根据商品的销售情况及时地调整商品的占比，优化店铺的商品结构，进而获得更多的利润。为此，首先要统计出各类商品的采购金额，统计出各类商品的总成本后，通过饼图的方式展现出各自成本的占比。

利用 Excel 的分类汇总对同类商品的采购成本进行统计，具体方法如下：

第一步，打开素材文件"商品采购明细.xlsx"，如图 8-15 所示。

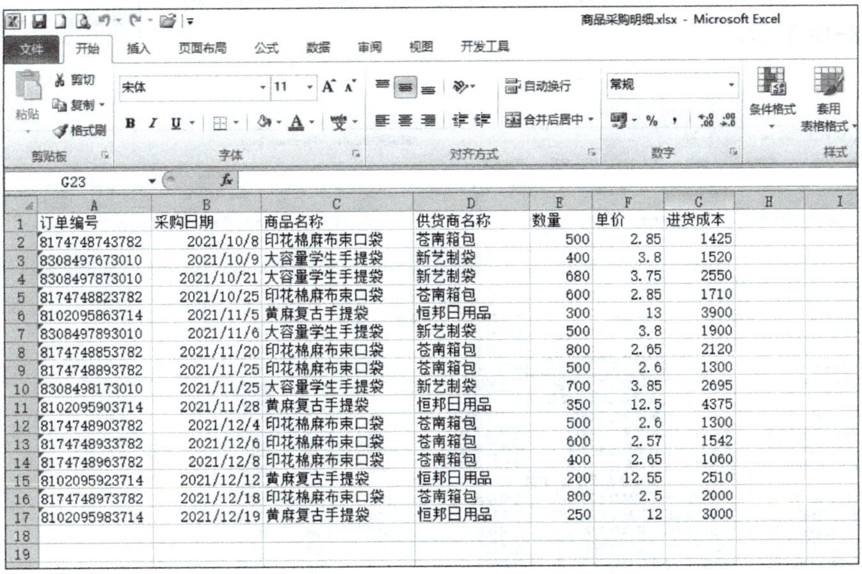

图 8-15　采购明细表

第二步，对表格进行初步设置，选择"商品名称"中的任意单元格，选择"数据"选项卡，在"排序与筛选"中单击"升序"按钮，对数据进行升序排序，如图 8-16 所示。

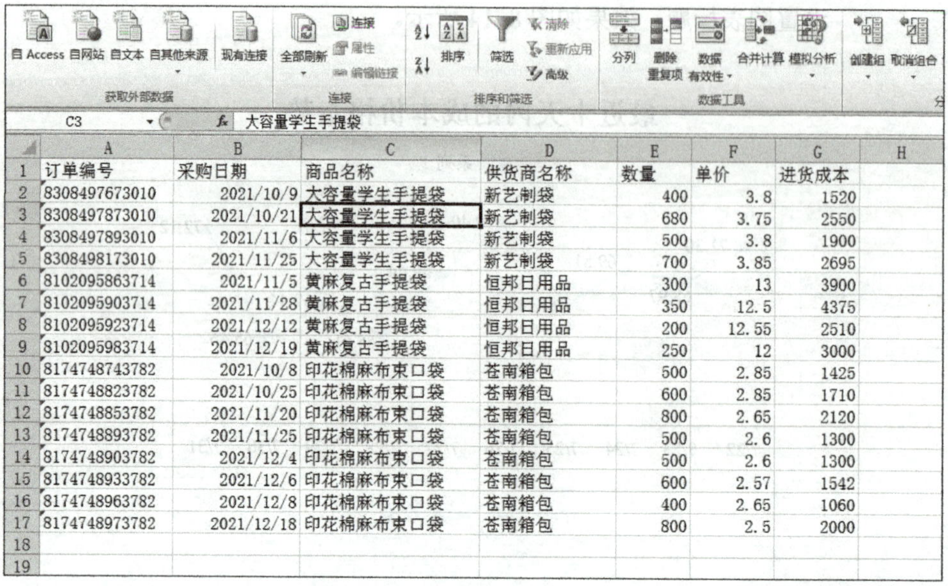

	A	B	C	D	E	F	G	H
1	订单编号	采购日期	商品名称	供货商名称	数量	单价	进货成本	
2	8308497673010	2021/10/9	大容量学生手提袋	新艺制袋	400	3.8	1520	
3	8308497873010	2021/10/21	大容量学生手提袋	新艺制袋	680	3.75	2550	
4	8308497893010	2021/11/6	大容量学生手提袋	新艺制袋	500	3.8	1900	
5	8308498173010	2021/11/25	大容量学生手提袋	新艺制袋	700	3.85	2695	
6	8102095863714	2021/11/5	黄麻复古手提袋	恒邦日用品	300	13	3900	
7	8102095903714	2021/11/28	黄麻复古手提袋	恒邦日用品	350	12.5	4375	
8	8102095923714	2021/12/12	黄麻复古手提袋	恒邦日用品	200	12.55	2510	
9	8102095983714	2021/12/19	黄麻复古手提袋	恒邦日用品	250	12	3000	
10	8174748743782	2021/10/8	印花棉麻布束口袋	苍南箱包	500	2.85	1425	
11	8174748823782	2021/10/25	印花棉麻布束口袋	苍南箱包	600	2.85	1710	
12	8174748853782	2021/11/20	印花棉麻布束口袋	苍南箱包	800	2.65	2120	
13	8174748893782	2021/11/25	印花棉麻布束口袋	苍南箱包	500	2.6	1300	
14	8174748903782	2021/12/4	印花棉麻布束口袋	苍南箱包	500	2.6	1300	
15	8174748933782	2021/12/6	印花棉麻布束口袋	苍南箱包	600	2.57	1542	
16	8174748963782	2021/12/8	印花棉麻布束口袋	苍南箱包	400	2.65	1060	
17	8174748973782	2021/12/18	印花棉麻布束口袋	苍南箱包	800	2.5	2000	
18								
19								

图 8-16　对数据进行升序排序

图 8-17　设置分类汇总

第三步，排序后，在“分级显示”中单击“分类汇总”，在弹出的“分类汇总”对话框中，在“分类字段”的下拉列表中选择“商品名称”，在“汇总方式”中选择“求和”，在“选定汇总项”中选择“进货成本”，单击“确定”按钮，如图 8-17 所示。

第四步，这样可按“商品名称”对“进货成本”进行求和汇总，结果如图 8-18 所示。

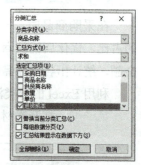

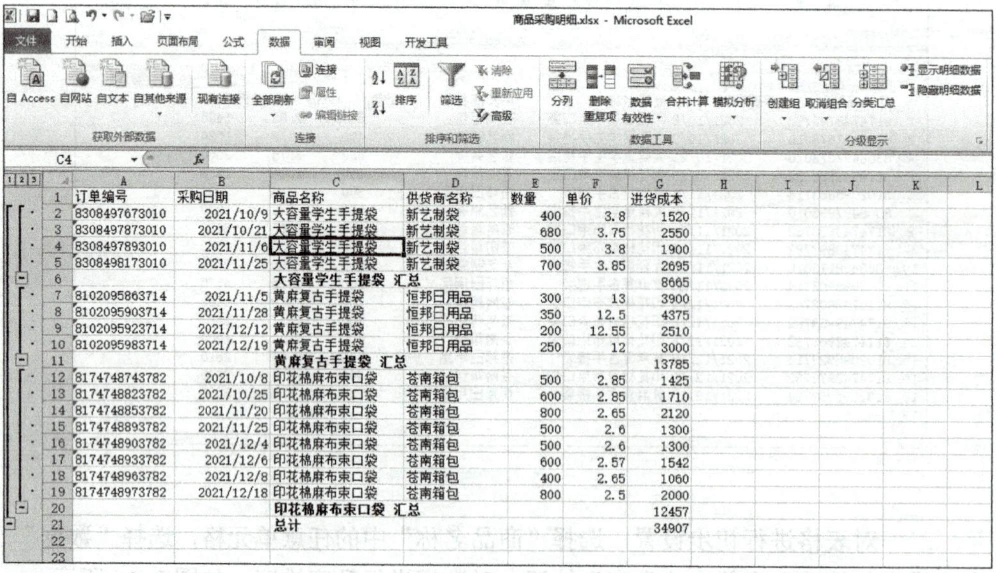

	A	B	C	D	E	F	G
1	订单编号	采购日期	商品名称	供货商名称	数量	单价	进货成本
2	8308497673010	2021/10/9	大容量学生手提袋	新艺制袋	400	3.8	1520
3	8308497873010	2021/10/21	大容量学生手提袋	新艺制袋	680	3.75	2550
4	8308497893010	2021/11/6	大容量学生手提袋	新艺制袋	500	3.8	1900
5	8308498173010	2021/11/25	大容量学生手提袋	新艺制袋	700	3.85	2695
6			大容量学生手提袋 汇总				8665
7	8102095863714	2021/11/5	黄麻复古手提袋	恒邦日用品	300	13	3900
8	8102095903714	2021/11/28	黄麻复古手提袋	恒邦日用品	350	12.5	4375
9	8102095923714	2021/12/12	黄麻复古手提袋	恒邦日用品	200	12.55	2510
10	8102095983714	2021/12/19	黄麻复古手提袋	恒邦日用品	250	12	3000
11			黄麻复古手提袋 汇总				13785
12	8174748743782	2021/10/8	印花棉麻布束口袋	苍南箱包	500	2.85	1425
13	8174748823782	2021/10/25	印花棉麻布束口袋	苍南箱包	600	2.85	1710
14	8174748853782	2021/11/20	印花棉麻布束口袋	苍南箱包	800	2.65	2120
15	8174748893782	2021/11/25	印花棉麻布束口袋	苍南箱包	500	2.6	1300
16	8174748903782	2021/12/4	印花棉麻布束口袋	苍南箱包	500	2.6	1300
17	8174748933782	2021/12/6	印花棉麻布束口袋	苍南箱包	600	2.57	1542
18	8174748963782	2021/12/8	印花棉麻布束口袋	苍南箱包	400	2.65	1060
19	8174748973782	2021/12/18	印花棉麻布束口袋	苍南箱包	800	2.5	2000
20			印花棉麻布束口袋 汇总				12457
21			总计				34907
22							
23							

图 8-18　对商品品类进行汇总

第五步，再次单击"分类汇总"，在"汇总方式"中选择"平均值"，在"选定汇总项"中选择"单价"，取消"替换当前分类汇总"复选按钮的选择，如图8-19所示。

第六步，单击"确定"按钮，将会在当前分类汇总的基础上再次按"商品名称"对"单价"进行平均汇总，结果如图8-20所示。

第七步，单击分级按钮 3 ，查看不同商品的汇总数据，如图8-21所示。

图8-19 设置嵌套分类汇总

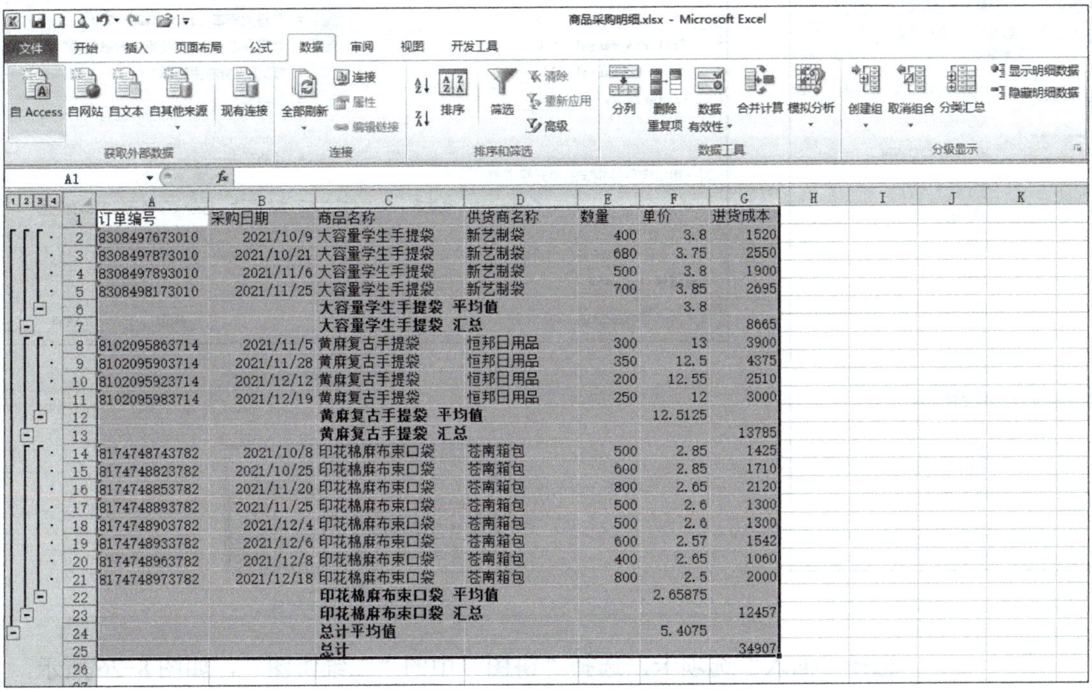

图8-20 创建嵌套分类汇总

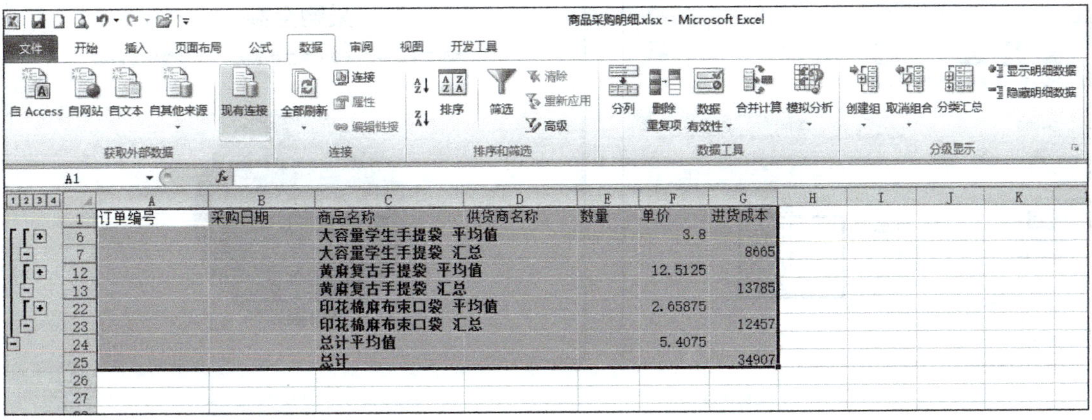

图8-21 分级显示不同商品的汇总数据

第八步，选定"I1:J4"单元格区域，分析不同商品的采购金额的占比情况，设置相关数据如图 8-22 所示。

图 8-22　设置相关数据

第九步，选择 J2 单元格，打开"公式"菜单，单击"数学和三角函数"打开下拉列表，从中选择"SUMIFS"，如图 8-23 所示。

第十步，设置 SUMIFS 函数，输入数据如图 8-24 所示。

第十一步，单击"确定"按钮，并用填充柄得到 J3 与 J4 数据，结果如图 8-25 所示。

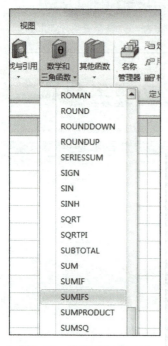

图 8-23　选择"SUMIFS"

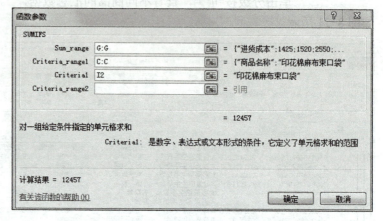

图 8-24　设置 SUMIFS 函数

图 8-25　填充结果

第十二步，选择"插入"选项卡，选择"饼图"中的"二维饼图"，如图 8-26 所示。

第十三步，在"设计"选项卡选择"图表样式"，生成如图 8-27 所示的图表布局。

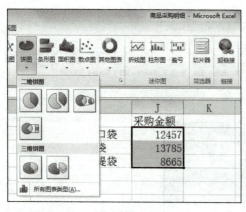

图 8-26　插入"二维饼图"

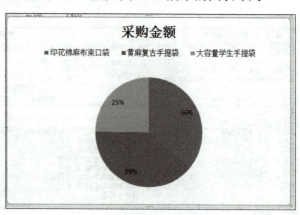

图 8-27　设置图表布局

第十四步，选中图表中的数据标签，右击选择"设置数据标签格式"命令，如图 8-28 所示，分别设置相关数据；选择对话框左侧的"数字"，设置小数位数为"2"，如图 8-29 所示。

第十五步，选择图表上的图例，在"设置图例格式"对话框中设置"图例位置"为"靠右"，如图 8-30 所示，采购金额占比图如图 8-31 所示。

图 8-28 选择"设置数据标签格式"

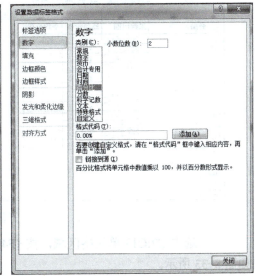

图 8-29 设置数字格式

图 8-30 设置"图例位置"

图 8-31 采购金额占比图

三、商品采购时间分析

商品的采购价格会随着市场变化受很多因素的影响，商家需要把握好采购的时机，争取降低采购成本，从而提高网店的销售利润。下面通过 Excel 函数来分析商品的采购时间。

第一步，打开文件“商品采购价格明细 .xlsx”，选择 D2 单元格，输入公式“=AVERAGE（C2:C13）”，并按 <Enter> 键计算平均价格，结果如图 8-32 所示。

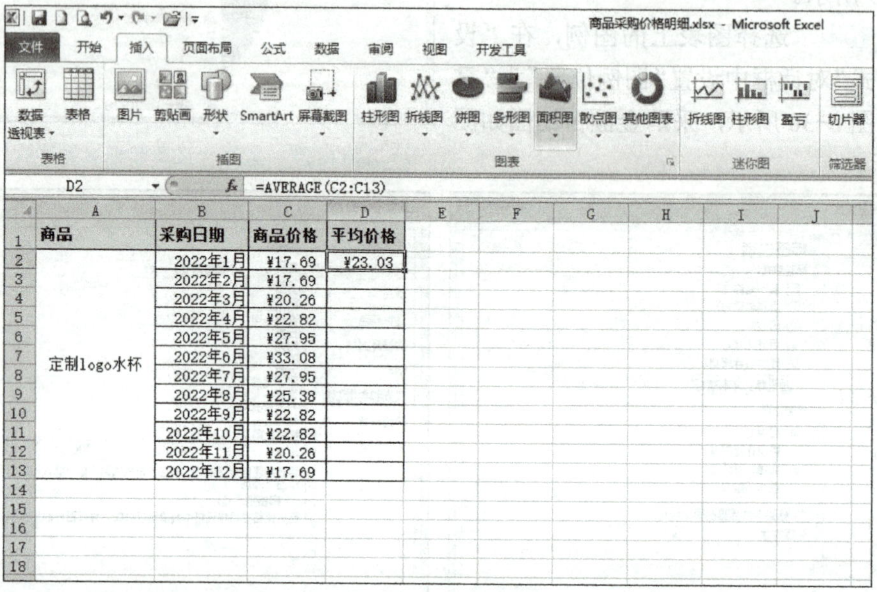

商品	采购日期	商品价格	平均价格
定制logo水杯	2022年1月	¥17.69	¥23.03
	2022年2月	¥17.69	
	2022年3月	¥20.26	
	2022年4月	¥22.82	
	2022年5月	¥27.95	
	2022年6月	¥33.08	
	2022年7月	¥27.95	
	2022年8月	¥25.38	
	2022年9月	¥22.82	
	2022年10月	¥22.82	
	2022年11月	¥20.26	
	2022年12月	¥17.69	

图 8-32　计算平均价格

第二步，选中 C2:C13 单元格区域，按 <F4> 键转换为绝对地址，并按 <Enter> 键确认，结果如图 8-33 所示。

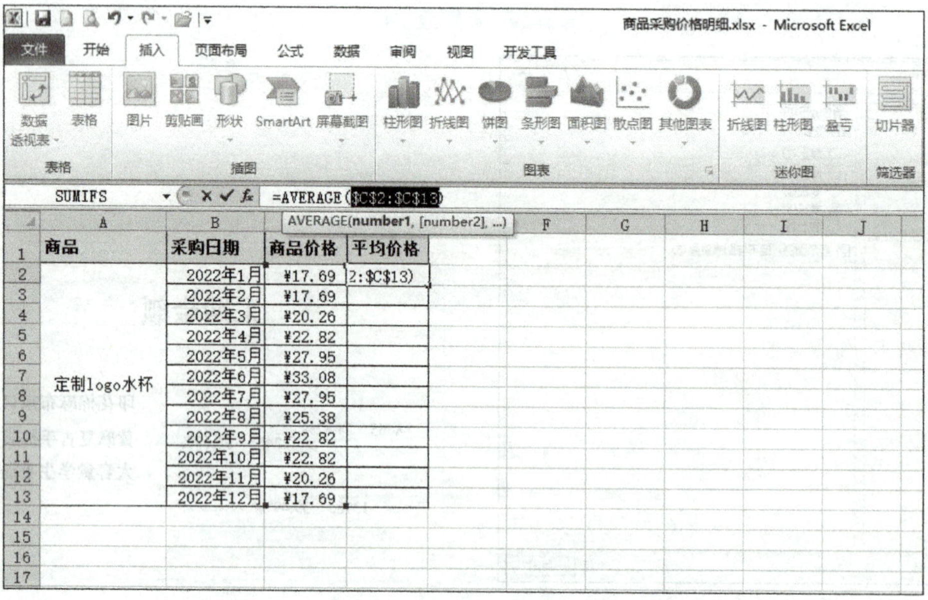

商品	采购日期	商品价格	平均价格
定制logo水杯	2022年1月	¥17.69	2:$C$13)
	2022年2月	¥17.69	
	2022年3月	¥20.26	
	2022年4月	¥22.82	
	2022年5月	¥27.95	
	2022年6月	¥33.08	
	2022年7月	¥27.95	
	2022年8月	¥25.38	
	2022年9月	¥22.82	
	2022年10月	¥22.82	
	2022年11月	¥20.26	
	2022年12月	¥17.69	

图 8-33　C2:C13 单元格区域转换成绝对地址

第三步，将光标移动至 D2 单元格右下角的填充柄，向下拉，将公式填充到其他单元格，结果如图 8-34 所示。

第四步，选择 B1:D13 单元格区域，单击“插入”菜单，单击“折线图”，选择“二维折线图”，如图 8-35 所示。

D2　=AVERAGE($C$2:$C$13)

	A	B	C	D
1	商品	采购日期	商品价格	平均价格
2	定制logo水杯	2022年1月	¥17.69	¥23.03
3		2022年2月	¥17.69	¥23.03
4		2022年3月	¥20.26	¥23.03
5		2022年4月	¥22.82	¥23.03
6		2022年5月	¥27.95	¥23.03
7		2022年6月	¥33.08	¥23.03
8		2022年7月	¥27.95	¥23.03
9		2022年8月	¥25.38	¥23.03
10		2022年9月	¥22.82	¥23.03
11		2022年10月	¥22.82	¥23.03
12		2022年11月	¥20.26	¥23.03
13		2022年12月	¥17.69	¥23.03

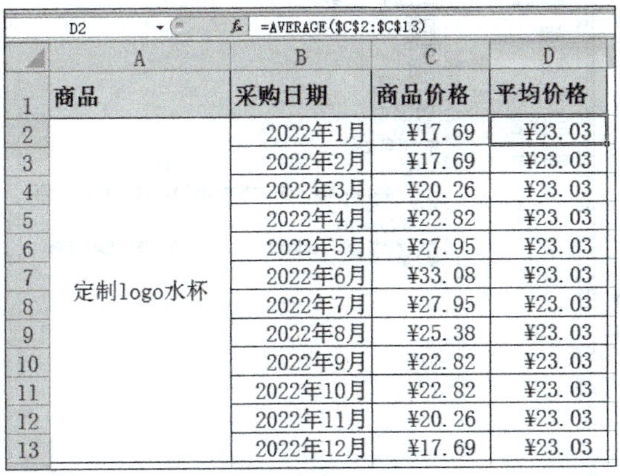

图 8-34　数据填充结果

图 8-35　插入“二维折线图”

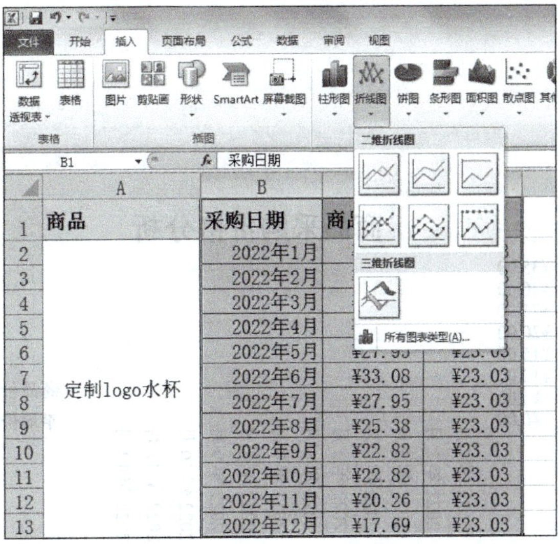

第五步，选择“折线图”，选择“设计”选项卡，在“图表样式”中选择排在第二的样式，如图 8-36 所示。

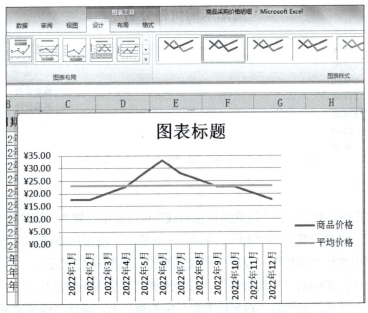

图 8-36　选择图表样式

第六步，输入图表标题为"商品采购价格分析"，如图 8-37 所示。

第七步，双击横坐标轴，在弹出的"设置坐标轴格式"的对话框左侧选择"数字"，在右侧"类别"中选择"自定义"，在"格式代码"中输入"m"月""，然后单击"添加"按钮，自定义数字格式，如图 8-38 所示。

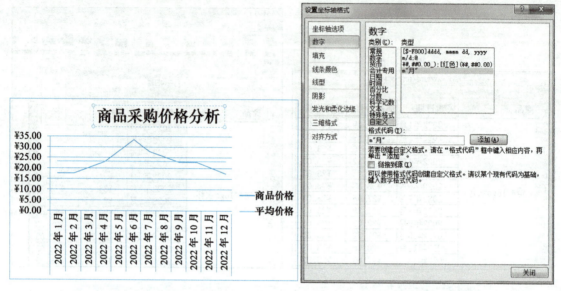

图 8-37　商品采购价格分析图　　　　　图 8-38　自定义数字格式

第八步，查看横坐标轴中设置的日期格式效果，如图 8-39 所示。

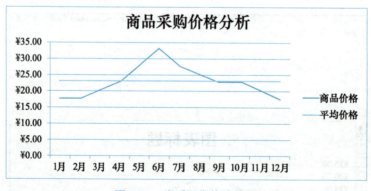

图 8-39　查看日期格式效果

第九步，双击纵坐标轴，在"设置坐标轴格式"对话框中设置"坐标轴选项"参数，"最小值"为"15"，"最大值"为"40"，如图 8-40 所示。双击网格线，在"设置主要网络线格式"对话框中选择"实线"，设置一种线条颜色，如图 8-41 所示。

第十步，选中图表中的"平均价格"，右击选择"设置数据系列格式"，在对话框中左侧选择"线型"，并选择右侧的"短划线类型"中的第二条，设置"线型宽度"为 2.25 磅。如图 8-42 所示。

第十一步，查看"平均价格"系列格式，效果如图8-43所示。

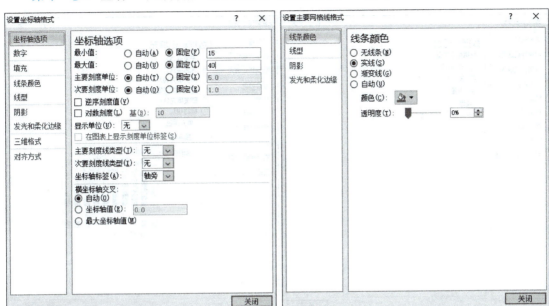

图 8-40　设置"坐标轴选项"　　　　　图 8-41　设置线条颜色

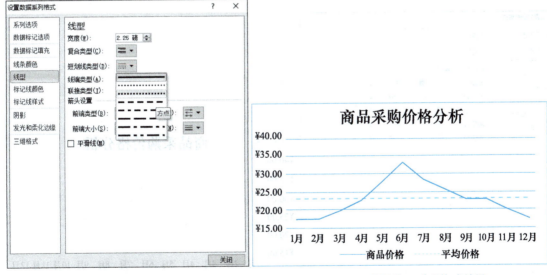

图 8-42　设置线型　　　　　图 8-43　"平均价格"系列格式效果

第十二步，选中图表中的"商品价格"，同样在"设置数据点格式"中选择左侧"数据标记选项"，在右侧选中"内置"，如图8-44所示。

第十三步，选择左侧的"数据标记填充"，在右侧选中"纯色填充"，并设置"填充颜色"为"白色"，如图8-45所示。

第十四步，选择左侧"阴影"，在右侧设置阴影格式，如图8-46所示。查看图表效果，如图8-47所示。

商务数据分析与应用

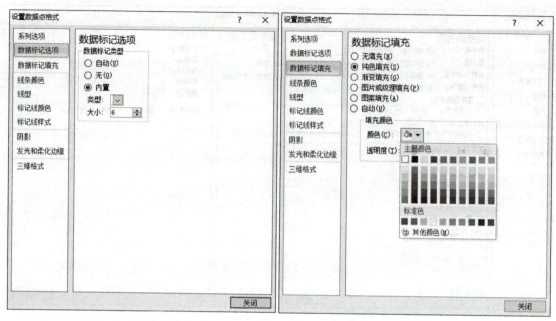

图 8-44　数据标记设置　　　　　　　图 8-45　设置数据标记填充

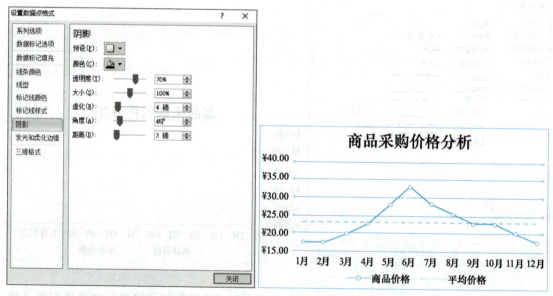

图 8-46　设置阴影格式　　　　　　　图 8-47　图表设置效果

第十五步，选中图表中的"商品价格"，单击"布局"中"数据标签"的"上方"选项，如图 8-48 所示。

第十六步，选中图表中的数据标签并右击，选择"设置数据标签格式"，如图 8-49 所示。

184

项目8　商品采购分析

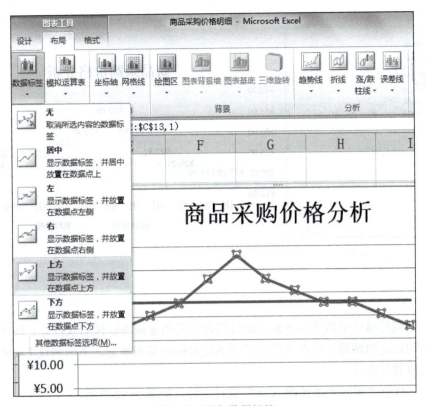

图 8-48　添加数据标签

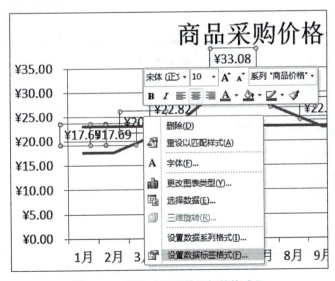

图 8-49　选择"设置数据标签格式"

第十七步，在"设置数据标签格式"对话框中选择左侧的"填充"选项，在右侧选择"纯色填充"，并设置"透明度"为"60%"，结果如图 8-50 所示。

第十八步，至此，商家就可以通过图表查看不同时点商品的采购价格，并进行分析，如图 8-51 所示。

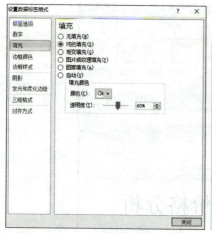

图 8-50　设置填充格式

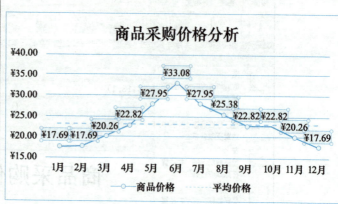

图 8-51　商品采购价格分析图

四、商品采购金额的预测分析

商家可以利用移动平均法对将来一段时间内的采购金额进行预测或推算，如下个季度、下个年度采购金额的预测，以便提前做好采购资金的准备和规划。下面通过 Excel 来实现对采购金额的预测与推算。

第一步，打开"采购金额预测 .xlsx"素材文件，如图 8-52 所示。

年份	采购金额	间隔2	间隔3
2015	3674100		
2016	3341200		
2017	3262500		
2018	3417000		
2019	3579000		
2020	3496500		
2021	3421500		
2022			

图 8-52　打开"采购金额预测 .xlsx"素材文件

第二步，在窗口内右击，选择"自定义功能区"命令，如图 8-53 所示。

第三步，弹出"Excel 选项"对话框，在左侧选择"加载项"，在右侧单击"转到"按钮，如图 8-54 所示。

第四步，在弹出"加载宏"对话框中，选择"分析工具库"，然后单击"确定"按钮，如图 8-55 所示。

项目 8　商品采购分析

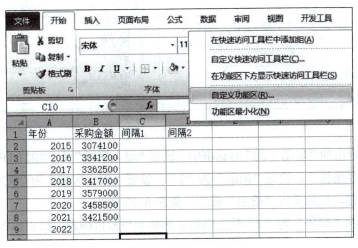

图 8-53　选择"自定义功能区"

图 8-54　设置"加载项"

图 8-55　选择"分析工具库"

第五步，打开"数据"菜单，单击"分析"中的"数据分析"，如图 8-56 所示。

第六步，在弹出的"数据分析"对话框中，选择"移动平均"，然后单击"确定"按钮，如图 8-57 所示。

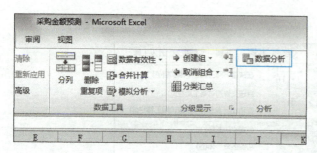
图8-56 单击"数据分析"

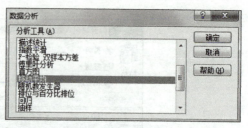
图8-57 选择"移动平均"

第七步,在弹出的"移动平均"对话框中,设置"输入区域"为"$B$1:$B$8",选中"标志位于第一行"复选按钮,设置"间隔"为"2",设置"输出区域"为"$C$2",选中"图表输出"复选按钮,然后单击"确定"按钮,如图8-58所示。

第八步,查看"间隔"为"2"时生成的实际值和预测值图表,结果如图8-59所示。

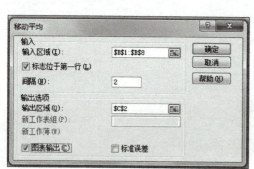
图8-58 设置"移动平均"参数

图8-59 "间隔"为"2"的预测结果

第九步,按前述步骤再次选择"移动平均",打开"移动平均"对话框,"输入区域"设置不变,设置"间隔"为"3","输出区域"设置为"$D$2",选中"图表输出"复选按钮,然后单击"确定"按钮,如图8-60所示。

第十步,查看"间隔"为"3"时生成的预测结果,如图8-61所示。

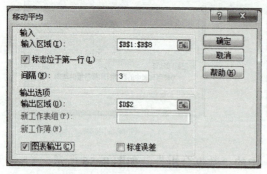
图8-60 设置"间隔"为"3"的"移动平均"对话框

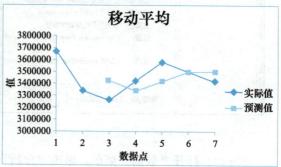
图8-61 间隔为"3"的预测结果

第十一步，根据两个预测图可知，“间隔”为“2”更接近实际值，选择 B9 单元格，在其中输入“=（C7+C8）/2”，并按 <Enter> 键，得出采购金额预测结果，如图 8-62 所示。

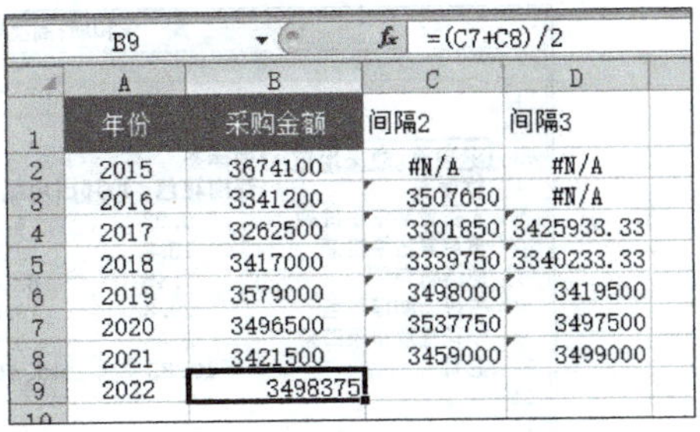

B9　=(C7+C8)/2

	A	B	C	D
1	年份	采购金额	间隔2	间隔3
2	2015	3674100	#N/A	#N/A
3	2016	3341200	3507650	#N/A
4	2017	3262500	3301850	3425933.33
5	2018	3417000	3339750	3340233.33
6	2019	3579000	3498000	3419500
7	2020	3496500	3537750	3497500
8	2021	3421500	3459000	3499000
9	2022	3498375		

图 8-62　采购金额预测结果

五、对不同供应商的商品报价分析

商家可以对不同供应商的商品报价进行分析，选择更有优势的供应商进行合作，降低商品的采购成本。通过 Excel 工具可以直观地分析不同供应商对商品的报价。

第一步，打开文件“供货商商品报价 .xlsx”，选择“插入”菜单中的“数据透视表”，如图 8-63 所示。

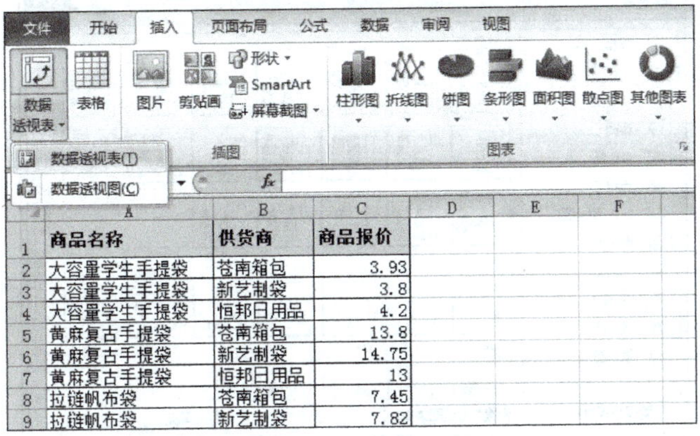

	商品名称	供货商	商品报价
2	大容量学生手提袋	苍南箱包	3.93
3	大容量学生手提袋	新艺制袋	3.8
4	大容量学生手提袋	恒邦日用品	4.2
5	黄麻复古手提袋	苍南箱包	13.8
6	黄麻复古手提袋	新艺制袋	14.75
7	黄麻复古手提袋	恒邦日用品	13
8	拉链帆布袋	苍南箱包	7.45
9	拉链帆布袋	新艺制袋	7.82

图 8-63　选择“数据透视表”

第二步，在弹出的“创建数据透视表”对话框中，在“选择一个表或区域”中输入“Sheet1!$A$1:$C$16 |”，选中“新工作表”按钮，单击“确定”按钮，如图 8-64 所示。

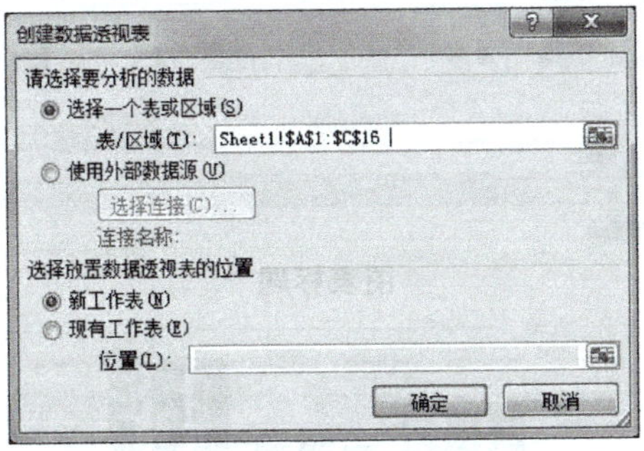

图 8-64　“创建数据透视表”对话框

第三步，在“数据透视表字段列表”中，将“商品名称”字段拖至“行标签”区域，将“供应商”字段拖至“列标签”区域，将“求和项：商品报价”字段拖至“数值”区域，如图 8-65 所示。

第四步，选择任意数据区域单元格，打开“插入”菜单，单击“柱形图”，选择“簇状柱形图（第一排第一个图标）”，如图 8-66 所示。

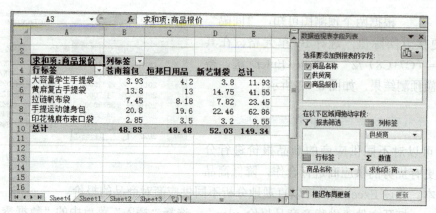

图 8-65 添加"数据透视表字段列表"

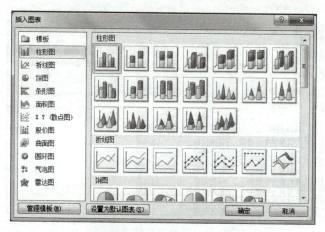

图 8-66 插入"簇状柱形图"

第五步，选中图表，打开"设计"菜单，在"图表布局"中选择"布局二"，如图 8-67 所示。

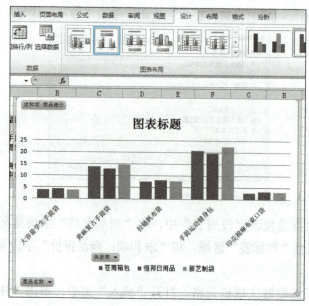

图 8-67 选择"图表布局"

第六步，单击"设计"菜单中的"图表样式"，选择"样式二"，如图 8-68 所示。

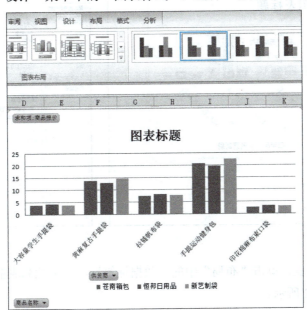

图 8-68　选择"图表样式"

第七步，调整图表大小，打开"分析"菜单，单击"字段按钮"，隐藏图表中的字段按钮，如图 8-69 所示。

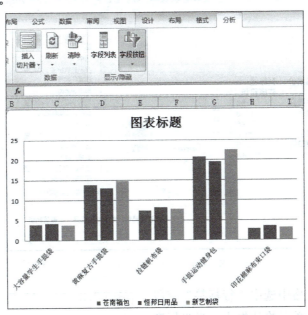

图 8-69　隐藏字段按钮

第八步，在图表中选中数据系列并右击，在弹出的快捷列表框中选择"设置数据系列格式"，如图 8-70 所示。

第九步，在弹出的"设置数据系列格式"对话框中设置"系列重叠"为"25%"，如图 8-71 所示。

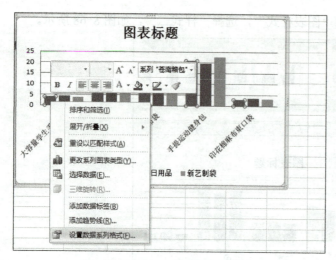

图 8-70 选择"设置数据系列格式"

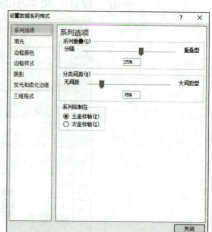

图 8-71 设置"系列重叠"

第十步，选中图表，单击"布局"中的"数据标签"，在下拉列表框中选择"数据标签内"选项，如图 8-72 所示。

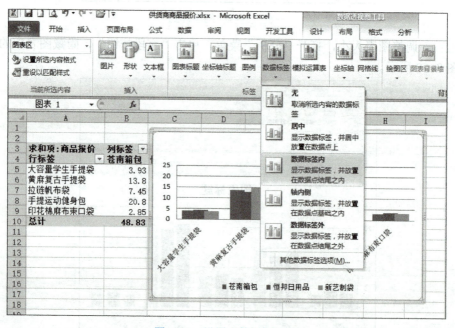

图 8-72 设置"数据标签"

第十一步，在表格中选中"行标签"字段单元格，将光标置于单元格边框上，当光标变为移动标志时，向上拖动单元格，调整字段排列顺序，如图 8-73 所示。

第十二步，完成图表的制作，结果如图 8-74 所示。

图 8-73 调整字段排列顺序

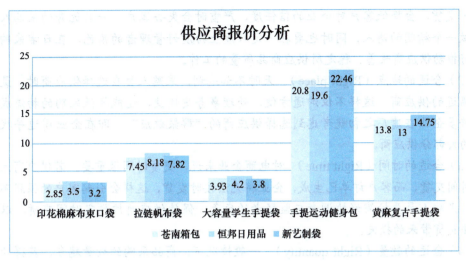

图 8-74 供应商商品报价图表一览

知识链接

1. 采购数据的概念

对于电商企业来说，采购是十分重要的环节，因为这不仅涉及企业资金的使用，还涉及企业所销售的商品，采购对于企业的财务、商品的质量、产品的营销都有着极其重要的作用。

采购是指企业从供应市场获取商品或服务作为企业资源，为保证企业的生产及经营活动而开展的一项企业经营活动。采购数据来源于采购流程的各环节，采购流程包括收集商品信息、询价、比价、议价、评估、索样、决定、请购、订购、协调沟通、进货验货、整理及付款。在以上采购流程中产生的数据都属于采购数据，比如，商品采购的日期、名称、价格等。

2. 采购的 5R 原则

商品采购过程遵循 5R 原则（见图 8-75），R 是英文单词 Right 的首字母，意思为正确的、合适的。

（1）合适的质量（Right quality）　企业如果不注重商品的质量，将无法在市场环境下立足。如果企业采购的商品质量达不到要求，其后果也是十分严重的，例如，会导致企业内部相关人员花费大量的时间与精力去处理，增加管理费用；会导致企业在重检、挑选上花费大量额外的时间与精力，造成检验费用的增加；会导致生产线返工增多，降低产品质量、生产效率；会导致生产计划推迟，不能按承诺的时间

图 8-75 采购的 5R 原则

向客户交货，会降低客户对企业的信任度，严重时会失去客户。一名优秀的采购人员不仅要做一个精明的商人，同时也要在一定程度上扮演好管理者的角色，在日常采购工作中做好推动供应商改善、稳定所供应商品质量的工作。

（2）合适的地点（Right place） 天时不如地利，采购人员在选择供应商时，最好选择距离近的供应商，这样不仅沟通方便，处理事务更快捷，还能降低采购的物流成本。所以许多企业在建厂之初就考虑到选择供应商的"群聚效应"，即在企业周边寻找企业所需的大部分供应商。

（3）合适的时间（Right time） 对电商企业来说，交货时间很重要。若供应商无法按预定时间交货，而客户订单已生成，企业将无法按时发货，这样会引起客户的强烈不满。因此，采购人员要扮演好协调者与监督者的角色，促使供应商按预定时间交货，以免造成无法交货带来的损失。

（4）合适的数量（Right quantity） 一般情况下，商品采购的数量越多，获得的折扣也越大，造成的库存和采购资金的积压也就越大，严重影响企业运营；但如果采购数量太少，又不能满足企业生产或销售的需要。因此企业合理地确定采购数量非常关键，通常会按经济订购量采购。采购人员不仅要监督供应商准时交货，还要强调按订单数量交货。

（5）合适的价格（Right price） 价格永远是采购活动中最敏感的要素之一，企业在采购中最关心的要点之一就是采购能节省多少采购资金，因此采购人员会将相当多的时间与精力放在与供应商的价格谈判上。商品的价格与该商品的种类不仅与是否为长期购买、是否为大量购买及市场供求关系有关，也与采购人员对该商品市场状况的熟悉程度有关。一个合适的价格往往要经过多个环节的努力才能获得，例如通过多渠道报价、货比三家、双方议价、进一步"砍价"等，经过上述一系列环节后，供需双方以可接受的价格作为日后的正式采购价格。

采购过程中，只有经过综合考虑以上五个原则才能实现最佳采购，因此数据分析十分重要，它是优化供应链和采购决策的核心，做好数据分析是采购过程的重要环节，这也就是上述"任务实施"阶段中，通过 Excel 函数高效、快捷、直观地实现数据分析的关键所在。

3. 采购成本中常用的分析函数

（1）OFFSET 函数 OFFSET 是 Excel 中典型的动态查询函数，在 Excel 中，OFFSET 函数的功能为以指定的引用为参照系，通过给定偏移量得到新的引用。它可以先确定一个目标，然后通过制定不同的偏移量，获取动态的返回结果。

OFFSET 函数语法结构为：OFFSET（reference,rows,cols,[height],[width]）。

1）reference 为基准单元格（必填）：作为偏移量参照系的引用区域，必须为单元格或相连单元格区域，否则将会出现错误值"#VALUE!"。

2）rows 为纵向偏移（必填）：相对于偏移量参照系的左上角单元格，上（下）偏移的行数。

3）cols 为横向偏移（必填）：相对于偏移量参照系的左上角单元格，左（右）偏移的列数。

4）[height] 为行高（选填）：需要返回的引用的行高，必须为正数。

5）[width]为列宽（选填）：需要返回的引用的列宽，必须为正数。
注意事项：
① 负数为向左偏移或向上偏移。
② 当行高和列宽的参数为1时，可以忽略不写。
③ 如果行和列偏移量超出工作表边缘，返回错误值"#REF!"。
④ 当省略最后两个参数时，OFFSET函数只引用一个单元格，得到的就是该单元格的值；当设置了最后两个参数时，OFFSET函数引用的是一个新的单元格区域。

（2）SUMIFS函数　SUMIFS函数是一个数学与三角函数，用于计算其满足多个条件的全部参数的总量。

SUMIFS函数语法结构为：SUMIFS（sum_range, criteria_range1, criteria1, [criteria_range2, criteria2],…）。

1）sum_range（必填）：要求和的单元格区域。
2）criteria_range1（必填）：使用criteria1测试的区域。
3）criteria1（必填）：定义将计算criteria_range1中的哪些单元格的和的条件。
4）[criteria_range2, criteria2,… (optional)]：附加的区域及其关联条件。

4．数据分析——移动平均

移动平均是对一系列变化的数据按照指定数量依次求取平均值，以此作为数据变化趋势以便相关人员参考的一种分析方法。

选择"Excel加载项"→"数据分析"→"转到"→"加载宏"→"分析工具库"→"数据分析"→"移动平均"后，出现移动平均设置框。

1）输入区域：原始数据区域；如果有数据标签可以选择"标志位于第一行"。
2）输出区域：移动平均数值显示区域。
3）间隔：指定使用几组数据来得出平均值。
4）图表输出：原始数据和移动平均数值会以图表的形式来显示，以供比较。
5）标准误差：实际数据与预测数据（移动平均数据）的标准差，用以显示预测与实际值的差距，数字越小则表明预测情况越好。

任务拓展

打开文件"商品成本价格分析"素材文件，对商品成本价格进行分析，了解商品近10天的成本价格变化趋势及与平均价格的关系。

任务2　经济采购批量与商品最佳采购次数分析

在商家的日常工作中，最频繁的工作就是采购订货，要想成为一名合格的采购工作者，采购中就必须了解"经济采购批量"与"最佳采购次数"两个概念，经济采购批量是商家从自身节约费用开支与成本的角度来确定的一种物质储备方法，使商家在采购过程中发生的各费用总和最小。

任务分析

对于绝大多数商家来说，从供应商处采购原材料和主要元件构成了商品采购的主要成本。材料成本占绝大多数商家生产成本的 40%～60%。采购成本节约的钱能直接变为利润，采购对企业利润的杠杆作用日益凸显。下面利用 Excel 分析并解决商家最佳的采购批量与采购次数。

任务实施

一、了解经济采购批量和最佳采购次数

1. 经济采购批量

经济采购批量，也称最佳进货批量，是指在一定时期内商家进货总量不变的条件下，采购费用和储存费用总和最小的采购批量。

1）采购费用是随采购次数变动而变动的费用，包括差旅费、业务费等。该费用与经济采购批量成反比关系，即经济采购批量越大，采购次数越少，从而使采购费用下降。

2）储存费用是随储存量变动而变动的费用，包括仓储费用、占用资金利息费用、商品损耗费用等。该费用与经济采购批量成正比关系，即经济采购批量越大，平均储存量越大，储存费用越高。

通常采购成本与经济采购批量之间存在着负相关关系，而在采购批量和储存成本之间存在着正相关关系，为了使企业采购成本与储存成本之和最小，需要在采购部门与仓储部门之间确定一个最优的经济订货量。

最优经济订货量虽然不能使采购成本或储存成本中的任何一方达到最小，但却可使二者之和达到最小。这里，可以建立经济订货量模型以求得最优订货量。经济订货批量模型应该根据存货的订货成本、储存成本和缺货成本建立，最优订货量是使订货成本、储存成本和缺货成本三者之和达到最低的订货量。通过模型计算出经济订货量后，可以很容易地找出最适宜的进货时间。经济订货量模型的使用，使进货数量比较平稳，能够长时间保存，并且事先能够预测出基本数量的商品。

2. 最佳采购次数

最佳采购次数是一种用于计算企业最佳订货次数的算法。它可以帮助企业根据自身的采购需求和库存水平，确定自身最佳的采购次数，以达到最优的库存管理效果。

最佳采购次数 = 年采购量 ÷ 经济采购批量

二、计算经济采购批量与最佳采购次数

1. 经济采购批量的计算公式

$$Q=\sqrt{(2\times C1\times D)/C2}$$

式中　Q——经济采购批量；

　　　D——一定时期内采购总量；

　　　$C1$——每次采购费用；

　　　$C2$——单位商品储存费用。

经济采购批量是指使采购费用与储存费用总和最小的采购批量。在采购过程中，既不能不考虑采购费用的节约，也不能不考虑储存费用的节约，应当力求二者之和最小。

2. 计算经济采购批量和最佳采购次数

第一步，打开 Excel，在表中依次输入"物资名称""年采购量""每次采购费用""单位存储费用""经济采购批量""最佳采购次数"等相关数据，如图 8-76 所示。

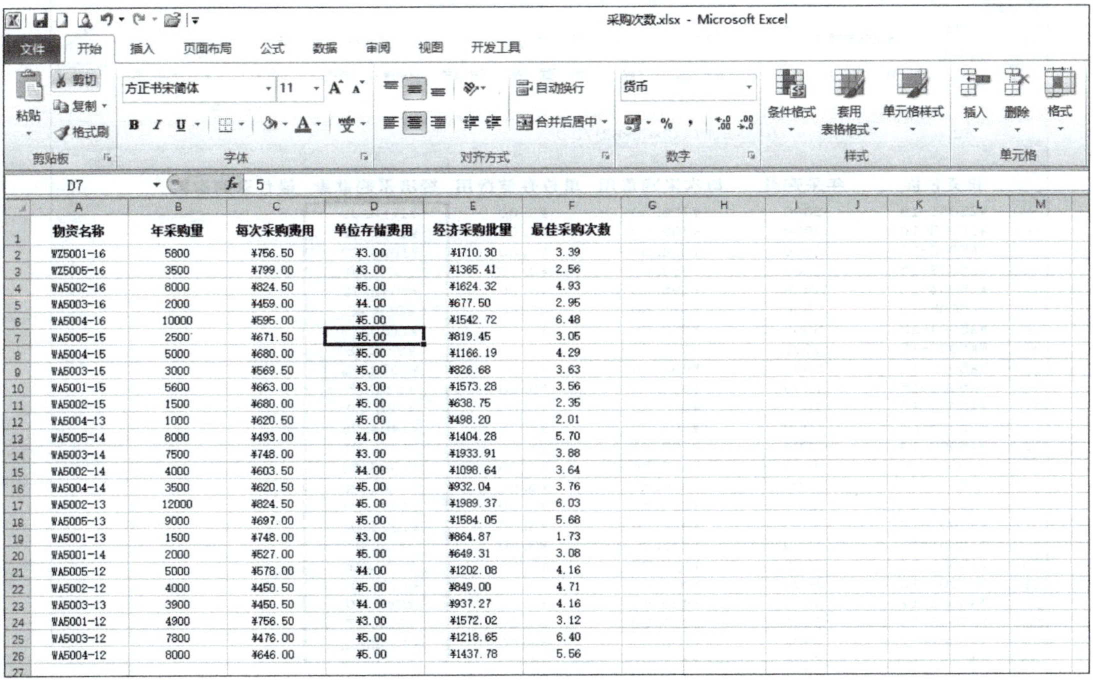

图 8-76　输入相关数据

第二步，选择 E2 单元格，输入公式"=SQRT((2×C2×B2)/D2)"，按<Enter>键得出结果，如图 8-77 所示。将光标放在单元格右下角，光标变为"+"时向下拖动光标，完成单元格 E3:E26 的数据填充，结果如图 8-78 所示。

第三步，选择 F2 单元格，输入公式"=B2/E2"，按<Enter>键，计算各商品最佳采购次数，如图 8-79 所示。

第四步，将光标放在单元格 F2 右下角，光标变成"+"时向下拖动光标，完成单元格 F3:F26 的数据填充，如图 8-80 所示。

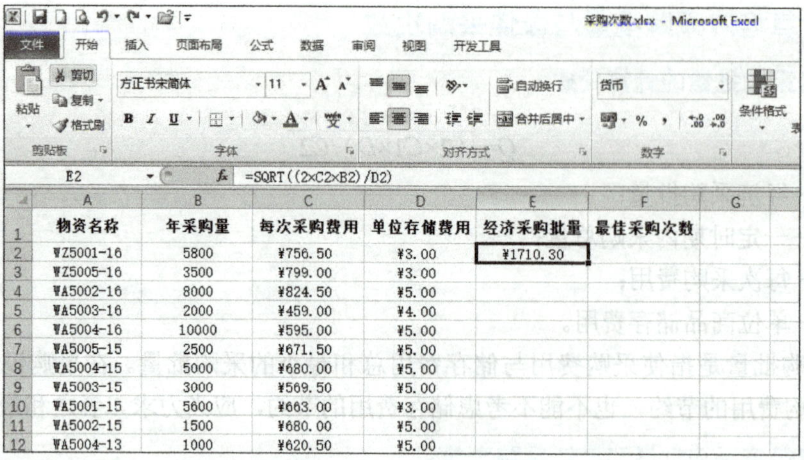

E2 =SQRT((2×C2×B2)/D2)

物资名称	年采购量	每次采购费用	单位存储费用	经济采购批量	最佳采购次数
WZ5001-16	5800	¥756.50	¥3.00	¥1710.30	
WZ5005-16	3500	¥799.00	¥3.00		
WA5002-16	8000	¥824.50	¥5.00		
WA5003-16	2000	¥459.00	¥4.00		
WA5004-16	10000	¥595.00	¥5.00		
WA5005-15	2500	¥671.50	¥5.00		
WA5004-15	5000	¥680.00	¥5.00		
WA5003-15	3000	¥569.50	¥5.00		
WA5001-15	5600	¥663.00	¥3.00		
WA5002-15	1500	¥680.00	¥5.00		
WA5004-13	1000	¥620.50	¥5.00		

图 8-77　计算经济采购批量

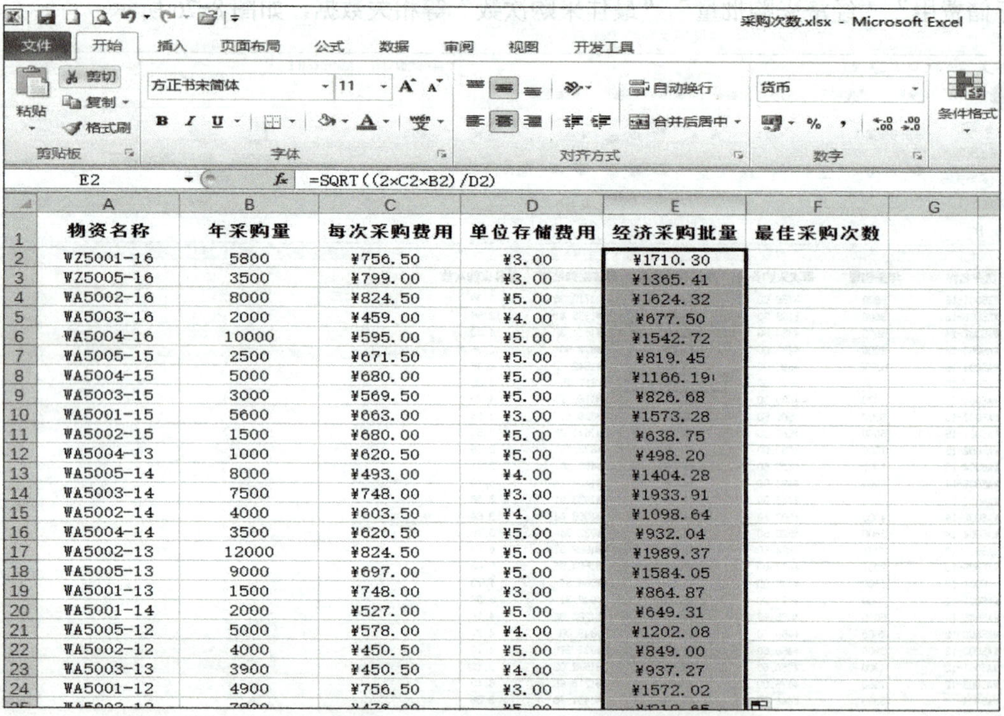

E2 =SQRT((2×C2×B2)/D2)

物资名称	年采购量	每次采购费用	单位存储费用	经济采购批量	最佳采购次数
WZ5001-16	5800	¥756.50	¥3.00	¥1710.30	
WZ5005-16	3500	¥799.00	¥3.00	¥1365.41	
WA5002-16	8000	¥824.50	¥5.00	¥1624.32	
WA5003-16	2000	¥459.00	¥4.00	¥677.50	
WA5004-16	10000	¥595.00	¥5.00	¥1542.72	
WA5005-15	2500	¥671.50	¥5.00	¥819.45	
WA5004-15	5000	¥680.00	¥5.00	¥1166.19	
WA5003-15	3000	¥569.50	¥5.00	¥826.68	
WA5001-15	5600	¥663.00	¥3.00	¥1573.28	
WA5002-15	1500	¥680.00	¥5.00	¥638.75	
WA5004-13	1000	¥620.50	¥5.00	¥498.20	
WA5005-14	8000	¥493.00	¥4.00	¥1404.28	
WA5003-14	7500	¥748.00	¥3.00	¥1933.91	
WA5002-14	4000	¥603.50	¥4.00	¥1098.64	
WA5004-14	3500	¥620.50	¥5.00	¥932.04	
WA5002-13	12000	¥824.50	¥5.00	¥1989.37	
WA5005-13	9000	¥697.00	¥5.00	¥1584.05	
WA5001-13	1500	¥748.00	¥3.00	¥864.87	
WA5001-14	2000	¥527.00	¥5.00	¥649.31	
WA5005-12	5000	¥578.00	¥4.00	¥1202.08	
WA5002-12	4000	¥450.50	¥5.00	¥849.00	
WA5003-13	3900	¥450.50	¥4.00	¥937.27	
WA5001-12	4900	¥756.50	¥3.00	¥1572.02	

图 8-78　经济采购批量数据填充

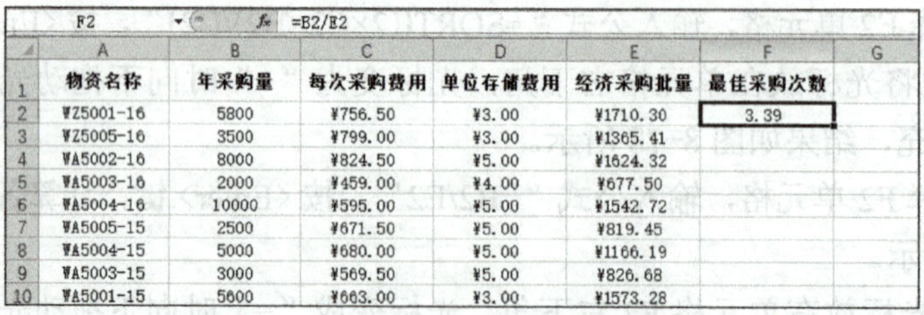

F2 =B2/E2

物资名称	年采购量	每次采购费用	单位存储费用	经济采购批量	最佳采购次数
WZ5001-16	5800	¥756.50	¥3.00	¥1710.30	3.39
WZ5005-16	3500	¥799.00	¥3.00	¥1365.41	
WA5002-16	8000	¥824.50	¥5.00	¥1624.32	
WA5003-16	2000	¥459.00	¥4.00	¥677.50	
WA5004-16	10000	¥595.00	¥5.00	¥1542.72	
WA5005-15	2500	¥671.50	¥5.00	¥819.45	
WA5004-15	5000	¥680.00	¥5.00	¥1166.19	
WA5003-15	3000	¥569.50	¥5.00	¥826.68	
WA5001-15	5600	¥663.00	¥3.00	¥1573.28	

图 8-79　计算各商品最佳采购次数

项目 8 商品采购分析

物资名称	年采购量	每次采购费用	单位存储费用	经济采购批量	最佳采购次数
WZ5001-16	5800	¥756.50	¥3.00	¥1710.30	3.39
WZ5005-16	3500	¥799.00	¥3.00	¥1365.41	2.56
WA5002-16	8000	¥824.50	¥5.00	¥1624.32	4.93
WA5003-16	2000	¥459.00	¥4.00	¥677.50	2.95
WA5004-16	10000	¥595.00	¥5.00	¥1542.72	6.48
WA5005-15	2500	¥671.50	¥5.00	¥819.45	3.05
WA5004-15	5000	¥680.00	¥5.00	¥1166.19	4.29
WA5003-15	3000	¥569.50	¥5.00	¥826.68	3.63
WA5001-15	5600	¥663.00	¥3.00	¥1573.12	3.56
WA5002-15	1500	¥680.00	¥5.00	¥638.75	2.35
WA5004-13	1000	¥620.50	¥5.00	¥498.20	2.01
WA5005-14	8000	¥493.00	¥4.00	¥1404.28	5.70
WA5003-14	7500	¥748.00	¥3.00	¥1933.91	3.88
WA5002-14	4000	¥603.50	¥4.00	¥1098.64	3.64
WA5004-14	3500	¥620.50	¥5.00	¥932.04	3.76
WA5002-13	12000	¥824.50	¥5.00	¥1989.37	6.03
WA5005-13	9000	¥697.00	¥5.00	¥1584.05	5.68
WA5001-13	1500	¥748.00	¥3.00	¥864.87	1.73
WA5001-14	2000	¥527.00	¥5.00	¥649.31	3.08
WA5005-12	5000	¥578.00	¥4.00	¥1202.08	4.16
WA5002-12	4000	¥450.50	¥4.00	¥849.00	4.71
WA5003-12	3900	¥450.50	¥4.00	¥937.27	4.16
WA5001-12	4900	¥756.00	¥3.00	¥1572.02	3.12
WA5003-12	7800	¥476.00	¥5.00	¥1218.65	6.40

图 8-80 最佳采购次数数据填充

任务拓展

打开文件"商品采购次数.xlsx",计算各种商品的"经济采购批量"与"最佳采购次数"。

任务 3 商品采购成本计算

任务分析

商品采购成本是店铺经营成本中的重要组成部分,对采购成本进行合理地分析与控制,是店铺长久发展及利润增加的重要保障,很多店铺对采购成本十分重视,它直接影响店铺投入成本、盈利水平、采购渠道的选择等,卖家可以通过对采购成本进行分析,为店铺经营策略提供数据支持。本任务通过对采购成本的计算分析,将采购成本分成若干成本项,通过某公司具体材料采购的案例分析,总结电商企业采购成本的计算方法,为合理地控制成本、提高利益奠定基础。

任务实施

一、案例说明

A 公司的年订货总成本为 100 万元,年保管费用为 1000 万元,年停工加班费用 200 万元,年销售损失为 100 万元,年采购总额为 6000 万元,年销售额 9000 万元,年产值为 1 亿元,年均存货总额为 600 万元,月利率为 0.5%。

A 公司某次采购 B 材料,订货天数为 30 天,存货天数为 5 天,缺货天数为 2 天,该批材料数量为 1000 个,单价为 10 元/个,合格数量为 900 个,废品单价为 6 元/个,要求计算此次采购 B 材料的采购成本。

二、案例分析

要计算物资材料的采购成本，应分别计算订货成本、材料成本、存货成本和缺货成本，由于本案例还涉及废品收入，因此还需要从成本中扣除这一部分的价值。

1. B 材料的订货成本

订货成本 = 订货天数 × 该材料数量 × 该材料单价 × 年订货总成本 ÷ 年总采购额 ÷ 365 = 30×1000×0.001×100÷6000÷365 万元 ≈ 0.00137 万元 = 13.7 元。

2. B 材料的材料成本

材料成本 = 该材料数量 × 该材料单价 = 1000×10 元 = 10000 元。

3. B 材料的存货成本

存货成本 = 存货天数 × 该材料合格数量 × 该材料单价 × 年保管费 ÷ 年均存货总额 ÷ 365 + 存货天数 × 该材料合格数量 × 该材料单价 × 月利息 ÷ 30 = 5×900×0.001×（1000÷600÷365+0.5%÷30）万元 ≈ 4.5×（0.004566+0.0001667）万元 ≈ 0.021297 万元 = 212.97 元。

4. B 材料的缺货成本

缺货成本 = 缺货天数 × 该材料数量 × 该材料单价 ×（年停工加班费用 × 年采购总额 ÷ 年产值 + 年销售损失 × 年采购总额 ÷ 年销售额）÷365 = 2×1000×0.001×（200×6000÷10000+100×6000÷9000）÷365 万元 = 2×（120+66.7）÷365 万元 ≈ 1.02 万元 = 10200 元。

5. B 材料的废品收入

废品收入 = 废品数量 × 该材料单价 =（1000−900）×6 元 = 100×6 元 = 600 元。

最终，B 材料的采购成本 =（13.7+10000+212.98+10200−600）元 = 19826.68 元。

因此，减少物资材料的采购成本可以通过减少订货天数、存货天数和缺货天数达成。

知识链接

1. 采购成本的概念

采购成本指与采购原材料部件相关的物流费用，包括采购订单费用、采购计划制订人员的管理费用、采购人员管理费用等。存货的采购成本包括购买价款、相关税费、运输费、装卸费、保险费以及其他可归属于存货采购成本的费用。

2. 采购成本分类

采购成本一般是在采购过程中产生的费用，有的费用可以直接通过财务报表得出，比较容易分析出来，称为显性成本；还有一些费用是比较难分析或容易被忽略的，称为隐性成本。

3. 采购成本的构成

采购过程中，原材料或零部件的采购价格肯定是重要的财务指标，但作为采购人员不应只看到采购价格本身，还要将采购价格与交货、运输、包装、服务、付款等有关因素结合起来进行综合考虑,确定采购成本,并以达到最低采购成本作为追求目标。

采购成本是指企业为满足经营发展需要,组织有关人员开展采购活动而发生的各项费用。采购总成本包括物料成本、采购中的活动成本、采购产生的库存成本及采购不及时而产生的缺货成本。采购成本=材料成本+订货成本+存货成本+缺货成本。

1)材料成本:是指为购买物料而产生的货币支出成本。它取决于采购物料的数量和单价,其计算公式为材料成本=单价×数量+运输费用+相关手续费用和税金等。

2)订货成本:是指企业为实现一次采购而进行的各种活动的费用,包括差旅费用、办公费、邮资、通信费等。订购成本中有一部分与订购次数无关,如采购部门的基本开支,也称为订购的固定成本;另一部分与订购次数有关,如差旅费、邮资,也称为订购的变动成本。

3)存货成本:是指为保存物料或货物而开展一系列活动所发生的费用。它也分为固定成本和变动成本。固定成本与存货数量的多少无关,如仓库折旧、仓库员工的工资;变动成本与存货数量的多少有关,如存货的资金成本、存货折旧与陈腐成本、存货保险费用。

4)缺货成本:是指由于物料采购不及时而造成物料或货物供应中断所引起的损失,包括停工待料损失、延迟发货损失和丧失销售机会损失、商誉损失等,这些如果失去还可能为企业造成间接或长期损失。

4. 订货成本的计算

1)每1元材料的年订货成本=年订货总成本÷年总采购额;

2)每件材料的年订货成本=该材料单价×年订货总成本÷年总采购额;

3)每件材料的天订货成本=该材料单价×年订货总成本÷年总采购额÷365;

4)每批材料的天订货成本=该材料数量×该材料单价×年订货总成本÷年总采购额÷365。

因此,在实际订货天数下的该批材料的订货成本公式:

材料的订货成本=订货天数×该材料数量×该材料单价×年订货总成本÷年总采购额÷365。

5. 材料成本的计算公式

材料成本=该材料数量×该材料单价。

6. 存货成本的计算公式

1)年均存货总额=(年初存货额+年末存货额)÷2;

2)每1元材料的年保管费用=年保管费÷年均存货总额;

3)每件材料的年保管费用=该材料单价×年保管费÷年均存货总额;

4)每件材料的天保管费用=该材料单价×年保管费÷年均存货总额÷365;

5)每批材料的天保管费用=该材料数量×该材料单价×年保管费÷年均存货总额÷365;

6)实际存货天数下的每批材料的保管费用=存货天数×该材料数量×该材料单价×年保管费÷年均存货总额÷365;

7)实际存货天数下的每批材料的占用利息=存货天数×该材料数量×该材料单价×月利息÷30。

因此，该批材料在实际存货天数下的存货成本的计算公式：

材料存货成本＝存货天数×该材料合格数量×该材料单价×年保管费÷年均存货总额÷365＋存货天数×该材料合格数量×该材料单价×月利息÷30。

7. 缺货成本的计算

1）由于采购延误导致的年停工加班费用＝年停工加班费用×年采购总额÷年产值；

2）由于采购延误导致的年销售损失＝年销售损失×年采购总额÷年销售额；

3）由于采购延误导致的年缺货总成本＝年停工加班费用×年采购总额÷年产值＋年销售损失×年采购总额÷年销售额。

因此，可以认为：

1）材料的年缺货成本＝年停工加班费用×年采购总额÷年产值＋年销售损失×年采购总额÷年销售额；

2）材料的天缺货成本＝（年停工加班费用×年采购总额÷年产值＋年销售损失×年采购总额÷年销售额）÷365；

3）每件材料的天缺货成本＝该材料单价×（年停工加班费用×年采购总额÷年产值＋年销售损失×年采购总额÷年销售额）÷365；

4）每批材料的天缺货成本＝该材料数量×该材料单价×（年停工加班费用×年采购总额÷年产值＋年销售损失×年采购总额÷年销售额）÷365。

实际缺货天数下每批材料的缺货成本的计算公式：

材料缺货成本＝缺货天数×该材料数量×该材料单价×（年停工加班费用×年采购总额÷年产值＋年销售损失×年采购总额÷年销售额）÷365。

任务拓展

甲公司的年订货总成本为1000万元，年保管费用为5000万元，年停工加班费用2000万元，年销售损失为500万元，年采购总额为5亿元，年销售额8亿元，年产值为10亿元，年均存货总额为2000万元，月利率为0.6%。

甲公司某次采购乙材料，订货天数为30天，存货天数为10天，缺货天数为5天，该批材料数量为5000个，单价为10元/个，合格数量为4900个，废品单价为5元/个，要求计算此次采购乙材料的采购成本。

项目小结

通过本项目的学习，可以熟练地掌握以下内容：

1）通过对商品成本价格的分析，寻找合适的采购时机，达到节约采购成本的目的。

2）通过对不同商品采购金额的占比分析，根据不同商品的销售情况适当调整各类商品的占比，达到优化店铺商品结构的目标。

3）通过对不同供应商的商品报价进行分析对比，达到选择合适供应商的目的，从而降低采购成本。

4）通过对经济采购批量的计算，确定最佳采购次数。

5）通过对采购成本的准确计算，达到节约成本，提高利润的目的。

实战强化

打开素材文件“2024 年销售预测”，如图 8-81 所示，根据近几年的销量数据，使用“移动平均”法预测 2025 年的销量。

	A	B	C	D	E
1	XX商品销量预测				
2	年份	销量	销量增长率		
3	2017	8200	15.00%		
4	2018	8900			
5	2019	10700			
6	2020	14300			
7	2021	15950			
8	2022	17980			
9	2023	20260			
10	2024	21920			
11					
12	2025年销量预测：				
13					

图 8-81　打开“2025 年销售预测”素材文件

思考与练习

一、填空题

1. 采购人员在选择供应商时，最好选择距离近的供应商，这样不仅________，处理事务也________，也可能降低采购的________。

2. 采购成本包括________、________、________、________。

3. 采购过程中，综合考虑________、________、________、________、________等五个因素才能实现最佳采购。

4. ________是指为保存物料或货物而开展一系列活动所发生的费用，它也分为________和________。

二、简答题

1. 什么是经济采购批量？如何利用经济采购批量计算最佳采购次数？

2. 什么是采购数据？

3. 采购成本主要由哪些项目组成？

4. 简述采购的 5R 原则。

5. 采购成本与经济采购批量、存储成本之间的关系如何？

6. 材料的存货成本与缺货成本是如何计算的？

项目 9

市场数据分析

项目描述

市场数据分析是企业进行项目投资、战略制定的重要依据,市场数据分析能够精确地分析市场中竞争对手的信息、自家商品的优劣,还可以分析市场流量的方向。市场数据分析对于运营与管理具有重要的作用。为了能够掌握线上市场环境,公司安排小艾对同类企业的市场数据进行分析,以便明确公司真正的竞争对手,从而可以更好地适应市场环境,实现可持续发展。

学习目标

知识目标
- 了解流量基础指标。
- 熟悉流量质量指标。
- 掌握网店的流量来源。

能力目标
- 能够熟练掌握流量指标的使用方法。
- 能够按实际需要分析网站流量。
- 能够开展竞争对手数据分析。

素质目标
- 通过百度统计分析流量数据,培养数据思维和思辨意识。
- 通过分析市场竞争对手数据,培养数据安全意识。

项目 9　市场数据分析

任务 1　网站流量分析

任务分析

网站流量分析是在获得网站访问量基本数据的情况下,对有关数据进行统计、分析,从中发现访客访问网站的规律,并将这些规律与营销策略相结合,从而发现自己在营销中可能存在的问题,并为进一步修正策略提供依据。本任务将通过百度统计分析浏览量、访客数、跳出率和平均访问时长等数据指标,评估网站流量,为改进界面设计和优化引流策略提供数据支持。

任务实施

一、使用百度统计分析流量趋势

百度统计是百度公司推出的一款免费的专业网站流量分析工具,能够告诉网站建立者访客是如何找到并浏览网站,在网站上做了些什么,有了这些信息,可以帮助改善访客在网站上的使用体验,不断提升网站的投资回报率。

下面介绍使用"百度统计"分析网站流量的方法,具体操作如下。

第一步,打开"百度统计"的官方网址"https://tongji.baidu.com/",网站首页界面如图 9-1 所示,单击"进入产品"按钮。

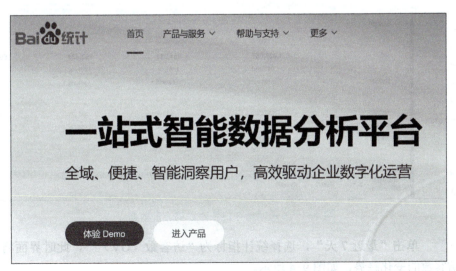

图 9-1　打开"百度统计"的首页界面

第二步,用百度账号登录后,在"数据安全与保密协议"界面中选择"我已阅读并同意

《数据安全与保密协议》，如图 9-2 所示，单击"继续使用"按钮。此后的操作步骤全部以"百度统计"的演示 DEMO 数据为例进行说明。

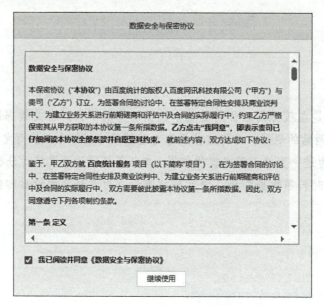

图 9-2　体验网站统计功能

进入"百度统计"的站点数据分析界面，在左侧导航栏选择"网站概况"，就会显示出自己所建网站的"今日流量"数据。为了更好地对比分析，除了今日流量数据，界面还显示了昨日、昨日此时、每日平均等网站流量数据，如图 9-3 所示。

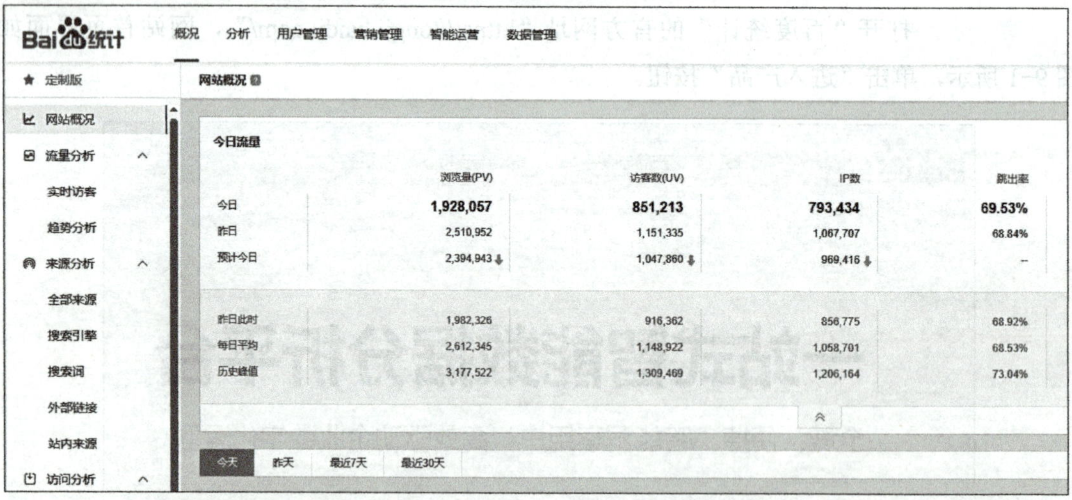

图 9-3　显示网站今日和昨日等流量数据

第三步，单击"最近 7 天"，选择统计指标为"访客数（UV）"，此时界面将显示最近 7 天访客数的变化趋势，如图 9-4 所示。

从趋势图可以看出，最近 7 天的访客数整体呈下滑趋势，因此网站需要及时进行调整，以吸引更多访客，如更新界面内容、增加社交互动功能、加强推广以增加网站曝光量等。

项目 9 市场数据分析

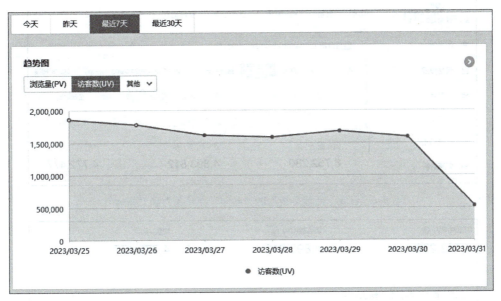

图 9-4 最近 7 天访客数变化趋势

第四步，在左侧导航栏选择"流量分析"里的"趋势分析"，如图 9-5 所示。

图 9-5 选择"流量分析"里的"趋势分析"

第五步，设置时间为"最近 7 天"，设备为"移动设备"，在"指标"下拉列表框中，选择"浏览量（PV）"和"访客数（UV）"两个流量指标，如图 9-6 所示。

设置完成后，将看到对应流量指标的变化趋势，部分趋势图显示如图 9-7 所示。

由趋势图可知：网站每日的流量高峰期为 22 点至次日 0 点，低谷期则是凌晨 2 点至 4 点。我们要充分利用流量峰谷变化趋势，开展相应的运营推广活动，实现精准引流，达到运营效果的最大化。还可以通过分析转化率等指标，找出高转化率时期，使引流时间更加细化，提升网店的转化效果。

207

商务数据分析与应用

图9-6 设置"流量分析"的"时间""设备"和"指标"

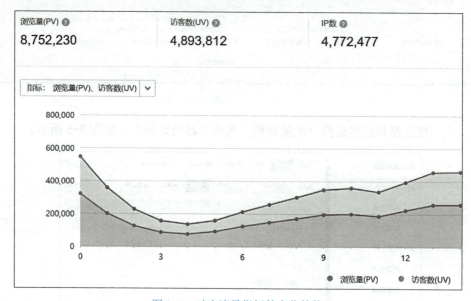

图9-7 对应流量指标的变化趋势

二、使用百度统计分析访客

通过分析网站访客的浏览行为和访客属性,可以知道网站流量情况和访客对网站的好感度。具体操作如下:

第一步,在左侧导航栏选择"访客分析"里的"系统环境",将时间设置为"最近7天",单击"网络设备类型"选项卡,将显示出最近7天使用不同访问设备的访客数的柱状图,如图9-8所示。

由柱状图可知:来自手机等移动设备的访客数几乎是使用计算机的访客数的2倍,说明手机等移动设备的网站流量更大。所以,在网站设计、内容更新、推广、投放等方面,要更关注手机等移动设备的反馈。

第二步,分析新老访客。在左侧导航栏选择"新老访客",此时显示的是最近7天新访客和老访客的占比、浏览量、访客数、跳出率、平均访问时长、平均访问页数等指标,如图9-9所示。

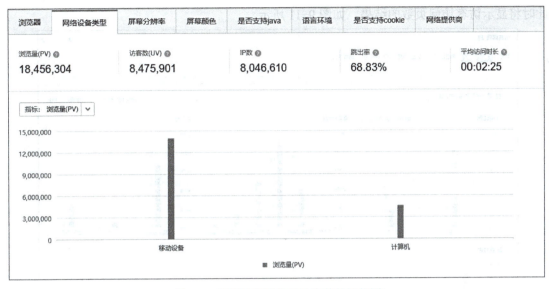

图 9-8　不同访问设备的访客数的柱状图

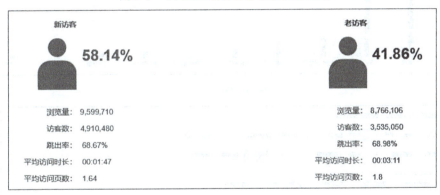

图 9-9　新老访客信息数据

由新老访客数据信息可知：新访客占比大于老访客，平均访问时长和平均访问页数却小于老访客，说明网站需要提高网站内容的质量，提高新访客的平均访问时长和平均访问页数等指标。这里值得注意的是，新老访客的跳出率都比较高，达到了68%以上。

网站的跳出率越低说明网站越有价值、用户体验感越好，网站跳出率越高说明网站对访客的吸引力越低。一般而言，如果网站跳出率在26%～40%，表明网站比较优秀；如果跳出率在41%～55%，则说明网站水平正常；如果网站跳出率在56%～70%，则说明网站需要做优化或界面更新；跳出率超过70%则往往需要重建网站。影响网站跳出率的因素很多，比如网站内容与访客需求不符、访问速度过慢、内容引导较差等，降低跳出率就可以从这些方面着手对网站进行优化。

第三步，分析访客属性。选择左侧导航栏上的"访客属性"选项，此时将显示最近30天访客的性别、年龄、学历、职业等构成情况，如图9-10所示。

有了"访客属性"，就可以根据访客的性别、年龄、学历、职业等访客信息来设计相应的界面和内容栏目，增加网站的吸引力。

第四步，分析访问页数。在左侧导航栏选择"忠诚度"选项，单击"访问页数"选项卡，此时将显示访客访问页数的结果,如图 9-11 所示。

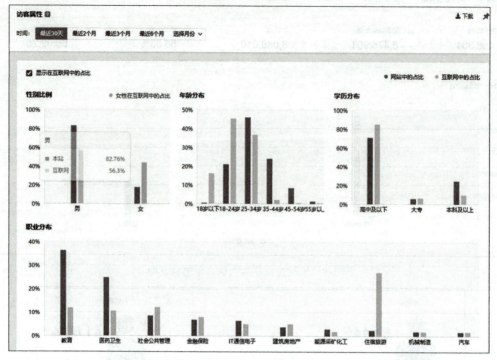

图 9-10　分析访客属性

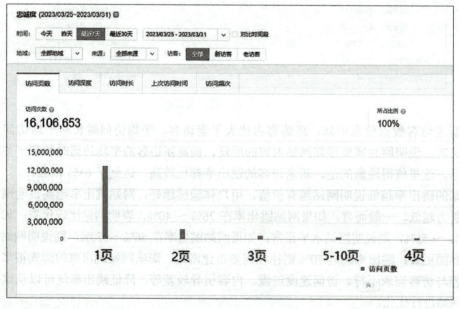

图 9-11　访客访问页数结果

由访客访问页数可知:绝大多数访客的访问页数都是 1 页,这实际上也从另一个方面佐证了访客跳出率很高的原因。要解决这个问题,可以考虑合理排版和布局整个网站的界面,一方面要让访客进入首页后即被吸引住,另一方面要让访客能从首页顺利完成跳转界面的操作。

第五步,分析访问时长。单击"访问时长"选项卡,此时将显示访客访问的时长,如

图 9-12 所示。

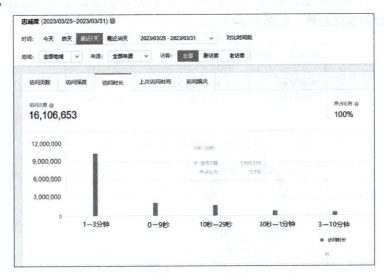

图 9-12　访客访问时长

由访客访问时长可知：大部分访客的访问时长为"1—3 分钟"，说明网站内容有一定吸引力。结合前面所展示的新老访客数据来分析，只要能够解决首页的流量吸引问题，不仅网站的跳出率会降低，访问页数和访问时长也会相应增加。

三、使用百度统计分析流量来源

分析网站的流量来源，可以判断不同渠道的引流效果，对于引流效果较差的渠道，要调整引流策略。具体操作如下：

第一步，分析来源类型。在左侧导航栏选择"来源分析"里的"全部来源"，将时间设置为"最近 7 天"，此时将显示最近 7 天网站的所有流量来源类型及其变化趋势，如图 9-13 所示。

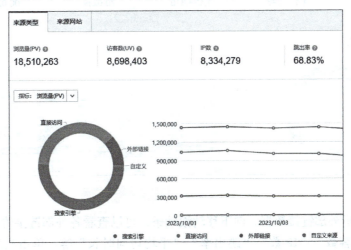

图 9-13　流量来源类型及其变化趋势

由流量来源类型可知：网站"直接访问"和"搜索引擎"带来的流量较多，这说明网站的地址或名称被访客们熟知。

第二步，分析来源网站。单击"来源网站"，就会显示出通过不同渠道访问此网站的来源类型、占比和变化趋势，如图9-14所示。

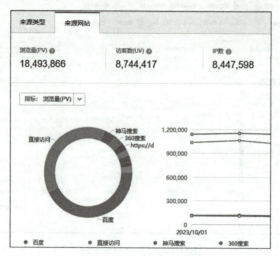

图9-14　流量来源类型

由流量来源类型可知：除直接访问外，通过百度搜索引擎访问网站流量最多，其余依次是神马搜索和360搜索，从其他来源渠道的流量也比较多。

第三步，分析外部链接类型。在左侧导航栏选择"外部链接"，将显示通过外部链接访问网站的来源类型、占比和变化趋势，如图9-15所示。对比新访客的跳出率、平均访问时长，发现网站外部链接的引流质量有待提高。

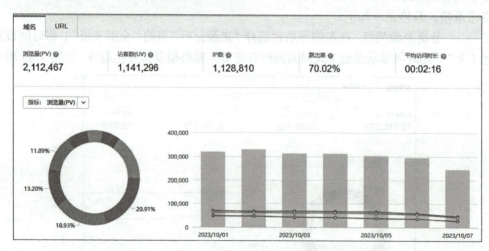

图9-15　分析外部链接类型

第四步，分析外部链接数据。向下移动滚动条，可以查看各外部链接的引流指标，包括"浏览量""访客数""IP数""跳出率""平均访问时长"等，单击相应的指标名称，则可以据此指标对"外部链接"进行排序，图9-16所示为按"浏览量"降序排列的结果。

通过对比"访客数""IP数""跳出率""平均访问时长"等指标数据，可以找出引流质量较好或较差的外部链接，从而做出相应的调整。

项目 9　市场数据分析

网站基础指标			流量质量指标	
浏览量(PV)	访客数(UV)	IP数	跳出率	平均访问时长
695,371	399,400	384,762	86.77%	00:02:23
434,822	206,267	202,598	72.8%	00:02:06
255,514	173,830	173,667	79.81%	00:02:07
222,813	99,763	100,161	68.24%	00:02:15
189,062	107,424	106,956	74.9%	00:02:18
179,433	131,187	128,223	81.66%	00:01:54
64,747	25,891	19,196	78.19%	00:12:17

图 9-16　外部链接的引流指标数据

知识链接

1. 流量基础指标

浏览量和访客数属于网站基础指标，它们经常在电子商务数据分析中提及，下面介绍它们的含义。

浏览量（Page View，PV）是页面访问量，该指标反映的是浏览某网站的页面数，所以每刷新一次页面都会增加一次浏览量。换句话说，浏览量不是页面的来访者数量，而是网站被访问的页面数量。

访客数（Unique Visitor，UV）是独立访客访问数，该指标可以理解成访问某网站的计算机数量，即实际使用者的数量。例如，客户甲通过计算机访问了指定的网站，之后客户甲再次通过计算机访问了该网站，客户乙也通过该计算机访问了相同的网站，对于该网站来说，浏览量为"3"，访客数为"2"。

2. 流量质量指标

跳出率、平均访问时长、平均访问页数是衡量网站流量质量好坏的指标。

跳出率是指只访问了入口页面就离开网站的访问次数与总访问次数的百分比，其计算公式是：跳出率＝只访问了入口页面就离开网站的访问次数/总访问次数。该指标的数值越低说明网站的流量质量越好，访客对网站内容越感兴趣。

平均访问时长是访客访问网站的平均停留时间，其计算公式是：平均访问时长＝总访问时长/访问次数。该指标可反映访客对网站的喜爱或接受程度。

平均访问页数是访客访问网站的平均浏览页数，其计算公式是：平均访问页数＝浏览量/访问次数。该指标是衡量访客浏览网站体验的一个重要指标。

3. 流量来源

一般来说，网站的流量来源主要有五大部分构成，分别是广告流量、搜索流量、引荐流量、社交媒介、直接打开。

1）广告流量是从广告投放、竞价、网盟等引来的流量。

2）搜索流量是从搜索引擎引来的流量，国内以百度系为代表（含百度网页、新闻、贴吧、知道、文库、百科、经验等）。

3）引荐流量是从友情链接、外链、其他平台等渠道引来的流量。

4）社交媒介是从交友平台、微博、社区、朋友圈等引来的流量。

5）直接打开是通过聊天工具、输入网址或收藏夹打开等方式引来的流量。

任务2 竞争对手数据分析

任务分析

为了能够掌握线上市场环境、了解自己的优劣势，公司需要对竞争对手进行数据分析。行业竞争对手数据分析一般是收集同类企业市场信息，对同类企业的市场销售、市场占有率等数据进行分析。本任务是帮助小艾公司对近5年行业竞争企业的销售数据进行分析，找出行业领袖、实力相当企业、实力较弱企业、行业新秀，从而明确企业的真正竞争对手。

任务实施

一、市场销售额占比计算

第一步，打开"市场订单数据.xlsx"文件，如图9-17所示。

图9-17 打开"市场订单数据"文件

第二步，插入"数据透视表字段"，在新工作表中，将"年（下单）"字段拖拽到"筛选"功能区，将"公司名称"拖拽到"行"功能区，将"求和项：销售额（元）"字段拖拽到"值"功能区，对"求和项：销售额（元）"字段求和汇总，这样2017年至2022年这六年的销售总额就显示出来了，如图9-18所示。

214

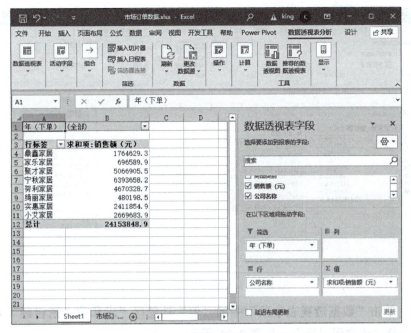

图9-18 数据透视表汇总的各公司销售额

第三步，在"数据透视表分析"中单击"插入切片器"，在弹出的"插入切片器"对话框中选择"年（下单）"，如图9-19所示，单击"确定"按钮，"年（下单）"对话框如图9-20所示。

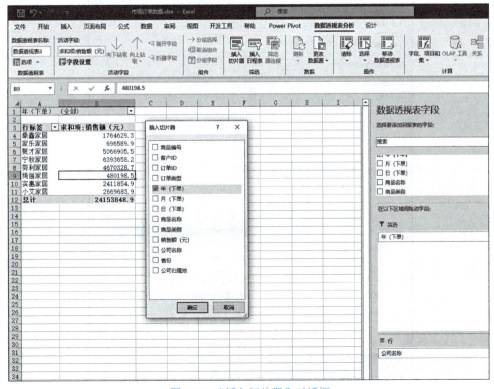

图9-19 "插入切片器"对话框

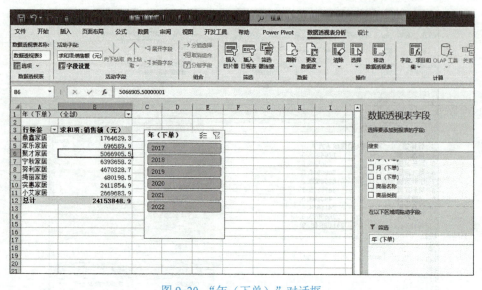

图 9-20 "年（下单）"对话框

第四步，单击"数据透视表字段"中的"值"功能区"求和项：销售额（元）"的下三角按钮，选择"值字段设置"，如图 9-21 所示。

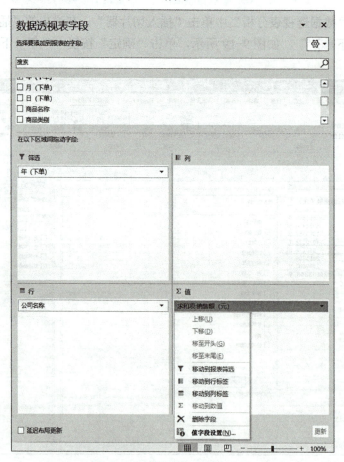

图 9-21 选择"值字段设置"

第五步，在弹出的"值字段设置"对话框中，选择"值显示方式"标签，在"值显示方式"下拉列表中，选择"总计的百分比"，如图9-22所示。

第六步，根据任务要求，在"年（下单）"对话框中取消选择"2017"，从而让2018年至2022年这五年的销售占比显示出来，如图9-23所示。

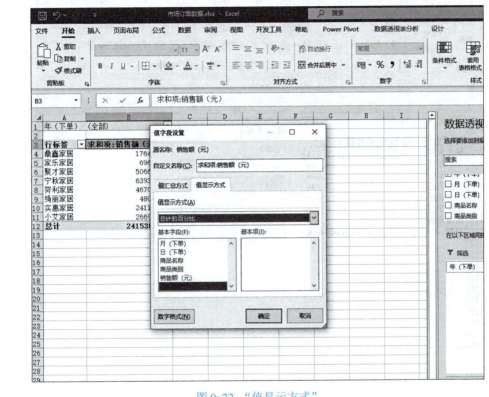

图9-22 "值显示方式"

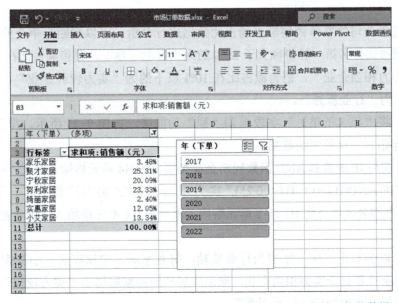

图9-23 在"年（下单）"对话框中选择2018年至2022年这五年的数据

第七步，在工作表的 B4 单元格右击，选择"排序"中的"降序"，如图 9-24 所示，可以看出 2018 年至 2022 年这五年的竞争公司的整体销售额市场占比情况。

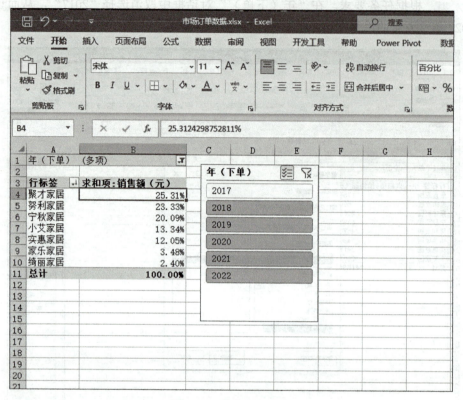

图 9-24　销售占比降序

二、竞争公司类型分析

对行业竞争公司的整体销售额市场占比数据进行分析，可以判断竞争企业竞争类型。其中，销售额占比排名第一且份额大于 25% 的为"行业领袖"，销售额占比在 10% ～ 25% 之间的为"实力相当企业"，销售额占比在 10% 以下的为"实力较弱企业"，近一年进入市场的新企业为"行业新秀"。

第一步，将"年（下单）"字段拖到"列"功能区，如图 9-25 所示，得到 2018 年至 2022 年这五年销售占比的明细数据。

第二步，使用 IF 函数和 AND 函数判断企业类型。在 H4 单元格输入公式"=IF(H4>0.25,"行业领袖",IF(AND(H4>0.1, H4<=0.25),"实力相当企业","实力较弱"))"，使用填充柄将 H4 单元格中的公式填充到 H5:H11 单元格内，最后在 H4 单元格填入"企业竞争类型"，如图 9-26 所示。

从表中可以分析出，聚才家居为行业领袖，努利家居、宁秋家居、小艾家居、实惠家居这四家家居企业都属于实力相当企业，家乐家居和绮丽家居属于"实力较弱"企业。而绮丽家居是近一年进入市场的"行业新秀"。

项目 9　市场数据分析

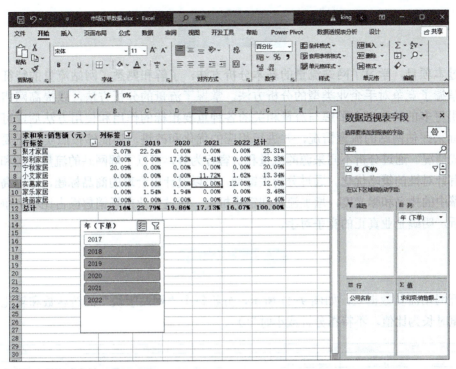

图 9-25　2018 年至 2022 年这五年销售占比的明细数据

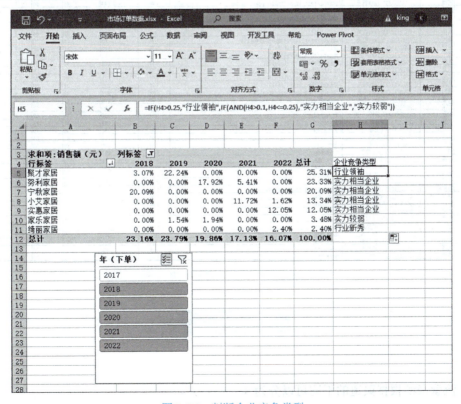

图 9-26　判断企业竞争类型

项目小结

通过本项目，学习了网站流量的基本分析方法，了解和熟悉了网站流量的特征和变化趋势，掌握了竞争对手企业类型的分析方法，掌握了流量的分析方法，以提高网店的曝光率和吸引更多的访客。在了解与流量相关的各种重要指标的作用和使用方法后，可以借助这些指标来评估网站的流量情况，并进行相应的优化和改进，还能够按照实际需要分析流量的构成情况。通过分析不同来源的流量和访客行为等，可以了解网站的流量来源和质量，并做出有针对性的策略优化。通过分析关键词，可以设计出合理的商品标题，以提高网站在搜索引擎中的排名和曝光度，增加流量和销售机会。通过企业市场销售额占比和竞争企业类型的分析，明确企业真正的竞争对手。

实战强化

打开网站流量数据表，如图 9-27 所示，分析每个“网站版块”的访客数和转化率（图中“浏览时长为比值，不特指分钟或小时”）。

媒介来源	城市	日期	网站版块	页面	浏览时长	PV	UV	访次数	退出访客数	人均浏览页数
baidu.com	兰州	2022/11/15	每日一记	/riji/2012/10/interactivity-checklist-1675	5.58	151	29	58	3	5.2
baidu.com	乌兰察布	2022/11/15	社区	/community/my-hub	2.37	244	20	40	2	12.2
baidu.com	北京	2022/11/15	Java相关	/zhishi	3.4	120	41	82	4	2.9
baidu.com	营口	2022/11/15	Java相关	/zhishi	1.09	141	17	34	2	8.3
baidu.com	金昌	2022/11/15	Java相关	/zhishi/how-burn-most-calories	59	150	17	34	2	8.8
baidu.com	营口	2022/11/15	Java相关	/zhishi/mobile-os-market-share	47	222	21	42	2	10.6
baidu.com	河源	2022/11/15	Java相关	/zhishi/tech-ipos-finish-year-strong	1.26	144	45	90	5	3.2
baidu.com	洛阳	2022/11/15	Java相关	/zhishi	1.3	137	178	356	18	0.8
baidu.com	枣庄	2022/11/15	Java相关	/zhishi/chances-rainfall	1.04	167	14	28	1	11.9
baidu.com	河源	2022/11/15	Java相关	/zhishi/chances-rainfall	2.41	164	23	46	2	7.1
baidu.com	通化	2022/11/15	Java相关	/zhishi/all	58	99	32	64	3	3.1
baidu.com	衢州	2022/11/15	Java相关	/zhishi/american-league-offensive	1.44	83	15	30	2	5.5
baidu.com	徐州	2022/11/15	Java相关	/zhishi/chances-rainfall	5.52	163	11	22	1	14.8
baidu.com	惠州	2022/11/15	Java相关	/zhishi/chances-rainfall	17	190	25	50	3	7.6
baidu.com	重庆	2022/11/15	Java相关	/zhishi/chances-rainfall	3.13	132	30	60	3	4.4
baidu.com	三亚	2022/11/15	Java相关	/zhishi/chances-rainfall	5.52	124	13	26	1	9.5
baidu.com	北京	2022/11/15	Java相关	/zhishi/chances-rainfall	2.37	233	25	50	3	9.3
baidu.com	北海	2022/11/15	Java相关	/zhishi/chances-rainfall	1.08	221	29	58	3	7.6
baidu.com	惠州	2022/11/15	Java相关	/zhishi/food-business-growing	1.28	227	43	86	4	5.3
baidu.com	湘潭	2022/11/15	Java相关	/zhishi/outlook-us-home-values	1.32	185	42	84	4	4.4
baidu.com	天津	2022/11/15	Java相关	/zhishi/why-do-customers-change-banks	1.37	199	16	32	2	12.4
baidu.com	太原	2022/11/15	注册	/download	17	190	26	52	3	7.3
baidu.com	太原	2022/11/15	注册	/download	3.13	167	67	134	7	2.5
baidu.com	石家庄	2022/11/15	注册	/download	5.52	90	35	70	4	2.6
baidu.com	大连	2022/11/15	注册	/download	2.37	132	42	84	4	3.1
baidu.com	长春	2022/11/15	注册	/download	1.08	130	26	52	3	5
baidu.com	海口	2022/11/15	PHP相关	index.htm	1.51	233	24	48	2	9.7
baidu.com	东莞	2022/11/15	PHP相关	index.htm	1.55	221	3	6	0	73.7
baidu.com	吉林	2022/11/15	PHP相关	index.htm	2.11	227	35	70	4	6.5
baidu.com	嘉峪关	2022/11/15	PHP相关	index.htm	1.42	185	52	104	5	3.6
baidu.com	大同	2022/11/15	PHP相关	index.htm	3.15	199	9	18	1	22.1
baidu.com	石家庄	2022/11/15	PHP相关	/templates/fantasy-sports	1.34	156	29	58	3	5.4
baidu.com	呼和浩特	2022/11/15	PHP相关	index.htm	1.55	148	21	42	2	7
baidu.com	大连	2022/11/15	PHP相关	index.htm	3.26	154	68	136	7	2.3
baidu.com	大连	2022/11/15	PHP相关	index.htm	1.15	264	8	16	1	33
baidu.com	大连	2022/11/15	PHP相关	index.htm	3.48	243	36	72	4	6.8
baidu.com	鞍山	2022/11/15	PHP相关	index.htm	1.09	120	38	76	4	3.2
baidu.com	鞍山	2022/11/15	PHP相关	index.htm	57	200	25	50	3	8
baidu.com	鞍山	2022/11/15	PHP相关	index.htm	46	242	30	60	3	8.1
baidu.com	鸡西	2022/11/15	PHP相关	index.htm	1.24	182	14	28	1	13
baidu.com	鸡西	2022/11/15	PHP相关	index.htm	1.27	151	18	36	2	8.4

图 9-27　网站流量数据表

思考与练习

一、多选题

1．流量来源根据渠道的不同可以分为（　　）。

A．站内流量　　B．站外流量　　C．免费流量　　D．付费流量

2. 自主访问流量来源包括（　　　　）。
   A．购物车　　　　B．直通车　　　　C．我的淘宝　　　　D．直接访问
3. 流量质量的评估通常采用（　　）作为衡量流量有效性的宏观指标。
   A．访客数　　　　B．转化率　　　　C．活跃客户率　　　　D．参与指数
4. （　　　　）属于淘宝平台的付费引流方式。
   A．超级推荐　　　　B．万相台　　　　C．极速推　　　　D．直通车
5. 从 SEO 的角度编写商品标题时应该考虑（　　　　）这两方面的因素。
   A．客户搜索关键词　　　　　　　　B．字体颜色
   C．商品所在类目　　　　　　　　　D．商品标题的诱惑力
6. 网站流量的衡量指标通常包括（　　　　）。
   A．独立访客数　　　B．页面浏览量　　　C．平均停留时间　　　D．转化率
7. 网站流量的提升可以通过以下（　　　　）方式实现。
   A．内容优化　　　B．社交媒体推广　　　C．手机应用开发　　　D．网络广告投放
8. 免费流量主要来自（　　　　）等渠道。
   A．直接访问　　　B．商品收藏夹　　　C．购物车　　　D．超链接

二、简答题
1. 自然搜索流量的主要影响因素有哪些？
2. 简述网站的流量来源。

项目 10

商务数据分析报告

项目描述

商务数据分析报告是对整个数据分析过程的总结与呈现。通过商务数据分析报告,把数据分析的思路、过程、得出的结论及建议完整地呈现出来,供决策者参考。商务数据分析报告是数据分析活动的最终成果,体现了数据的价值及数据分析的意义。只有成功撰写商务数据分析报告,才能更好地展示出分析结果、提高沟通效率,使整个数据分析成果成功体现出它的价值,为企业决策者提供重要的参考依据。

学习目标

知识目标
- 熟悉商务数据分析报告的类型。
- 理解商务数据分析报告的结构。

能力目标
- 掌握商务数据分析报告的撰写步骤。
- 掌握商务数据分析报告的撰写方法及关键要点。
- 能够根据资料撰写主旨清晰、语言流畅、图文生动、建议有效的商务数据分析报告。

素质目标
- 通过对商务数据分析过程与结论的客观展示,提高文字归纳总结能力,形成系统、清晰的逻辑思维与诚实可信的职业习惯。
- 合法、合理地收集数据信息,树立正确的竞争观念。
- 确保数据的准确性,减少误差,培养严谨、求真务实的工作作风。

项目 10　商务数据分析报告

任务 1　认识商务数据分析报告

任务分析

如今电子商务领域的竞争已经进入"高级阶段",企业现在更多地考虑如何提升用户体验、如何留住更多用户、如何提高用户复购率、如何增加企业营收等问题,而这些都离不开数据分析。对于企业来说,优质的商务数据分析报告可以为企业管理提供重要的数据分析,满足企业的发展需求,提升企业发展经营水平,从而为企业创造经济效益。因此,对于企业而言,读懂商务数据分析报告,要先了解商务数据分析报告都包括哪些内容,在此基础上,再了解商务数据分析报告的注意点以及专业术语。

任务实施

一、认识商务数据分析报告的内容

商务数据分析报告虽然没有严格的结构要求,但相对规范的结构主要有引入、正文和结论三大部分,而各部分又有各自的结构组成。其中,引入部分包括标题、前言和目录,正文部分包括基本描述部分和数据分析部分,结论部分包括结论与建议、附录。当然,商务数据分析报告的结构并不是一成不变的,不同的企业、不同的企业管理者、不同的客户、不同的数据分析核心,都有可能具有不同的结构,要具体情况具体分析。

1. 引入

(1) 标题　商务数据分析报告的标题一般是单独成页的,包含了标题、作者和报告时间三个部分,方便读者了解报告的时效性。标题要紧扣数据分析的核心内容,标题文字应尽量简练。

常见的标题类型一般分为三种,即直叙式标题、观点式标题和提问式标题。直叙式标题是总结整篇报告的内容,帮助读者理解报告的中心思想,例如《2022 年国内手机市场运行分析报告》;观点式标题是直接阐明报告撰写者的观点或者对事物的判断、评价的标题,例如《全民健身,智能风起——从 Keep 看互联网智能化健身行业发展》;提问式标题是以提问的方式提出报告分析的主要内容,引起读者的兴趣和思考,例如《互联网传媒行业:元宇宙是昙花一现吗?》。图 10-1 所示为一份商务数据分析报告的直叙式标题。

图 10-1　直叙式标题"中国创作者生态报告(2021)"

同时,一个好的商务数据分析报告的标题还需要满足以下三点。

1) 贴合主题。标题要与商务数据分析报告的整个内容相符合,做到文题相符,能够准确体现出商务数据分析报告的内容和对象。

2）语言精练。标题必须概括得当、言简意赅，能够准确地概括出商务数据分析报告的内容以及中心思想。

3）严谨直接。商务数据分析报告的标题要严谨直接、开门见山地表达报告中的基本观点，使读者能够直接理解报告的主要内容。

（2）前言　前言在商务数据分析报告里是一个很重要的角色，通常用来阐明报告的基本情况，体现商务数据分析报告的分析背景，说明报告的分析目的、介绍分析对象和主要分析内容，包括分析时间、地点、对象、范围、要点及所要解决的问题。

前言要重点突出三个要点：第一个是撰写报告的起因或目的、时间和地点、对象或范围、经过与方法，从中引出中心问题或基本结论；第二个是写明需要分析对象的历史背景、大致发展经过、现实状况、主要成绩、突出问题等基本情况，进而提出中心问题或主要观点；第三个是开门见山，直接概括出报告的结果，如肯定做法、指出问题、提出影响、说明中心内容等。前言起到画龙点睛的作用，要精练概括，直切主题。

案例阅读 >>>>

中国创作者生态报告（2021）——前言部分

2021年是具有里程碑意义的一年。"两个一百年"奋斗目标历史交汇，我们开启了全面建设社会主义现代化国家新征程，正昂首阔步行进在实现中华民族伟大复兴的道路上。移动互联网、物联网、大数据、5G、人工智能等新科技革命成果在推动现代化进程中，不断融入人们的生产生活，改变人们的行为方式与社交方式，深刻影响着人们的思想观念和思维方式。加强网络文明建设，是推进社会主义精神文明建设、提高社会文明程度的必然要求，是适应社会主要矛盾变化、满足人民对美好生活向往的迫切需要，是加快建设网络强国、全面建设社会主义现代化国家的重要任务。

2021年9月，中共中央办公厅、国务院办公厅印发《关于加强网络文明建设的意见》，要求网络平台主体责任和行业自律有效落实，提出丰富优质网络文化产品供给，引导网站、公众账号、客户端等平台和广大网民创作生产积极健康、向上向善的网络文化产品。网络文明建设既要对创作者进行监管与引导，还要求创作者自身能够担负起社会责任。要加强网络创作自律，明确创作者责任与义务，规范网络创作行为，引导内容正能量，发展积极健康的网络文化。

为此，人民网·人民智作联动社会创作力量，驱动社会创作力量创作精品，助力国家净网、强网，助力终端内容提质，助力产业行业发展，助力全民共享内容红利，共建价值内容生态圈。

作为国家在文化科技领域的重要战略部署，人民网牵头负责的国家重点研发计划重点专项以人民网·人民智作的实际业务场景为业务原型，围绕服务社会创作力量发展设立。人民网·人民智作联合微播易成立创作者生态研究专项课题小组，依托"人民智作创作者大数据中心"技术成果及微播易社交数据引擎，围绕国家宏观政策与平台规则，聚焦网络创作生态，深度剖析网络创作内外环境变化，梳理包括创作者群体特征、创作内容特征、商业化模式与创作者社会责任发展趋势，深度挖掘内容生态与创作者生态的文化内涵和社会价值，为"十四五"时期推进社会主义文化强国建设贡献力量。为了引领行业健康有序发展，深入剖析现有创作者监管情况、创作者社会责任现状、行业社会责任发展趋势等问题，人民网·人民智作在田野调查与实证分析的基础上，撰写《中国创作者生态报告（2021）》。

本报告以宏观到微观，整体到局部的研究视角，在创作环境、创作者发展、影响力案例三大层面，重点对创作者与创作内容生态进行解读，为创作平台和创作者提供建议。同时，报告面向全网公开征集正能量优秀案例，通过规范性的评价维度与规则，综合行业专家、业界学者意见，呈现现象、展示案例，为网络创作行业参与者了解行业图景提供行之有效的依据，为网络创作者规范行为和网络内容建设提供理论支持与实践参考。

（3）目录　目录一般由章节名称、小节名称和页码组成，是一个报告的大纲，可以体现出报告的分析思路。不同的目录条概括了相应章节的核心思想。目录具有导读作用，便于读者快速找到所需要的内容。但目录不宜太过详细，应当简洁明了、通俗易懂。例如，《中国创作者生态报告（2021）》的目录如图 10-2 所示。

第一章：2021创作者环境分析
01 —（一）国家政策引导与扶持
02 —（二）互联网平台规则与扶持计划

第二章：2021创作者发展变化
01 —（一）生产与传播：创作身份多元化，参与全民化
02 —（二）内容与生态：创作内容优质化，环境清朗化
03 —（三）产业与模式：内容产业商业化，方式多样化
04 —（四）责任与价值：内容传播大众化，引导正向化

第三章：2021创作者影响力案例
01 —（一）社会媒体协同，厚植爱党爱国情怀
02 —（二）短视频新玩法，拓展知识科普疆界
03 —（三）多元内容呈现，促进社会公益传播
04 —（四）视频跨越时空，实现美好生活交互
05 —（五）创新表达方式，探索传统文化底蕴
06 —（六）全民内容生产，迎来国潮振兴机遇
07 —（七）社交媒体矩阵，聚焦创意营销增长

第四章：网络创作自律联盟
第五章：关于报告

图 10-2　《中国创作者生态报告（2021）》的目录

2. 正文

正文是主体，是分析报告最主要的部分，通过收集数据着重分析说明被分析对象的发生、发展和变化过程，为得出分析结论、发现问题做充分的论述。正文部分是数据分析报告的核心部分，要以科学严谨的论证，确保结论的合理性和真实性。正文最好采用图文并茂的方式，这样才能让读者更加深入了解分析的过程与结果。正文主要包括基本描述和数据分析两部分内容。

3. 结论

（1）结论与建议　数据分析报告要有明确的结论、建议和解决方案，以此作为决策者的重要参考依据。结论对报告起到总结的作用，应该有明确、简洁、清晰的数据分析结果。

结论即调查与分析（包括预测）的结果，是对正文主要内容的总结，是对所提出的研究问题做出的明确答复。建议部分主要立足于数据分析的结果，针对企业面临的问题提出改进方法，主要关注点可放在保持优势及改进劣势等方面。例如，《2022年第三方物流行业发展状况报告》的结论如图10-3所示。

结论

物流一直对供应链至关重要。曾经是一个隐藏的服务行业，现在它成为了一个备受关注的新闻话题，包括包裹递送延误、港口拥堵或亚马逊接下来要做什么。然而，作为供应链的核心，物流正在改变一个以3PL仓库为中心的行业。

作为许多客户业务的生命线，3PL保持供应链的流动。他们帮助企业度过中断并发展新的销售渠道。3PL还推进自己的业务和履约渠道，以满足不断增长的客户群的需求。它也是创新和新技术的空间。事实上，73%的3PL客户认为3PL提供了新的创新方式来提高物流效率。此外，64%的3PL客户也认可使用3PL降低了整体物流成本——使3PL仓库成为优秀的战略合作伙伴。

无论是通过流程自动化、以客户为中心的履约策略、变革管理还是重新评估的履约网络，3PL都在改变消费者接收商品的方式。对于希望推动创新、建立盈利业务和加速变革的3PL仓库而言，时机已到。随着市场瞬息万变，3PL有机会将2022年打造成有史以来最具创造力的一年。

图10-3 《2022年第三方物流行业发展状况报告》的结论

（2）附录　附录也是报告的基本组成部分，但附录并不是必需的。因为报告的特殊性，有可能包含大量的无法在正文中全部显示的数据，所以某些报告常常需要通过附录进行内容的补充。附录对正文没有具体解释的部分做一个补充说明，使读者能更加深入地了解报告的资料获取方式、内容及所包含的专业名词的解释等。例如，报告《新经济下，2022新职业百景图》的附录如图10-4所示。

附录
DATA DECLARATION

【注1】：《青山资本2021年度消费报告》显示，中国独居人口高达9200万，已到适婚年龄的单身人口有2.4亿。

【注2】：2020年，7月30日中共中央政治局召开的会议作出重大判断：中国已进入高质量发展阶段。

【注3】：据国家统计局，"三新"经济是以新产业、新业态、新商业模式为核心内容的经济活动的集合。

【注4】：据中华人民共和国民政部：新职业是指经济社会发展中已经存在一定规模的从业人员，具有相对独立成熟的职业技能，《中华人民共和国职业分类大典》中未收录的职业。

【注5】：第七次全国人口普查数据显示，我国60岁及以上人口已达2.64亿。预计"十四五"时期这一数字突破3亿，我国将从轻度老龄化进入中度老龄化阶段。

图10-4 报告《新经济下，2022新职业百景图》的附录

二、理解商务数据分析报告

商务数据分析报告一般是向决策者或管理者提供分析结果、可行性建议等有价值的信息,一份优秀的商务数据分析报告除了要帮助决策者或管理者了解数据和分析结果外,还需要针对不足提出优化方案,发现新机会并创造新的商业价值。

1. 商务数据分析报告的概念

商务数据分析报告是利用适当的统计和分析方法对收集到的商务数据进行整理、分析、汇总、评估,最大限度地发挥商务数据的功能,阐述现在的状况、指出优势与不足、分析发展趋势的一份结构完整、条理清晰、数据详实、分析合理,为决策提供依据的报告。

撰写商务数据分析报告常会涉及一些统计专业术语,只有读懂这些术语,才能做到看懂报告内容。下面来介绍一些常见的术语。

(1)倍数　数学中倍数的定义是一个整数能够被另一个整数整除,这个整数就是另一个整数的倍数。

(2)成数　成数表示一个数是另一个数的百分之几十或十分之几。

(3)番数　翻一番是原来的2倍,翻两番是原来的4倍,翻n番是原来数值的2的n次方倍。

(4)百分点　表达不同百分数之间差距的值,指变动的幅度,一个百分点等于1%。

(5)比例　比例是指总体中各部分的占比。

(6)比率　比率是指不同类别数据之间的比值。

(7)同比　历史同时期的比较。

(8)环比　与前一个统计时期的比较。

(9)增长率　一定时期内某一数据指标的增长量与基期数据的比值,用百分号表示。

(10)增长量　一定时期内所增减的绝对量。

2. 商务数据分析报告的类型

(1)按报告的场景分类

1)"演讲+报告"的形式:此类报告需要汇报者通过口述的形式将信息传递给听众,所以这种报告的内容要精练,文字部分的描述不宜过多,应采用更加直观的图表、图片。

2)"纯文字"的形式:此类报告以文本的形式将信息传递给读者,需要大量的文字将报告描述清楚。

(2)按报告的内容分类

1)描述类报告通常用于现象和问题的描述,对业务数据进行日常的展现,一般为定期报告,比如常规的报表、查询、分析报告等。

2)咨询类报告通常是企业为了自我优化针对某个现状运用各种科学方法进行调查分析,然后做出切实评价,提供有效的改善方案,一般为综合性分析报告。

3)预测类报告通常是通过对事实的现象和原因进行分析和判断,然后预测未来会发生什么,一般为市场分析报告。

(3)按报告的汇报周期分类　在如今瞬息万变的商业环境中,作为企业不仅要关注自身的发展,同时也要密切关注自己所在行业的发展趋势和市场动态,了解竞争对手的情况和行业变化，以便及时调整自己的工作方向和策略。报告的汇报周期有日报、周报、月报、季报、年报等。

任务拓展

指出下列标题属于哪一种类型。
(1)《元宇宙是昙花一现吗？》　（　　）型标题
(2)《2021年数字人民币研究报告》　（　　）型标题
(3)《关注产能去化，寻找边际拐点》　（　　）型标题

任务2　撰写商务数据分析报告

任务分析

随着自身数据意识和数据素养的不断提升，企业对自身运营管理的要求越来越高。商务数据分析报告撰写者应具备的主要素质，包括撰写高水平的运营报告、用数据思考和表达，了解企业整体运营情况，评价营销活动实施效果，发现存在的问题并及时进行调整。商业数据分析报告一般涉及企业的业绩、核心数据指标、流量结构、促销活动、客户服务、库存状况等内容。

任务实施

一、商务数据分析报告撰写的流程

商务数据分析报告撰写流程主要由明确需求、数据采集、数据展示、报告撰写、修改定稿组成，如图10-5所示。

图10-5　商务数据分析报告撰写流程

1. 明确需求

明确需求是报告撰写的必要前提，是确保整个流程有效的首要条件，明确需求可以为数据采集、数据展示提供清晰的目标。只有明确需求，才能够正确地采集数据，为数据的分析提供清晰的指引方向。

2. 数据采集

数据采集是按照确定的目的来收集相关数据的过程，它为报告撰写提供了素材和依据。数据采集包括对第一手数据与第二手数据的采集，第一手数据主要指可直接获取的数据，第二手数据主要指经过加工整理后得到的数据。一般数据来源于以下4种渠道。

（1）数据库　现在，每个企业几乎都有一个属于自己的、用来存放企业各项业务相关数据的数据库，数据量是相当庞大的，在商务数据分析报告中，这些数据就可以被有效地利用起来。

（2）互联网　互联网是一个社会信息大平台，亿万网民在上面获得信息、交流信息。随着互联网的不断发展，网络上发布的数据越来越多。在收集数据时，可以利用搜索引擎快速收集所需要的数据。在国家及地方统计局网站、行业组织网站、新传播媒体网站等地方还会有最新的时事新闻供参考。

（3）公开出版物　可以从公开出版物中收集与企业业务相关的数据，因为这些数据真实性而且权威性较强。

（4）市场调查　市场调查是指用科学的方法，有目的、系统地搜集、记录、整理和分析市场情况，了解市场的现状及其发展趋势，为企业的决策者制定政策、进行市场预测、做出经营决策、制订计划提供客观且正确的依据。

3. 数据展示

数据展示在报告撰写流程中是一个重要的角色，只有将收集的数据展示出来，才能形成有用的信息。一般情况下，对比文字而言，使用表格和图形的方式来呈现数据会更具有视觉冲击性。常用的数据图表包括饼图、雷达图、散点图、柱状图等，如图10-6所示。

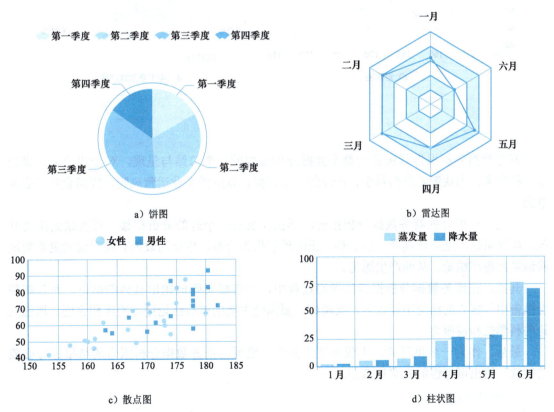

图10-6　饼图、雷达图、散点图、柱状图示例

当然，还可以对这些图表进一步整理加工，使之变为自己所需要的图形，例如漏斗图、金字塔图、矩阵图、南丁格尔玫瑰图等，如图10-7所示。使得数据更加有效、直观地传递出分析人员所要表达的观点。在数据展示时，能用图说明问题的，就不用表格，能用表格说明问题的，就不用文字。

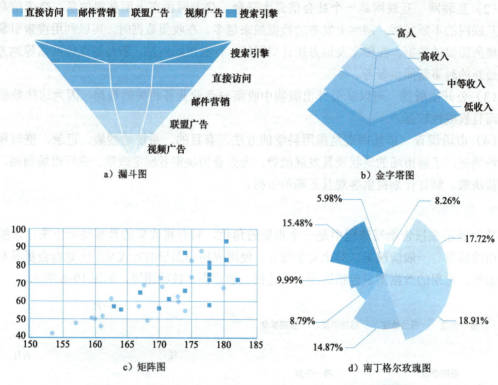

图10-7 漏斗图、金字塔图、矩阵图、南丁格尔玫瑰图示例

4. 报告撰写

商务数据分析报告其实是对整个数据分析过程的一个总结与呈现，对企业决策者来说是一种参考，为决策者提供科学、严谨的决策依据，以降低企业运营风险，提高企业核心竞争力。

首先，一份好的商务数据分析报告，不仅需要有一个好的分析框架，还要做到图文并茂、层次明晰，能够让读者一目了然，正确理解报告内容。生动的数据有助于读者更直观地看清楚问题和结论，从而产生思考。

其次，在商务数据分析报告的撰写过程中，一定要明确地抛出具体的结论，而且在整份报告中，核心的结论不能太多，要精练，要围绕主要的核心结论进行阐述和论证，增强结论的科学性和说服力。

最后，作为一名撰写者，不仅要提出问题，更要对商务数据分析报告的结果进行必要的解读，给出可行性的方案和措施。

5. 修改定稿

修改定稿是商务数据分析报告撰写中一个非常重要的环节，从某种意义上说这也是具有决定性作用的环节。通过修改,可以及时发现报告中存在的问题和短板,从而进行完善,提高报告的质量。一般而言,报告写成后,撰写者要先认真通读,判断报告结构、内容篇幅、数据分析方法及结论等还有哪些可以完善的地方,然后予以修改和完善。在报告修改中,不仅要字斟句酌,还要考虑材料取舍、层次安排、结构组织、中心思想以及核心观点的表达等。报告撰写者要一边修改一边逐字逐句、逐层逐段地审读,以确保修改正确无误。

> **案例阅读** >>>>

用 5W1H 分析法撰写商务数据分析报告

1932 年,美国政治学家哈罗德·拉斯韦尔(Harold Lasswell)提出 "5W" 传播模式,后来经过人们不断的运用和总结,逐步形成了一套成熟的 "5W+1H" 模式,也被称为六何分析法。5W1H 分析法是一种思考方法,也是一种创造方法。

Why: 为什么要写数据分析报告?目的是什么?

What: 这份报告是什么类型的?是描述型的,还是预测型的?是在阐述一个事实,还是在预测一项指标?

Who: 这份报告是写给谁看的?是给上司汇报,还是和同事交流?是给客户展示,还是网络公开?写给不同的人,措辞、形式都是不一样的。

When: 数据报告涉及的时间周期是多久?

Where: 数据是由什么场景下的什么活动形成的?

How: 怎么写?步骤如何?这也是撰写报告的重点。数据分析报告与论文相似,论文主要由标题、摘要、正文、小结组成,商务数据分析报告同样如此。不仅是商务数据分析报告,所有的报告都是这个模式。

二、商务数据分析报告撰写的框架和结构

一份好的商务数据分析报告的结构肯定是完整而合理的,具有清晰的框架、主次分明的结构,能够让读者容易读懂,而且有读下去的欲望。高质量的数据分析报告一般具有 "认识深刻、分析深刻、表达深刻" 的基本特征,要撰写真正内容深刻的报告,依靠的恰恰是结构的力量,而不是单纯依靠数据的堆砌与文字的阐释。因此,在商务数据分析报告撰写过程中,要注重结构。

1. 总框架

撰写商务数据分析报告时,总框架需遵循 "总—分—总" 的结构。行文要引领读者顺着 "问题→假设→原因→验证过程→结论→背后现象→可推行决策" 的脉络去探索。先撰写商务数据分析报告的目的,提出全文论点;再分别进行论证;最后进行总结。分析主体应阐述所有商务数据分析的事实和观点,对模型结果要深入解读、评价、分析预测,避免长篇大论谈原理和公式。保证文中的数据可靠、界定谨慎,概念一致、标准统一,用词准确客观,不带主观臆断,论证合理,把专业的知识以通俗易懂的方式传达给读者。

2. 结构

一份完整的综合类商务数据分析报告结构包含标题、目录、前言、正文、结论以及附录。

（1）标题　标题是整篇商务数据分析报告的高度概括，标题的形式可以根据报告的内容确定，一个好的标题文字应尽量简练，可以采用正、副标题的形式，正标题表达分析的主题，副标题具体表明分析的单位和问题。

（2）目录　目录是正文框架的浓缩，要体现出报告的分析思路，但不能过于详细。目录通常要在报告制作完之后再进行撰写。

（3）前言　前言一般包括三个部分，即分析背景、分析目的和分析方法，主要帮助决策者或管理者了解报告的主要内容和采用的方法等。首先可以对行业的发展状况进行简要说明；其次对具体被分析的对象进行介绍；最后对此次分析的主要内容、采用的工具及要达到的目的等进行说明。

（4）正文　正文是报告的主体部分，包含所有数据分析的事实和观点，通过数据图表和文字结合的方式来书写。正文中各个部分之间应该是相互关联的，具备一定的逻辑性。

1）项目概述。项目概述通常是对一个项目的基本情况进行简单说明。在撰写项目概述时，可以先客观地介绍数据资料及背景资料，再分析结论部分，阐明报告撰写者对此事物的看法和观点；也可以先提出问题，然后根据问题找到解决问题的方法或者肯定事物的一方面，由肯定的部分扩展延伸，得到分析结论。

2）报告目标。报告目标即在撰写商务数据分析报告时需要明确报告的目标，如解决某个或多个指标的问题，或是分析某个项目可行性的问题等。

3）制作流程。制作流程就是制作商务数据分析报告的思路，要概括出该报告写作的步骤及每个步骤所用到的方法。为了呈现出更清晰的制作流程，还可以将文字内容转换成流程图。

4）数据来源与采集。数据来源就是说明数据分析报告所使用的数据的来源，可以指出为什么要选择这些数据源，以及数据的采集方法。

5）数据呈现。数据呈现是将数据分析结果展现出来，常利用表格、图表等对象将数据以可视化的方式进行展示，让数据结果一目了然。

6）数据分析。数据分析主要是分析各类数据，并评估数据结果。

7）分析结论。在分析结论部分，要对数据进行质和量的分析，通过分析，了解情况、说明问题并解决问题。分析结论部分通常对问题产生的原因进行分析；也可以对事物在市场活动中所处的地位和起到的作用进行利弊分析等或者预测分析，对事物发展趋势以及发展规律进行分析，通过分析结果做出正确的决策。

（5）结论　结论对报告起到总结的作用，应立足于数据分析的结果，针对企业面临的问题而提出改进方法，撰写者要密切联系企业的业务，提出切实可行的建议。

（6）附录　附录是商务数据分析报告的补充，不是必须存在的部分，一般是把日常数据报表作为附录。

数据分析报告可以通过 Word、PDF、PPT 等格式呈现，并没有统一的规定，具体可根据实际情况以及使用者的需求进行调整。由于 PPT 提供了很多自带模板，制作商务数据分析报告更加方便、美观，并且便于观看和查阅，因此可以使用 PPT 制作数据分析报告。

三、商务数据分析报告撰写的技巧

1. 说明技巧

常用的说明技巧有分类说明、对比说明和举例说明等。

（1）分类说明　将资料按一定标准（如按问题性质、资料归属或研究范围）划分，再分别予以说明，可以使报告内容条理清晰。

（2）对比说明　在事物具有可比性的前提下，采用对比说明的方式，能够直接反映事物的差别和对比情况，让报告使用者直接了解变化情况。

（3）举例说明　用具有代表性的案例说明市场现象，能够提升调查报告的说服力，使报告使用者找到具体的、可对比的对象。

2. 语言运用技巧

1）为避免读者产生报告内容不严谨的感觉，尽量不用"我认为""我觉得"等口语化的写法，多用"数据表明""案例表明"等专业术语。

2）合理使用专业术语，并适当解释。

3）不要使用模棱两可的词语，如"可能""也许""大概"等。

3. 数字表达技巧

1）计数、计量以及公历世纪、年代、年、月、日等撰写时用阿拉伯数字，如2021年，21世纪等。

2）星期几以及邻近的两个数字并列连用表示概数时应使用汉字，如星期一、三四十天等。

3）为了让统计数字更加通俗易懂，阅读时形成强烈的反差可对数字进行横向和纵向的比较。

4）将不易理解的、太大的数字适当"化小"或者"变大"，如每日多增加销售额2万元换成每年增加销售额730万。

四、商务数据分析报告撰写的原则

商务数据分析报告的撰写一般遵从五个写作原则。

1. 突出性

主题是商务数据分析报告的核心，在选择数据、描述问题和分析结论时，都要紧扣并突出主题。

2. 规范性

商务数据分析报告中所使用的名词术语一定要专业、规范，并且报告的格式应该统一，避免出现文不对题、前后不一致的情况。

3. 真实性

真实性是对商务数据分析报告的根本要求，引用数据来源必须真实，提供的信息必须客观准确，与实际情况符合，撰写者不能道听途说或伪造资料。

4. 时效性

商业环境瞬息万变，报告撰写者要尽量选择最新的商务数据，并且要检查商务数据是否仍符合当下环境。

5. 鼓励创新

随着科学技术的不断发展，必然有创新的方法或模型从实践中摸索总结出来。在商务数据分析报告撰写的过程中，可以将这些创新的想法记录下来，发扬光大，增添商务数据分析报告的价值。

总之，一份完整的数据分析报告，应当围绕目标，确定范围，遵循一定的前提和原则，系统地反映行业分析的全貌，从而推动该行业的进一步发展。

知识链接

1. 商务数据分析报告的概念

商务数据分析报告是通过对项目数据全方位的科学分析来评估项目的可行性，为投资方决策项目提供科学、严谨的依据，降低项目投资的风险。

商务数据分析报告是项目可行性判断的重要依据，任何欣欣向荣的企业，都是建立在所开发的优质项目基础上的。

2. 商务数据分析报告的作用

（1）展示分析结果　商务数据分析报告最基本的作用就是将数据分析结果展示给决策者或管理者。如果一份商务数据分析报告没有呈现数据分析结果，而是需要决策者自己分析才能得出结论，那么这份报告就是不合格的。

（2）降低沟通成本　一份商务数据分析报告往往包含企业内部多个职能部门的数据信息，各个职能部门的管理者通过一份商务数据分析报告，就可以获得内部沟通交流的效果，从而提高信息传递的效率，降低沟通成本。

（3）提供决策参考　通过商务数据分析报告得出的结论作为决策参考，管理者可以避免跟风决策或盲目决策，还可以利用数据关联，发现思维盲点，从而发现新的商业机会，将数据价值转变为经济效益。

任务拓展

对于很多企业来讲，数据分析已成为日常经营中十分重要的一环，数据会帮助企业做出正确的决策，降低沟通的成本。但遗憾的是，现在许多企业为了获取数据，采取不正当手段攫取竞争资源，破坏了市场竞争秩序，违反了诚实信用原则和商业道德。

2023年3月，北京知识产权法院审结上诉人北京创锐文化传媒有限公司（简称创锐公司）与被上诉人北京微播视界科技有限公司（简称微播公司）不正当竞争纠纷一案，判决驳回上诉，维持原判。创锐公司刊登声明、消除影响，赔偿微播公司经济损失500万元。该案是北京市首例短视频平台数据集合不正当竞争纠纷案。

所以，作为撰写者在撰写商务数据分析报告时，一定要熟悉《中华人民共和国反不正当竞争法》，要合法采集竞争对手的数据，在开展市场及行业分析时不能逾矩。遵守职业道德，在进行数据分析时不弄虚作假，要尊重数据、实事求是、客观公正。

作为数据分析师在分析数据时，应该谨慎、耐心，有责任心、专注力、耐力，保持对数据分析的热爱，只有严谨、负责、谦逊、不懈追求卓越的分析师才能挖掘出宝藏。

（资料来源：《法治日报》，加快立法完善数字经济治理（北京创锐文化传媒有限公司与北京微播视界科技有限公司不正当竞争纠纷案，北京知识产权法院（2021）京 73 民终 1011 号。））

思考：还有哪些措施可以阻止数据的不正当竞争？

项目小结

在高速发展的信息化时代，企业要想提高核心竞争力，就要建立自己的数据中心，企业数据分析能够为企业提供运营规划方面的建议，帮助企业高速发展。商务数据分析报告是数据分析结果的最终呈现，可以帮助决策者更直观、更全面地把握市场及自身的发展现状与未来趋势，为之后的决策提供可靠的参考和依据。

商务数据分析报告有它独特的框架和格式，需遵循"总—分—总"的结构。行文要引领读者顺着"问题→假设→原因→验证过程→结论→背后现象→可推行的决策"的脉络去探索。先撰写数据分析报告的目的，提出全文论点，然后分别进行论证，最后进行总结。商务数据分析报告一般包含了前言、正文和结论三大部分。在实际应用中，不同类型对应的商务数据分析报告以及对于数据分析技能的要求也各有差异。

无论是哪种类型的商务数据分析报告都要求撰写者在撰写中坚持实事求是的基本要求，注重理论依据和事实依据，无论是引用观点、数据还是事例等，都要有依有据有来源。企业在商业竞争中要遵守法律，良性竞争，自觉维护市场的秩序。

实战强化

一、阅读商务数据分析报告

请根据以下报刊或网站查阅相关报告。通过阅读报告的形式，掌握、了解商务数据分析报告的内容。

1）中国商报。
2）21 世纪经济报道。
3）阿里研究院。
4）艾瑞咨询。
5）烽火研报。
6）艾媒咨询（艾媒网）。

二、撰写商务数据分析报告

当前的汽车行业正在经历着一场变革。对于新能源汽车而言，在相关政策、理念的加持下，迎来了发展的风口，不同类型的企业都争先恐后地想借助新能源的"顺风车"发展。而另一面，传统燃油车"危机四伏"，虽然目前仍占据汽车领域的主力市场，但根据数据显示，近几年，国内燃油车销量大幅下滑。在这样的市场环境下，燃油车还能占据多久的主力市场？未来的汽车市场将出现什么样的变化？传统的车企又应该如何应对……

以三人为一组，分工完成数据采集、分析等工作，最后撰写一篇格式正确的商务数据分析报告。要求字数不少于1000字，必须配备图表说明。

思考与练习

一、单选题

1. 在商务数据分析报告中，常见的标题类型不包括（　　）。
   A．直叙式标题　　B．观点式标题　　C．命令式标题　　D．提问式标题
2. 商务数据分析报告中数据的主要来源包括（　　）。
   A．互联网　　B．公开出版物　　C．市场调查　　D．以上都是
3. 商务数据分析报告撰写的技巧包括（　　）。
   A．分类说明　　B．举例说明　　C．对比说明　　D．以上都是
4. 商务数据分析报告撰写者在撰写时要尽量选择最新的数据，这体现了商务数据分析报告撰写的（　　）原则。
   A．突出性　　B．真实性　　C．规范性　　D．时效性
5. 撰写商务数据分析报告，总框架需要遵循（　　）的结构。
   A．"总—分—总"　　B．"递进式"　　C．"并列式"　　D．"对照式"
6. 在商务数据分析报告中，指与前一个统计时期的比较的专业术语是（　　）。
   A．同比　　B．环比　　C．增长率　　D．增长量
7. 在商务数据分析报告撰写的流程中，（　　）是数据分析的必要前提。
   A．数据采集　　B．明确需求　　C．数据展示　　D．报告撰写
8. 以下标题中，属于观点式标题的是（　　）。
   A．《1500万利润是怎样获得的？》
   B．《2023年中国眼镜行业白皮书》
   C．《亚运游超六成订单来自年轻人》
   D．《2023年中国互联网家居售后服务市场研究报告》
9. 在商务数据分析报告撰写中，常用的说明技巧是（　　）。
   A．分类说明　　B．对比说明　　C．举例说明　　D．以上都是

二、多选题

1. 一份完整的综合类商务数据分析报告结构包含（　　）等内容。
   A．标题　　　　B．目录　　　　C．前言　　　　D．正文
   E．结论
2. 前言一般包括（　　）等三个部分。
   A．分析背景　　B．分析目的　　C．分析方法　　D．分析思路
3. 商务数据分析报告的撰写一般遵从的写作原则有（　　）。
   A．突出性　　　B．规范性　　　C．真实性　　　D．时效性
   E．鼓励创新

三、简答题

试简述作为商务数据分析师应该具备哪些能力。

参 考 文 献

[1] 朱晓峰，程琳，王一民. 商务数据分析导论 [M]. 北京：机械工业出版社，2022.
[2] 杨子武. 商务数据分析 [M]. 北京：高等教育出版社，2021.
[3] 吴敏，萧涵月. 商务数据分析与应用 [M]. 北京：人民邮电出版社，2022.
[4] 北京博导前程信息技术股份有限公司. 电子商务数据分析基础 [M]. 2 版. 北京：高等教育出版社，2023.
[5] 邵贵平. 电子商务数据分析与应用 [M]. 2 版. 北京：人民邮电出版社，2023.
[6] 张杰. Python 数据可视化之美：专业图表绘制指南 [M]. 北京：电子工业出版社，2020.
[7] 王国平. Tableau 数据可视化从入门到精通：视频教学版 [M]. 北京：清华大学出版社，2020.
[8] 金立钢. Power BI 数据分析：报表设计和数据可视化应用大全 [M]. 北京：机械工业出版社，2019.
[9] 王大伟. ECharts 数据可视化：入门、实战与进阶 [M]. 北京：机械工业出版社，2020.
[10] 黑马程序员. 数据分析思维与可视化 [M]. 北京：清华大学出版社，2019.